DRC

国务院发展研究中心研究丛书 2021

全面建成小康社会进展情况研究与评估

马建堂 主编

RESEARCH AND EVALUATION ON THE PROGRESS OF BUILDING A MODERATELY PROSPEROUS SOCIETY IN ALL RESPECTS

国务院发展研究中心课题组 著

中国发展出版社
CHINA DEVELOPMENT PRESS

图书在版编目（CIP）数据

全面建成小康社会进展情况研究与评估/国务院发展研究中心课题组著．—北京：中国发展出版社，2021. 12

ISBN 978－7－5177－1191－9

Ⅰ. ①全…　Ⅱ. ①国…　Ⅲ. ①小康建设—研究—中国　Ⅳ. ①F124. 7

中国版本图书馆 CIP 数据核字（2021）第 279722 号

书　　名：全面建成小康社会进展情况研究与评估
著作责任者：国务院发展研究中心课题组
出 版 发 行：中国发展出版社
联 系 地 址：北京经济技术开发区荣华中路 22 号亦城财富中心 1 号楼 8 层（100176）
标 准 书 号：ISBN 978－7－5177－1191－9
经　销　者：各地新华书店
印　刷　者：北京市密东印刷有限公司
开　　本：710mm×1000mm　1/16
印　　张：16
字　　数：190 千字
版　　次：2021 年 12 月第 1 版
印　　次：2021 年 12 月第 1 次印刷
定　　价：78. 00 元

联 系 电 话：（010）68990535　68990692
购 书 热 线：（010）68990682　68990686
网 络 订 购：http：//zgfzcbs. tmall. com
网 购 电 话：（010）68990639　88333349
本 社 网 址：http：//www. develpress. com
电 子 邮 件：10561295@ qq. com

“全面建成小康社会进展情况研究与评估”课题组

课题总负责人：

马建堂　国务院发展研究中心党组书记、研究员

课题执行负责人：

张军扩　国务院发展研究中心党组成员、副主任、研究员

课题协调人：

侯永志　国务院发展研究中心发展战略和区域经济研究部部长、研究员

何建武　国务院发展研究中心发展战略和区域经济研究部副部长、研究员

贾　珅　国务院发展研究中心发展战略和区域经济研究部研究室副主任、研究员

课题组成员：

张　琦　国务院发展研究中心对外经济研究部部长、研究员

王　微　国务院发展研究中心市场经济研究所所长、研究员

高世楫　国务院发展研究中心资源与环境政策研究所所长、研究员

张　力　国务院发展研究中心办公厅（人事局）副主任（副局长）、研究员

卓　贤　国务院发展研究中心发展战略和区域经济研究部副部长、研究员

秦中春　国务院发展研究中心农村经济研究部二级巡视员、研究员

刘　涛　国务院发展研究中心市场经济研究所副所长、研究员

常纪文　国务院发展研究中心资源与环境政策研究所副所长、研究员

赵俊超　国务院发展研究中心农村经济研究部研究室主任、研究员

吕　刚　国务院发展研究中心对外经济研究部研究室主任、研究员

赵福军　国务院发展研究中心对外经济研究部研究室主任、研究员

张冰子　国务院发展研究中心社会发展研究部研究室主任、研究员

陈健鹏　国务院发展研究中心资源与环境政策研究所研究室主任、研究员

朱贤强　国务院发展研究中心信息中心办公室主任、副研究员

施戍杰　国务院发展研究中心发展战略和区域经济研究部研究室副主任、副研究员

殷浩栋　国务院发展研究中心农村经济研究部四级调研员、副研究员

漆云兰　国务院发展研究中心市场经济研究所研究室副主任、副研究员

王海芹　国务院发展研究中心资源与环境政策研究所研究室副主任、研究员

刘　馨　国务院发展研究中心市场经济研究所副研究员

王　念　国务院发展研究中心市场经济研究所副研究员

俞　敏　国务院发展研究中心资源与环境政策研究所副研究员

王　訸　国务院发展研究中心发展战略和区域经济研究部二级主任科员、助理研究员

苏雅诺　国务院发展研究中心市场经济研究所助理研究员

金三林　农业农村部政策与改革司副司长、研究员

刘培林　浙江大学区域协调发展研究中心研究员、共享与发展研究院副院长

丁志超　中华全国供销合作总社干部

总　序

深刻把握决策咨询工作新要求
为走好新征程贡献智慧和力量

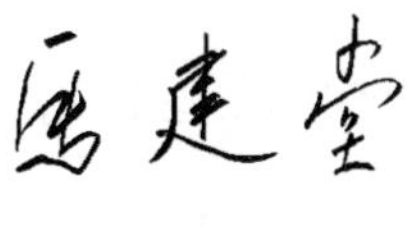

2021 年，是党和国家历史上具有里程碑意义的一年。在以习近平同志为核心的党中央坚强领导下，我们隆重庆祝中国共产党成立一百周年，实现第一个百年奋斗目标，开启向第二个百年奋斗目标进军新征程，沉着应对百年变局和世纪疫情，构建新发展格局迈出新步伐，高质量发展取得新成效，实现了“十四五”良好开局。党的十九届六中全会通过的《中共中央关于党的百年奋斗重大成就和历史经验的决议》，深刻总结了党在百年波澜壮阔、气壮山河的发展历程中所取得的惊天动地、改天换地的巨大成就和过去坚持、现在坚持、将来仍需坚持的宝贵经验，深刻阐明了党百年奋斗的历史意义和新时代党的使命担当，必将指引全党全国各族人民以史为鉴、开创未来，埋头苦干、勇毅前行，走好新征程、奋进新时代、创造新伟业。

放眼全球，百年未有之大变局加速演进，世界进入动荡变革期，机遇与挑战并存；立足国内，我国进入向第二个百年奋斗目标进军的新征程，发展具有多方面优势和条件，但也面临不平衡不充分问题，潜力和矛盾共生。新征程上的新形势新变化，对我们认真贯彻落实习近平总书记关于国家高端智库建设重要论述、高质量推进决策咨询事业、走好新的赶考之路，提出了更高更迫切的要求，需要我们在党的创新理论引领下，按照党中央战略决策部署，对党和国家事业中的重大问题深入分析研判、科学谋划对策，更好发挥建言咨政和参谋助手作用。

近年来，国务院发展研究中心坚持以习近平新时代中国特色社会主义思想为指导，深入学习贯彻党的十九大和十九届中央历次全会精神，弘扬伟大建党精神，牢记“智库姓党”，胸怀“两个大局”，聚焦主责主业，持续提高综合研判和战略谋划能力，加快体制机制创新，着力深化国际交流合作，奋力开创决策咨询工作新局面。在创新实践中，我们形成并不断深化了走好新征程对于决策咨询工作新要求的认识。

走好新征程，要求我们更加深入学习贯彻习近平总书记对中国特色新型智库建设的重要指示批示，更好把握决策咨询工作规律。中国特色新型智库是国家软实力的重要载体，是党和政府科学民主依法决策的重要支撑。建设中国特色新型智库，是以习近平同志为核心的党中央立足党和国家事业全局作出的重要决策部署。党的十八大以来，我国高端智库建设取得了长足进步，在出思想、出成果、出人才方面取得了很大成绩，为推动改革开放和社会主义现代化建设作出了重要贡献。同时，我们也清醒认识到，我国具有较大影响力和国际知名度的高端智库仍相对缺乏，智库领军人物和杰出人才仍有待涌现，研究成果与高质量发展的目标要求仍不太适配。新征程对咨询机构建设和决策咨询工作提出了新需求，主要体现在：亟须加强智库组织形式和管理方式创新，进一步优化智库资源配置；亟须加快打造高素质、专业化、复合型的忠诚干净担当的决策咨询人才队伍，尤其是具有国际影响力和战略擘画力的高层次人才；亟须对国际国内重大形势变化和深层次重大问题进行系统、科学、战略研判，进而形成高质量的决策咨询成果；亟须拓展高端智库国际视野，讲好中国故事，不断提升我国的国际影响力和话语权。在新征程上，我们必须牢牢把握决策咨询工作规律，深刻认识新征程对智库建设的新需求，深入调查研究，不断改革创新，努力提出强国兴国的新对策、利国利民的好建议。

走好新征程，要求我们更加自觉以党的创新理论为指导，加快国际一流决策咨询机构建设步伐。理论武装是走好新时代长征路的政治保证。新征程上，作为服务党和政府的决策咨询机构，我们必须始终牢记“智库姓党”，旗帜鲜明坚持党对咨询研究工作的全面领导，牢固树立和坚决贯彻决策咨询机构服务于党和人民事业的理念，坚持以人民为中心、着眼国家整体利益开展决策咨询研究。要不断增强政治意识、夯实思想根基，贯彻好党的基本理论、基本路线、基本方略，持续运用党的创新理论指导咨询研究实践、推进政治机关建设。要把更好学习贯彻党的创新理论和中央决策部署作为根本方向，善于运用马克思主义的立场、观点和方法，找准党的创新理论在咨询研究工作中的落脚点、结合点、创新点，强化问题导向、目标导向、效果导向，更好运用党的创新理论来观察时代、把握时代、引领时代。

走好新征程，要求我们更加主动聚焦“国之大者”，以广视野大担当做好决策咨询研究。“不谋万世者，不足谋一时；不谋全局者，不足谋一域。”新征程上，作为为党中央、国务院出谋划策的研究者，我们必须增强全局视野和系统观念，把咨询研究工作置于党和国家事业发展大局之中。切实把为中央决策提供高质量服务作为初心使命，高质量完成中央交办的任务，为中央提出更多科学精准、务实管用的对策建议。要胸怀“两个大局”，聚焦“国之大者”，深刻理解和把握中央在关心什么、强调什么，什么是党和国家最重要的利益、最关注的问题，做到在重大问题研判上眼睛明亮、头脑清醒，在重大建议谋划上贴合实际、直指要害。要进一步着眼重大理论和实践问题，把握经济社会发展规律，特别是紧紧围绕立足新发展阶段、贯彻新发展理念、构建新发展格局、推动高质量发展，开展深入系统的调查研究，逐步完善根植中国大地、贴近中国实际、具有中国特色的政策研究规范和理论话语体系。

走好新征程，要求我们更加努力推进能力建设，以更高质量的成果更好服务党和政府决策。“知之真切笃实处即是行，行之明觉精察处即是知。”新征程上，作为服务党和政府的决策咨询机构，我们必须坚定不移加强能力建设，培养政治家的站位、哲学家的思辨、科学家的缜密，加强研究人员的思想淬炼、政治历练、实践锻炼、专业训练，提高政治站位、增进政治智慧，不断提高政治判断力、政治领悟力、政治执行力。要进一步瞄准国家重大战略需求，紧盯重点领域和关键环节，善于用百年未有之大变局的宽广镜头来观照现实，善于从多个角度、多个维度看世界，在把握大局大势中找到坐标、找准定位，不断增强综合研判和战略谋划能力。要大力提升调查研究能力，做好做足“脚底板下的文章”，迈开步子、走出院子，扑下身子、沉到一线，捕捉新情况、新问题、新做法。要不断推进研究方式方法创新，加强对大数据等新技术的运用，为研究成果的科学性、可靠性提供坚实有力支撑。

走好新征程，要求我们更加深刻阐释党的理论和路线方针政策，以与时俱进的传播方式不断弘扬正能量、传播好声音。高端智库是思想产品的制造者，也是思想产品的传播者。新征程上，作为国家高端智库，我们要切实围绕党的创新理论和路线方针政策，更加积极主动开展政策解读，着力在视野广度、立论角度、理论深度、创新力度上下功夫。要做实传播平台，拓宽传播渠道，完善传播方式，逐步形成多层次、广覆盖的研究成果传播体系。要健全成果发布机制，打造智库传播品牌，推出更多研究咨询精品力作，形成良好社会效应。要打造和用好论坛等重要国际交流平台，持续讲好中国故事、传播好中国声音。要深化与国际组织、国外政府部门、国际知名智库、主流媒体和权威学术期刊的交流合作，积极用好国外社交媒体，持续提升对国际社会的影响力、引领力。

现在奉献给各位读者的这套“国务院发展研究中心研究丛书2021”，是过去一年多来国务院发展研究中心部分代表性成果的集中展示，也是中心自2010年以来连续第12年将研究成果集结出版。本年度丛书共包括9部著作，其中，《全面建成小康社会进展情况研究与评估》是国务院发展研究中心重大课题研究成果，《迈向2035年的中国乡村》《提升产业基础能力和产业链现代化水平研究》《黄河流域生态保护和高质量发展总体思路和战略重点》《推动共建“一带一路”高质量发展：进展、挑战与对策研究》等7部是国务院发展研究中心重点课题研究成果，还有1部是部（所）重点课题研究成果。12年来，中心出版的丛书累计160余种，受到社会各界，特别是中央和地方各级领导同志以及决策咨询研究机构工作者的高度认可与广泛好评。在此，我谨代表国务院发展研究中心和丛书编委会，向广大读者表示真诚的感谢！希望丛书继续得到领导、专家、读者们的关心、指导和帮助！

“雄关漫道真如铁，而今迈步从头越。”走上新的“赶考”之路，我们要更加紧密地团结在以习近平同志为核心的党中央周围，深刻认识“两个确立”的重大意义，持续深入学习贯彻习近平新时代中国特色社会主义思想，更好践行“为党咨政、为国建言、为民服务”职责使命，唯实求真、守正出新，为在新时代新征程上赢得更加伟大的胜利和荣光，贡献更多的智慧和力量。

2021 年 12 月

（作者为国务院发展研究中心党组书记）

目 录

总报告

专题一

专题二

专题三

专题四

专题五

专题六

总报告

全面建成小康社会：
中华民族伟大复兴的重要里程碑

小康社会是中华民族的千年梦想，这一梦想在旧的社会制度下始终只能是“幻想”。进入近代以来，在西方列强的蹂躏下，中国人民陷入苦难深渊，离小康梦想越来越远。中国共产党的成立使中华民族迎来了民族复兴的曙光，小康社会梦想真正成为可能。中华人民共和国成立之后，在中国共产党的领导下，经过70多年特别是改革开放以来全体中国人的共同奋斗，小康社会梦想终于成真。全面建成小康社会是中华民族伟大复兴征程上一座重要的里程碑。“全面建成小康社会不是终点，而是新生活、新奋斗的起点。”① 要认真总结经验，依托既有基础，在党中央的坚强领导下，持续推进国家现代化，尽早迎来中华民族伟大复兴的光明前景。

一、全面建成小康社会目标顺利实现

建设小康社会战略构想提出之后，党领导人民在国家现代化征程

① 《习近平在基层代表座谈会上的讲话》，《人民日报》2020年9月20日第2版。

中取得了一项又一项重大成就。党的十八大以来，以习近平同志为核心的党中央提出了决胜全面建成小康社会的宏伟目标，实施了以三大攻坚战为突出任务的一系列战略部署。无论从三大攻坚战等一系列部署的实施情况来看，还是从“十三五”规划相关指标的完成情况来看，小康社会已全面建成。与此同时，全面建成小康社会还呈现出以下五大亮点。

（一）创造了经济持续快速发展的奇迹

工业革命以来的全球发展史表明，对后发经济体而言，实现短暂的快速发展并不难，难的是保持长期的快速发展，但是中国在全面建成小康社会的过程中创造了世界经济发展史上快速增长持续时间最长的奇迹。按照世界增长和发展委员会的测度标准，在第二次世界大战结束以来全球仅有的13个实现持续高增长的经济体中，中国高速增长保持的时间最长，超过半个世纪，比创造了“亚洲奇迹”的日本和亚洲“四小龙”的经济快速增长期还要长10～20年。快速的经济增长使中国在几十年间实现了由经济弱国到经济大国的历史性跨越，人均GDP从1978年的不足200美元提升到2019年的10262美元，全球排名从1978年的第175位提升至2019年的第63位；经济总量从1978年的不足1500亿美元快速提升至2019年的14万亿美元以上。中国不仅已稳定地成为全球第二经济大国，而且经济总量即将超过欧盟这一巨大经济体。过去几十年，也是中国工业化城镇化快速推进的过程，数以亿计农村人口进入城市，使城镇化率从1978年的17.9%提升至2020年的60%以上，农业劳动力的比重从1978年的70.5%下降至2019年的25%左右。从2010年开始，中国制造业增加值就居全球之首，2019年中国制造业增加值占全球的比重比排名第二的美国高10

个百分点。快速的发展使中国成为世界经济的主要引擎。2008 年国际金融危机以来，中国每年对世界经济增长的贡献始终保持在 30%左右。

（二）创造了社会长期稳定的奇迹

全面建成小康社会的过程既是经济转型、社会转型的过程，也是体制变革、经济开放的过程。从国际经验来看，无论是经济和社会转型，还是体制变革和经济开放，都蕴含着各种各样的风险甚至是巨大的风险，如经济转型可能带来大规模失业和收入差距扩大，社会转型可能造成大量贫民聚集在城市和阶层过度分化，体制变革可能会导致政治动荡，经济开放可能会影响安全发展。如果处置不当，不仅会引起社会动荡，甚至会导致发展进程的中断和倒退。东欧一些国家改革的失败和拉美一些国家持续的社会动荡就是明证。而中国在转型过程中，长期保持了低失业率，杜绝了城市贫困人口大面积聚集现象，化解了一连串国际经济波动带来的冲击，逐步提高了共同富裕的水平，避免了社会阶层的过度分化。中国居民收入基尼系数由 2008 年的峰值（0.491）逐步下降至 2019 年的 0.465，城乡居民可支配收入之比在 2009 年达到峰值之后快速缩小至 2019 年的 2.64，人均 GDP 最高的省份与最低省份之比由 2000 年的 10.8 缩小至 2019 年的 5.0。我们还基本建成了覆盖全民的社会保障体系，基本养老保险参保率由 2000 年的 14.4% 提高至 2019 年的 88.4%。中国的转型不仅成功地应对了各种风险挑战，而且为社会长期稳定发展奠定了坚实基础。

（三）建立了高水平的交通基础设施网络

40 年前，中国的交通运输基础设施相当薄弱，是制约国民经济发展的主要瓶颈。当时没有一条高速公路，铁路电气化率也不足2%。40年后，中国交通基础设施网络化、现代化水平令全球羡慕，在一些领域走在了世界的最前列：高水平的综合交通基础设施基本实现网络化，“五纵五横”综合运输大通道基本贯通，区域间人员交流、物资串换日益便捷，综合运输保障能力大幅提升，国民经济主动脉作用日益显现。其中，有两项特别引人注目。一是高铁的飞速发展。从2008年第一条高铁——京津高铁投入运营开始，在10年左右的时间内，我国已经建成“四纵四横”高铁网，成为世界上唯一高铁成网运行的国家。到2019年末，高铁营业总里程达3.5万千米，超过世界高铁总里程的2/3，居世界第一位。二是建成一系列世界级超大工程。如青藏铁路、大兴国际机场、上海洋山港、港珠澳大桥等。根据最新世界经济论坛指数，中国的交通基础设施竞争力全球排名第24位，居发展中国家之首。大规模交通基础设施的建设不仅支撑了过去几十年的快速发展，而且将有力地支撑新时期的现代化。

（四）在一些领域走到了全球技术和产业发展的前沿

国际经验揭示，作为现代化的后起者，发展中国家可以学习模仿先发国家的技术，但往往很难实现技术的超越，一些国家甚至沦为发达国家的技术依附者。而中国通过实施科教兴国、人才强国等战略，在部分领域成功实现了对发达国家的技术赶超。中国在探空、探海、量子通信和计算等领域已经进入全球“第一梯队”。“嫦娥五号”圆满完成探月任务、“天问一号”执行首次火星探测任务；“奋斗者号”载人潜水器在马里亚纳海沟成功坐底，下潜突破1万米；自主研制并发射世界首颗量子科学实验卫星，成功组建世界首个广域量子通信网络，建成更高水平的量子计算原型机“九章”，其等效计算速度远超美国的量子计算机“悬铃木”。中国已经成为世界上第三个拥有独立的全球导航系统的国家。2020 年“北斗三号”全球卫星导航系统正式开通。“北斗三号”核心元器件和组件全部国产化，功能性能指标达到世界一流，可向全球用户提供全天候、高精度全球定位导航服务，具有厘米级导航定位增强能力。中国在 5G 技术及其产业化、大疆无人机、人工智能应用等方面成为行业的全球引领者。华为、中兴等 4 家中国公司拥有的 5G 标准专利数占全球的 36%。大疆无人机产品占据全球 80% 的市场份额。中国的人工智能企业近 800 家，位居世界第二位。在这些领域的成功赶超是构成中国国际竞争新优势的重要基础。

（五）建立了颇具韧性的经济社会治理体系

全面建成小康社会的过程并非一帆风顺，经历了从 1997 年亚洲金融危机到 2008 年国际金融危机等一系列外部冲击，经历了 1998 年长江流域大洪水、2008 年汶川大地震、2020 年新冠肺炎疫情大流行等一系列自然灾害的冲击，但中国经济依然能够持续较快增长，中国社会依然能够保持和谐稳定。之所以能够如此，是因为中国建立了颇具韧性的经济社会治理体系。党中央总揽全局、协调各方的领导核心作用，保证了现代化始终沿着正确的方向推进，保证了在重大历史关头、重大考验面前，中国人民能够形成抗击重大风险的强大合力。坚持两个“毫不动摇”保证了经济始终充满活力，保证了经济稳定运行有着强有力的支撑。发挥市场决定性作用和更好发挥政府作用，保证了资源和要素的高效配置，保证了宏观经济运行的平稳有序。坚持按劳分配为主体、多种分配方式并存，激励了全社会创业、创造、创新的积极性，促成了有利于社会长期和谐稳定的利益格局。在长期探索的基础上形成的党委领导、政府负责、民主协商、社会协同、公众参与、法治保障、科技支撑的社会治理体系，有效化解了各类矛盾，确保了人民安居乐业、社会安定有序。

二、全面建成小康社会是中华民族发展史上的大事件，也是人类社会发展史上的大事件

全面建成小康社会，使中华民族迎来了从站起来、富起来到强起来的伟大飞跃，必将在中华民族和人类文明发展史上留下浓墨重彩的一笔。

（一）全面建成小康社会标志着国家现代化迈上一个新的大台阶，为建设社会主义现代化强国打下了雄厚基础

改革开放之初，中央提出了“三步走”的现代化战略安排。进入21世纪，党的十六大提出了全面建设惠及十几亿人口的更高水平的小康社会；党的十八大从经济、政治、文化、社会和生态文明建设等方面明确了全面建成小康社会的要求；党的十九大提出了到21世纪中叶建设社会主义现代化强国“两步走”的战略安排，全面建成小康社会是建成现代化强国的必经关口。经过中华人民共和国成立70多年来特别是改革开放40多年来全中国人民持续不懈的奋斗，我国实现了从积贫积弱到欣欣向荣、从封闭落后到开放进步的转变。2020年我国国内生产总值突破100万亿元，人均国民收入逼近高收入国家门槛，经济实力、科技实力、综合国力跃上新的大台阶。全面建成小康社会，标志着“三步走”战略目标胜利完成了第二步，标志着建设社会主义现代化强国有了更为坚实的基础。

全面建成小康社会，为我国在全球竞争中特别是中美全方位战略

博弈中赢得主动提供了更有力的支撑。当今世界正处于百年未有之大变局，新科技革命和产业变革加速，国际经贸规则和产业分工体系重塑，大国力量格局重构，单边主义、保护主义、霸权主义、民粹主义等对世界和平与发展构成威胁，恐怖主义、难民危机、重大传染性疾病、气候变化等非传统安全挑战日益增多，新冠肺炎疫情对全球政治经济发展产生广泛深远影响，中美之间的市场竞争、实力较量、道路模式比拼日益激烈，国际环境中的不稳定性不确定性前所未有。同时，我国处于转变发展方式、优化经济结构、深层次变革体制机制的爬坡过坎关键阶段。现在，我国已经形成完备的国民经济体系，强大的工业基础，现代化的基础设施网络，超大规模的国内市场，广泛覆盖的社会保障体系，相对平衡的城乡区域发展格局，全方位多层次的对外开放体系，较为完善的市场经济制度，较高的科技水平和创新能力，有条件、有能力在应对各种外部挑战中掌握主动。

（二）全面建成小康社会是中华民族伟大复兴史上的重要里程碑，使中华民族以崭新面貌屹立于世界民族之林

全面建成小康社会，标志着绝对贫困这个困扰我国几千年的历史性难题得到解决。摆脱贫困、过上小康生活、实现天下大同是几千年来中国人民亘古不变的夙愿。近代以来，在旧的社会制度下，中华民族饱受西方列强的凌辱，中国人民生活在水深火热之中，“小康”和“大同”成为泡影。直到以“为中国人民谋幸福，为中华民族谋复兴”为宗旨的中国共产党成立后，中华民族才逐步走上了一条幸福之路。中华人民共和国成立以来，经过几代人一以贯之、接续奋斗，特别是党的十八大以来聚焦短板弱项、实施脱贫攻坚，我国在2020年实现了现行标准下农村贫困人口全部脱贫，贫困县全部摘帽，消除了绝对贫

困和区域性整体贫困。全面建成小康社会，把中国人民几千年来的理想变成了现实，筑起了中华民族伟大复兴史上的巍峨里程碑。

全面建成小康社会，使中华民族的自信心和凝聚力空前增强。中华民族是勤劳智慧的伟大民族，中华文明是辉煌灿烂的伟大文明。近代以来，由于封建制度的腐朽没落，中国被世界现代化的浪潮甩在了后面。洋务运动、戊戌变法、辛亥革命等诸多艰难探索的失败，使民族自尊心、自信心深受打击，“中国是一盘散沙”成为时人的普遍评价。中国共产党将马克思主义普遍真理与中国国情相结合，找到了具有中国特色和风格的现代化道路。这条道路既体现了现代化的普遍规律，又克服了西方资本主义现代化道路的弊端。作为国家现代化的重要阶段，全面建成小康社会不仅表明中国在物质文明建设上取得了巨大成就，而且表明中国在民主法治、公平正义和社会和谐等方面也取得了显著进步，并向世人展示了中国更美好的发展前景，极大地增强了民族自信心、自豪感和国家凝聚力。

（三）全面建成小康社会进一步巩固了党与人民的血肉联系，进一步展现了中国共产党的强大领导力

在全面建成小康社会的过程中，党始终把人民的利益放在首位，以改善民生为出发点和落脚点，统筹经济社会各领域发展，显著地提高了城乡居民的生活水平和质量。2019 年，我国人均预期寿命达到 77.3 岁，明显高于世界平均水平和中等偏上收入国家平均水平，较 1978 年提高 11.4 岁；我国预期受教育年限达到 13.9 年，高于世界平均水平，义务教育普及程度达到世界高收入国家的平均水平，高中阶段入学率超过中等偏上收入国家平均水平，建成世界最大规模高等教育体系。2019 年，我国人类发展指数上升至 0.761，成为 1990 年联合

国引入该指数以来，世界上唯一一个从“低人类发展水平”跃升到“高人类发展水平”的国家。全面建成小康社会，是党“立党为公，执政为民”的执政理念和以人民为中心的发展思想结出的硕果，使人民更加信赖、拥戴共产党，更加相信中国共产党是领导人民实现民族复兴的唯一政治力量。

全面建成小康社会，充分展现了中国共产党卓越的执政能力。在全面建成小康社会的征程中，党中央以高超的战略研判能力对发展环境和发展大势作出了准确判断，以卓越的战略规划能力确立了积极、明确而又可行的发展目标，以深远的战略思维作出了“五位一体”总体布局和“四个全面”战略布局，以科学的发展观制定和实施了科教兴国、创新驱动发展、区域协调发展、可持续发展等一系列重大战略，以直面挑战的决心和强大的执行能力打赢防范化解重大风险、精准脱贫、污染防治三大攻坚战，以非凡的组织能力调度资源和各方面力量应对国际金融危机、新冠肺炎疫情等带来的挑战。全面建成小康社会，有力地证明了毫不动摇坚持党的领导是我国现代化建设不断取得新胜利的根本保证。

（四）全面建成小康社会是中国特色社会主义的伟大胜利，进一步展现了科学社会主义的旺盛生命力

人类社会进入工业文明后，生产力实现了极大发展，但生产关系和上层建筑与生产力的矛盾也日益突出，引发层出不穷的经济危机、政治动荡乃至军事冲突。俄国十月革命使社会主义从理想变为现实，开辟了人类社会发展的崭新道路。第二次世界大战结束后各社会主义国家积极开展经济和社会建设，取得了很大成就。但由于种种原因，20 世纪 80 年代末和 90 年代初东欧发生剧变，苏联崩溃解体，世界社

会主义运动遭受重大挫折，进入低潮期。

面对国内外不断发展变化的形势，中国共产党在总结社会主义建设正反两方面经验的基础上，把社会主义一般原则同具体国情相结合，开辟出中国特色社会主义道路，不断丰富中国特色社会主义理论体系，不断完善中国特色社会主义制度，不断推动生产力发展和社会进步。党的十八大以来，以习近平同志为核心的党中央全面审视国际国内新的形势，总结实践、展望未来，以科学社会主义理论为基础，深刻回答了新时代坚持和发展什么样的中国特色社会主义、怎样坚持和发展中国特色社会主义这个重大时代课题，形成了新时代中国特色社会主义思想，带领全党和全国各族人民不懈努力，如期实现全面建成小康社会目标。在一个人口众多、经济文化相对落后的农业大国全面建成小康社会，在人类发展史上没有先例，在社会主义运动史上也没有先例。全面建成小康社会是中国特色社会主义的伟大胜利，展现了科学社会主义的旺盛生命力。在西方资本主义世界陷入重重困境的当今，全面建成小康社会必将极大提振各国人民对社会主义的信心，使世界社会主义事业迎来更加光明的前景。

（五）全面建成小康社会为发展中国家走向现代化拓展了路径，为人类社会发展进步做出了积极贡献

第二次世界大战结束以来，发展中国家面对与发达国家的差距，都一直在积极探索走向现代化的路径。总的来看，发展成功者寥寥，停滞者或失败者不少。在一个 14 亿人口的国度，全面建成小康社会，向世人展示了贫穷落后不是发展中国家的宿命，还向世人展示了人口大国走向现代化的可行路径。

全面建成小康社会，有力地推动了全球减贫事业和包容性发展。

经过长期努力，中国使 7 亿多贫困人口脱贫，成为世界上减贫人口最多的国家，对世界减贫事业的贡献率超过 70%。全面建成小康社会，明显地提升了 14 亿人的福祉水平，弱化了“南北失衡”的世界经济格局，显著提升了全球发展的平衡性、包容性。

全面建成小康社会，为世界其他发展中国家提供了示范和经验。消除贫困，让人民过上衣食无忧的生活，是一个世界性难题。目前，全球仍有 7 亿极端贫困人口，许多国家对解决贫困问题一筹莫展。全面建成小康社会的实践证明，要消除贫困，既要借鉴别国经验，也要立足本国实际，找到适合本国国情的发展道路。中国创造的一系列富有成效的减贫经验，为世界减贫贡献了中国智慧和中国方案。

三、全面建成小康社会是党领导我国现代化建设的成功实践

党的十一届三中全会开启了全面建设小康社会的伟大实践。在这一过程中，我们党坚持一切从实际出发，坚持理论联系实际，坚持解放思想、实事求是、与时俱进，在实践中检验真理和发展真理，根据形势和条件的变化，适时制定和完善一系列战略和政策，扎实推进各项战略部署，积累了建设社会主义现代化国家的一系列宝贵经验。

（一）牢牢坚持党的全面领导，不断提高党的执政能力和领导水平，确保现代化建设沿着正确方向推进

现代化是物质文明和精神文明不断进步的过程，同时也是一个充满各类矛盾的过程，既会不断创造着社会稳定的基础，也会伴随着矛盾和冲突。美国著名学者亨廷顿曾指出，“现代性孕育着稳定，而现

代化过程却滋生着动乱”。与发达国家在数百年时间里逐步实现现代化不同，发展中国家的现代化起步晚，要在较短的时间内完成艰巨的赶超任务，各领域矛盾在时间上更加集中，解决矛盾的条件往往又比较薄弱，面临的风险挑战巨大，虽有后发优势，但也容易掉入各种各样的陷阱之中。20 世纪下半叶以来，很多发展中国家都曾有过经济高速增长，但不少国家遭遇了“中等收入陷阱”。中国是后发国家，又是人口超过 14 亿的多民族国家，现代化面临的挑战更大，特别需要更好地统筹短期和长期、沿海和内陆、城市和乡村、开放和安全，特别需要强有力的领导力量，特别需要总揽全局、协调各方的政治核心。中国共产党正是这样的领导力量，党中央就是这样的政治核心。习近平总书记指出：“中国共产党是中国特色社会主义事业的领导核心，处在总揽全局、协调各方的地位。党的领导是做好党和国家各项工作的根本保证，是我国政治稳定、经济发展、民族团结、社会稳定的根本点。”① 正是因为有党的全面领导，才保证了小康社会建设始终沿着既定的方向、朝着既定的目标推进，才成功应对了小康社会建设过程中出现的一系列重大风险挑战，才使得国家现代化能够行稳致远。

（二）牢牢坚持以人民为中心的发展思想，始终做到发展为了人民、发展依靠人民、发展成果由人民共享

人民是一切社会财富的创造者，是推动发展的根本力量，也应当是社会财富的享有者。在发展中只有处理好参与发展和分享发展成果的问题，发展才能顺利推进；否则，发展就有可能停滞和倒退。很多发展中国家，由于其大量民众被排斥在发展进程之外，处于失业、半

---

① 习近平：《毫不动摇坚持和加强党的全面领导》，《求是》杂志 2021 年 9 月 16 日第 18 期。

失业状态，既无法参与发展，也无法享受发展带来的福利，发展常常遭遇挫折。即使一些发达国家，由于其没有处理好公平参与、公平分享的问题，发展也陷入了这样或那样的困境之中。历史一再表明，一个国家的发展要取得成功，必须让人民都充分参与发展、共同分享发展成果。我国实行的是社会主义制度，发展更应该让人民充分地参与，发展成果更应该让人民公平地分享。只有紧紧依靠人民，充分发挥人民主体作用，尊重人民首创精神，为了人民干事创业，依靠人民干事创业；只有始终把实现好、维护好、发展好最广大人民根本利益作为一切工作的出发点和落脚点，让发展成果更多更公平地惠及全体人民，我国的发展才能取得最终的成功。在小康社会建设的过程中，我们始终把人民放在心中最高位置，始终坚持以人民为中心的发展思想，聚焦社会主要矛盾，把不断满足人们日益增长的物质文化需要和对美好生活的需要，作为推动发展、制定规划、设计政策的出发点和落脚点，坚持走共同富裕道路，让人民充分参与发展进程、公平分享发展红利。这为小康社会建设提供了强大的动力，建立了稳定的环境，也是创造世所罕见的经济快速发展奇迹和社会长期稳定奇迹的重要法宝。

（三）牢牢坚持党的基本路线，深化改革、扩大开放，为现代化新征程提供不竭动力

从中华人民共和国成立到 1978 年，尽管我国现代化取得了突出成就，但是由于那时没有处理好生产力和生产关系、经济基础和上层建筑的关系，现代化进程受到了影响。在总结历史经验的基础上，党的十三大确立了“坚持以经济建设为中心，坚持四项基本原则，坚持改革开放”的社会主义初级阶段基本路线。改革开放以来，无论遇到什

么样的国际风云变幻，无论遇到什么样的发展中的苦难和挑战，我们都始终以经济建设为中心，始终把发展作为解决一切问题的基础和关键；始终坚持四项基本原则，确保现代化建设始终沿着社会主义方向推进；始终坚持深化改革、扩大开放，为国家发展进步不断注入生机与活力。党的十八大以来，以习近平同志为核心的党中央把党的基本路线视为国家的生命线、人民的幸福线，坚持把以经济建设为中心作为兴国之要、把四项基本原则作为立国之本、把改革开放作为强国之路，坚定“四个自信”，全面加强党的领导，全方位推进改革开放，作出了全面深化改革、全面推进依法治国、推进国家治理体系和治理能力现代化等重大部署，着力增强改革的系统性、整体性、协同性，推出1600多项改革方案，提出打造人类命运共同体的重要思想和共建“一带一路”倡议，不断提升对外开放的广度和深度，确保了决胜全面建成小康社会在经济、政治、文化、社会和生态文明五大领域都取得重大成就。

（四）牢牢坚持在实践基础上推动理论创新，以科学的理论引领现代化实践

现代化是发展着的实践，必须用发展着的理论加以指导。习近平总书记明确指出，“坚持和发展中国特色社会主义，需要不断在实践和理论上进行探索、用发展着的理论指导发展着的实践”①。这是我们党治国理政的基本经验。在长期的革命、建设和改革实践中，我们党不断创新和发展马克思主义，先后形成了毛泽东思想、邓小平理论、“三个代表”重要思想和科学发展观。党的十八大以来，以习近平同

---

① 《习近平在哲学社会科学工作座谈会上的讲话》，《人民日报》2016年5月19日第2版。

志为核心的党中央，从理论和实践结合上系统回答了新时代坚持和发展什么样的中国特色社会主义、怎样坚持和发展中国特色社会主义这个重大时代课题，创立了习近平新时代中国特色社会主义思想。习近平新时代中国特色社会主义思想是对全面建成小康社会这一伟大社会实践的理论总结，是新时代国家现代化建设的总指引。创新、协调、绿色、开放、共享五大发展理念是习近平新时代中国特色社会主义思想的重要组成部分，是改革开放以来我国发展经验的集中体现，是解决一切问题的总钥匙。坚持创新发展，就是要全方位推动技术创新、产品创新、业态创新和模式创新，为现代化提供源源不断的动力。坚持协调发展，就是要平衡发展结构，增强城乡、区域发展的协同性，形成发展的合力。坚持绿色发展，就是要坚持“绿水青山就是金山银山”的理念，坚持保护优先、合理利用，彻底摒弃以牺牲生态环境换取一时一地经济增长的做法。坚持开放发展，就是要加强发展的内外联动，更充分地分享全球化红利，更主动地引领全球化进程。坚持共享发展，就是要坚持共同富裕的目标，在共同富裕的道路上不断取得新进展。

（五）牢牢坚持高质量发展，不断提升发展的效率、公平和可持续性，以高质量发展推进国家现代化

现代化既是物质财富不断创造和积累的过程，也是利益格局关系不断调整、人与自然关系不断变化的过程。过去几十年来，在物质财富总量不断扩大的同时，也曾遇到了城乡区域发展失衡、居民收入差距较大、资源消耗较多、环境退化较重的问题，在总结经验教训的基础上，以习近平同志为核心的党中央明确提出了推动高质量发展这一时代主题。高质量发展把创新作为发展的第一动力，使协调成为发展

的内生特点，让绿色成为发展的普遍形态，将开放作为发展的必由之路，以共享作为发展的根本目的，充分体现了新发展理念，能够很好地满足人民日益增长的美好生活需要。坚持高质量发展，就是要坚持创新驱动发展，转变发展方式，以更少的资源占用创造更丰富的物质产品，提高经济运行的效率。坚持高质量发展，就是要坚持共享发展，不断扩大发展的受益面，让人民群众公平分享发展成果，不断提高发展的公平性和包容性。坚持高质量发展，就是要着力形成绿色生产生活方式，破解发展的资源环境约束，建设天蓝、地绿、水清的生产生活环境，不断提高发展的可持续性。

（六）牢牢坚持统筹国内国际两个大局，创造良好的发展外部环境，坚定维护国家主权、安全、发展利益

在日益开放的时代，各国之间的联系越来越紧密，各国之间的相互影响越来越大。这种影响有正面的，也有负面的。如果能处理好内外关系，就能掌握发展的主动权，充分利用外部的资源和市场，加快自身的发展，提高发展的安全性；反之，不仅不能利用好外部的资源和市场，而且可能会丧失发展的主动权，使国家安全受到威胁。统筹国内国际两个大局是现代化过程中始终面临的重大课题。顺利推进现代化，必须既重视外部安全，又重视内部安全，对内求发展、求变革、求稳定、建设平安中国，对外求和平、求合作、求共赢、建设和谐世界。改革开放以来，我们坚持统筹国内国际两个大局。一方面，我们不断加深与世界其他国家的经济、社会和文化联系，提出打造人类命运共同体的重要思想和共建“一带一路”倡议在内的一系列合作构想和战略，不仅为世界各国发展提供更多的新的公共产品，也为中国的发展创造更加和平稳定的外部环境和比较有利的全球经济秩序；另一

方面，我们牢牢抓住战略机遇期，坚持以发展为第一要务，全面深化改革，推动经济社会持续健康发展，全面增强我国的经济实力、科技实力、国防实力、综合国力。这些为在对外开放中赢得更多战略主动，为有效维护国家主权、安全和发展利益提供了有力支撑。

四、乘势而上，开启全面建设社会主义现代化国家新征程

我国在全面建成小康社会、顺利实现第一个百年奋斗目标之后，将乘势而上开启全面建设社会主义现代化国家新征程，朝着第二个百年目标奋进。党的十九届五中全会对开启全面建设社会主义现代化国家新征程进行了全面、系统地战略谋划。在新发展阶段，要全面落实党的十九届五中全会精神，应对好世界百年未有之大变局，把握好现代化建设和民族复兴大局，贯彻新发展理念，构建新发展格局，推动经济社会发展不断迈上新台阶。

（一）推动经济发展不断取得新成效

我国已经稳定地进入上中等收入国家行列，正在向高收入国家行列迈进，但与最发达国家甚至中等发达国家相比，仍存在明显差距，发展依然是解决我国一切问题的基础和关键。要继续坚持以经济建设为中心，同时，要加快构建新的发展方式，不断提升经济发展质量。

要以科技创新为重点，推动我国尽快进入创新型国家前列。要着力强化国家战略科技力量，加大投入力度，引导和组织优势力量下大力气解决一批“卡脖子”问题，实现关键核心技术自主可控。要谋划实施一批具有前瞻性、战略性的国家重大科技项目，超前部署前沿技

术和颠覆性技术研发。

要以发展实体经济为重点，建设现代化产业体系。要提升产业链供应链现代化水平，补齐产业链薄弱环节。要着力发展战略性新兴产业，围绕跻身当前产业变革前沿的目标，前瞻性谋划布局和加快发展新一代信息技术、生物技术、新能源、新材料、高端装备、新能源汽车、绿色环保及航空航天、海洋装备等一批新产业。要推动先进制造业和现代服务业融合、工业化和信息化深度融合发展，用新一代信息技术对各产业进行全方位、全角度、全链条改造，鼓励互联网、人工智能等数据驱动企业加快向各产业渗透。

要以建设强大国内市场为依托，加快构建新发展格局。要深化供给侧结构性改革，优化供给结构、提升供给质量，提高供给对需求变化的适配能力。要优化收入分配结构，壮大中等收入群体，促进消费升级，不断扩大国内市场规模，畅通国民经济循环，以更大规模的内需市场和更顺畅的国内大循环吸引全球生产要素，以高水平利用全球市场和全球生产要素提升国内大循环的质量。

（二）推动改革开放不断迈出新步伐

过去，我们以不断深化改革和扩大开放，破除了全面建设小康社会面临的体制机制障碍，支撑和加快了小康社会建设进程。在现代化新征程中，需要释放生产率增长潜力，协调好纷繁复杂的利益关系，有效应对复杂深刻变化的国际环境，必须继续深化改革扩大开放。

要以经济体制改革为重点，全面深化各领域改革。要进一步完善产权制度，深入推进要素市场化配置，建设高标准市场体系。要深化国资国企改革，充分激发各类所有制企业活力。要深化收入分配制度改革，充分调动社会各方面的积极性和创造性。要加快实施统一的市场准入负面清单制度，营造更加公平的市场化、法治化、国际化的营商环境。

要以制度型开放为重点，建设更高水平开放型经济新体制。要进一步推动贸易和投资自由化便利化，以落实中欧投资协定、CPTPP 等高水平的双边多边协定为牵引，完善外商投资准入前国民待遇加负面清单管理制度，有序扩大服务业对外开放。要完善自由贸易试验区布局，加快推进海南自由贸易港建设，以更高水平的开放新高地引领全国新一轮开放。同时，要探索更加有效的方式，积极参与全球经济治理体系改革，推动建设更加公正合理的国际经济治理体系。

（三）推动社会文明程度不断得到新提高

实现中华民族伟大复兴的第二个百年奋斗目标，将始终面临激烈的国际竞争。未来的大国竞争，不仅是硬实力的比拼，而且是软实力的较量。软实力的竞争还会反过来影响硬实力的竞争格局，影响一个国家的外部发展环境。为在大国竞争中永远立于不败之地，必须强化文化软实力，推动中华文化创造性转化和创新性发展，增强中华文化的包容性、普适性，使之成为人类文明进步的重要指针和构建人类命运共同体的思想基础。

要围绕现代化强国目标，推动社会主义文化建设，在深厚的传统文化滋养下进行文化创造，发展面向现代化、面向世界、面向未来的先进文化。要弘扬包括红船精神、抗疫精神在内的民族精神和时代精神，夯实全体人民休戚与共、团结进取、不畏艰难险阻、敢于面对严峻挑战的思想基础。

要让社会主义核心价值观深入人心、变成全体人民的行动自觉，要加强社会公德、职业道德、家庭美德、个人品德建设，提升公民道德水准，向国际社会展示中国人民遵礼守法、讲信修睦的良好形象。要围绕提升现代文化产业国际竞争力，推动数字产业化和产业数字化融合发展，推动文化产业和旅游产业融合发展，以高水平的、体现中国价值理念的文化产业影响世界。

要以开放包容、互学互鉴的理念和更自信的心态、更宽广的胸怀，深入开展同各国文化交流合作，广泛参与世界文明对话，促进对彼此文化文明的理解、欣赏和借鉴，让各国人民更好地了解中国，为中国的和平发展争取更多同道者。

（四）推动生态文明建设不断实现新进步

建设生态文明，是满足人民美好生活需要、实现绿色发展和引领全球可持续发展的必然要求。现代化新征程对生态文明建设提出了更高要求，必须坚持以习近平生态文明思想为指导，实施有效的战略和有力的措施，不断提高生态文明建设的水平和质量。

要优化国土空间开发保护格局。要围绕形成合理的城市化地区、农产品主产区、生态功能区三大空间格局的需要，强化国土空间规划和用途管控，落实生态保护、基本农田、城镇开发等空间管控边界。

要不断提升生态系统质量。要采取系统措施推进经济高质量发展和生态环境高水平保护，持续开展污染防治行动。要深化生态文明制度改革，健全法律和监管体系，广泛实施污染排放和资源消耗的总量管理和强度管理。要坚持山水林田湖草系统治理，不断改善环境质量。

要切实推动生产生活方式绿色转型，为生态文明建设提供坚强支撑。要加快绿色低碳、节能节材技术的研发和推广，推进重点行业和重要领域绿色化改造，全面提高资源利用效率。

（五）推动民生福祉不断达到新水平

增进民生福祉是发展的出发点和落脚点，是以人民为中心的发展思想的直接而具体的体现，关乎民心向背。在现代化建设新征程中，必须坚持发展为了人民、发展依靠人民、发展成果由人民共享，不断提高民生福祉水平和共同富裕水平。

要坚持按劳分配为主、多种分配方式并存，健全工资合理增长机制，提高劳动报酬在初次分配中的比重。提高税收、社保、转移支付等政策的精准性，更好发挥第三次分配的作用，增强再分配的力度和有效性。要在巩固解决绝对贫困问题取得的成果的基础上，立足城市人口占比持续提高的实际，采取系统措施解决好城市贫困和相对贫困问题。

要强化就业优先政策，千方百计稳定和扩大就业，注重缓解结构性就业矛盾，完善就业保障制度，实现更加充分更高质量就业。要建立终身学习体系，提升人民群众全生命周期的人力资本水平，适应技术快速进步迭代的需要。

要采取切实措施提高地区间教育和医疗水平的均等化，让人民普遍享受到放心、满意的教育和医疗服务。要健全覆盖全民、统筹城乡、公平统一、可持续的多层次社会保障体系。

（六）推动国家治理效能不断得到新提升

提升国家治理效能既是顺利推进现代化的重要保障，也是巩固我国社会主义制度和发展中国特色社会主义的必然要求。党的十八大以来，国家治理体系和治理能力现代化水平明显提高。在现代化新征程中，面对一系列新挑战、新任务，必须进一步提升国家治理效能，以确保经济社会发展行稳致远。

要坚持根本制度和基本制度，完善重要制度。要坚持党的领导、人民当家作主、依法治国有机统一，推进中国特色社会主义政治制度自我完善和发展，形成更加成熟更加定型的制度体系。要深化行政管理体制改革，建设法治政府、高效政府。要建设职责明确、依法行政的政府治理体系。

要把握规律，提高战略谋划的前瞻性，更好统筹发展和安全。要建立健全全方位风险预警机制，主动研判随着发展进程推进不断出现的潜在风险，经常进行沙盘推演，尽早消除风险隐患。建立健全全方位风险处置机制，有效防范和化解来自国内外的各种风险。

执笔人：侯永志　刘培林　何建武
贾　珅　施戍杰　王　詠

专题一

全面建成小康社会进展状况综合评估

“全面建成小康社会”目标的提出是一个发展战略不断演进的过程。2002 年，党的十六大指出，“我们胜利实现了现代化建设‘三步走’战略的第一步、第二步目标，人民生活总体上达到小康水平”，但是“达到的小康还是低水平的、不全面的、发展很不平衡的小康”。为巩固和提高达到的小康水平，党的十六大提出了 2020 年“全面建设小康社会”的宏伟蓝图。党的十七大、十八大、十九大在此基础上不断完善和创新，并最终提出了“决胜全面建成小康社会”的新目标。习近平总书记在十八届五中全会第二次会议上强调：“全面建成小康社会，强调的不仅是‘小康’，而且更重要的也是更难做到的是‘全面’，‘小康’讲的是发展水平，‘全面’讲的是发展的平衡性、协调性、可持续性。[①]”追根溯源，不难发现，全面建成小康社会就是要建成一个更高水平、更加平衡、更加协调、更加可持续的小康社会。

---

① 习近平：《在党的十八届五中全会第二次全体会议上的讲话》，国务院新闻办公室网站，2016 年 1 月 4 日，http：//www. scio. gov. cn/31773/31774/31783/Document/1460701/1460701. htm。

一、全面建成小康社会综合评估的框架

目前，对于全面建成小康社会进展状况的评估大多依据“十三五”规划提出的2020年经济社会发展目标或者统计局编制的《全面建成小康社会统计监测指标体系》。本研究将在此基础上予以拓展，以更加多元、更加综合的视角进行评估，系统反映全面建成小康社会的进展状况和发展成就。具体将从以下四个视角分别予以评估（见图1）。

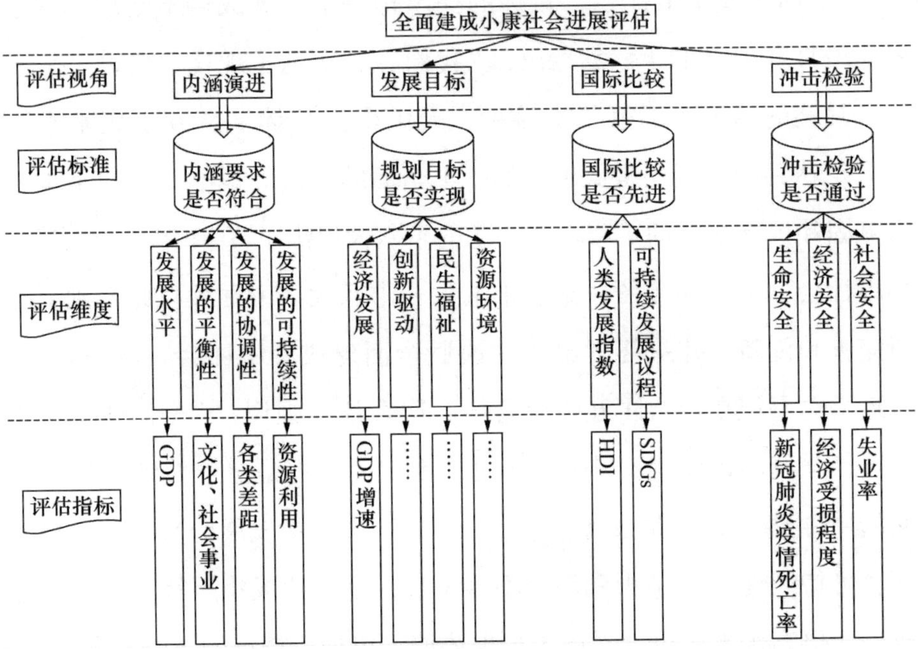

图1 全面建成小康社会进展评估框架

（一）内涵演进的视角

从内涵演进的视角来评估全面建成小康社会的进展状况，需要围绕“发展水平”“发展的平衡性”“发展的协调性”和“发展的可持续性”四个维度设计相应的指标体系进行评估。对于“发展水平”，主要从总量和人均两个方面予以刻画，具体包含国内生产总值（GDP）和人均 GDP2 项指标。对于“发展的平衡性”，主要从文化领域、社会领域两个方面刻画重点短板领域的发展程度，具体包含全国文化事业费支出占国家财政的比重、文化及相关产业增加值占 GDP 的比重、全国公共图书馆机构数、全国公共图书馆总流通人次和三项基本公共服务的支出占财政总支出的比重、居民人均预期寿命等 6 项指标。对于“发展的协调性”，主要从人群、城乡和区域三个方面刻画发展差距（包括发展水平、收入以及公共服务等），具体包含贫困人口数量、基尼系数、基本养老保险参保率、基本医疗保险参保率、城乡居民可支配收入差距、每千人口医疗卫生机构床位数、农村自来水普及率、农村卫生厕所普及率、区域人均 GDP 差距、区域义务教育阶段生均教育财政支出差距、区域平均受教育年限差距、区域每万人拥有执业（助理）医师数差距、区域单位面积铁路里程差距等 13 项指标。对于“发展的可持续性”，主要从资源能源利用效率和污染排放等方面予以刻画，具体包含万元 GDP 能耗、万元 GDP 用水耗、万元 GDP 碳排放量、PM2.5 平均浓度等 4 项指标（见表 1）。

表 1　　　　基于内涵演进的视角评估指标框架

领域/方面		指　标
发展水平	总量	GDP（万元）
	人均	人均 GDP（元）
发展的平衡性	文化领域	全国文化事业费支出占国家财政的比重（%）
		文化及相关产业增加值占 GDP 的比重（%）
		全国公共图书馆情况：机构数（个）
		全国公共图书馆情况：总流通人次
	社会领域	三项基本公共服务的支出占财政总支出的比重（%）
		居民人均预期寿命（岁）

续表

领域/方面		指　标
发展的协调性	人群差距	贫困人口数量（万人）
		基尼系数
		基本养老保险参保率（%）
		基本医疗保险参保率（%）
	城乡差距	城乡居民可支配收入之比
		城乡每千人口医疗卫生机构床位数之比
		农村自来水普及率（%）
		农村卫生厕所普及率（%）
	区域差距	区域人均 GDP 最高最低之比
		区域义务教育阶段生均教育财政支出最高最低之比
		区域平均受教育年限最高最低之比
		区域每万人拥有执业（助理）医师数最高最低之比
		区域单位面积铁路里程差距最高最低之比
发展的可持续性	能源资源利用效率	万元 GDP 能耗（吨标煤/万元）
		万元 GDP 用水量（立方米/元）
	污染排放	万元 GDP 碳排放量（千克/美元）
		PM2.5 平均浓度（微克/立方米）

（二）发展目标的视角

国民经济和社会发展五年规划纲要是社会主义现代化战略在规划期内的阶段性部署和安排，反映的是经济社会发展宏伟蓝图在规划期内的发展目标要求。因此，实现规划提出的发展目标的过程就是将让宏伟蓝图变成现实的过程。“全面建成小康社会和完成‘十三五’规划在时间节点上是一致的。可以说，完成了‘十三五’规划主要指标任务，也就实现了全面建成小康社会目标。[①]”因此，从发展要求的视

① 习近平：《关于全面建成小康社会补短板问题》，求是网，2020 年 6 月 1 日，http：//www. qstheory. cn/dukan/qs/2020 -05/31/c_ 1126055020. htm。

角来评估全面建成小康社会的进展状况，就是要评估“十三五”规划提出的33项定量指标的完成情况。

（三）国际比较的视角

发展是整个人类和全球各国普遍关心的话题，也是人们孜孜不倦、努力奋斗的目标。全面建成小康社会既是中国的发展目标，也反映了人类社会在特定发展阶段的普遍性发展要求。因此从全球普适的发展观和发展评价体系出发来评估我国全面建成小康社会的进展和成就，不仅可以明确我国发展的国际方位，也有利于为全球发展贡献更多的发展实践和发展经验。

从目前全球发展观和发展评价体系来看，具有影响力的主要有两项，一是人类发展指数（HDI），二是全球可持续发展议程（SDGs）。因此，这里将借鉴这两套发展评价体系，通过国际比较对全面建成小康社会的进展和成就进行评估。

（四）冲击检验（疫情冲击）的视角

2017年，习近平总书记在省部级主要领导干部“学习习近平总书记重要讲话精神，迎接党的十九大”专题研讨班开班式上明确，全面建成小康社会的两个检验标准是得到人民认可、经得起历史检验①。2020年全球发生了百年以来最严重的传染病大流行，这也是新中国成立以来遭遇的传播速度最快、感染范围最广、防控难度最大的重大突发公共卫生事件。突发新冠肺炎疫情是对我国发展成果的一次严格的

① 习近平：《在省部级主要领导干部“学习习近平总书记重要讲话精神，迎接党的十九大”专题研讨班开班式上的讲话》，中国政府网，2017年7月27日，http：//www.gov.cn/xinwen/2017-07/27/content_5213859.htm。

检验。新冠肺炎疫情应对的结果直接反映了全面建成小康社会建设成果的质量，新冠肺炎疫情应对的好坏也直接关乎人民对全面建成小康社会建设成果的认可度。

从现实检验的视角来评估全面建成小康社会的进展状况，需要比较不同国家应对疫情的结果差异反映全面建成小康社会建设成果。具体来看，将从生命安全、经济安全和社会安全三个方面，选取相关的指标。

二、全面建成小康社会进展情况评估

基于前面提出的评估框架，搜集各类指标数据，运用整体目标与个体目标、绝对标准与相对标准、定量分析与定性判断相结合方法，对全面建成小康社会进展情况进行系统地评估。

（一）从内涵演进的视角来看，已基本建成更高水平、更加平衡、更加协调和更加可持续的小康社会

这里重点围绕“发展水平”“平衡性”“协调性”和“可持续性”4个维度对21世纪特别是党的十八大以来全面建成小康社会的进展情况予以系统评估。从评估指标反映的情况来看，可以总结出如下结论。

一是已经建成了更高水平的小康社会。经过持续快速的发展，经济社会等各个领域的发展水平都得到了较快提高。这里仅以经济领域的综合指标反映发展水平的提高。数据显示，我国已经发展成为名符其实的中高收入大国。我国的GDP从2000年的10万亿元迅速提升至2019年的近100万亿元；年均增速超过9%，不到20年的时间增长了4倍以上；在全球的排名也从2000年的全球第6位迅速提升至2010年的全球第2位，之后与全球第1位的美国差距快速缩小，中国的GDP

相当于美国的比重从2010年的41%迅速提升至2019年的67%。我国的人均GDP从2000年的接近8000元迅速提升至2019年的超过7万元；年均增速达到8.4%；在全球的排名也从2000年的全球第135位迅速提升至2010年的全球第113位，到2019年已经提升至全球的第66位。2000年我国刚刚进入中等收入社会，而到2019年我国已经成为距离高收入社会标准只差15.9%的中高收入国家。

二是已经建成了各领域发展更加平衡的小康社会。习近平总书记在十八届五中全会上强调，“全面小康，覆盖的领域要全面，是五位一体全面进步”[①]。长期以来，与经济建设相比，其他的领域相对发展较慢，这也是发展不平衡的重要表现。推动全面建设小康社会以来，特别是党的十八大以来，全面部署“五位一体”的总体布局，更加注重现代化建设各个环节、各个方面的平衡发展，发展的平衡性明显提高。文化、社会等领域的财政投入不断加大。文化事业费支出占财政总支出的比重从2010年的0.36%提升至2019年的0.45%；教育、医疗卫生和计划生育、社会保障和就业三项基本公共服务支出占财政总支出的比重由2000年的26.1%提升至2019年的33.9%。文化、社会等领域发展成就斐然。文化及相关产业增加值占GDP的比重由2004年的2.2%快速提升2019年的4.5%，提升了1倍；居民人均预期寿命由2000年的71.4岁提高至2010年的74.8岁，到2019年进一步提高至77.3岁，不到20年的时间提高了近6岁。

三是已经建成了发展更加协调、更加惠及全体人民的小康社会。习近平总书记强调，“全面小康，覆盖的人口要全面，是惠及全体人民的小康”[②]。发展的不协调（或者说发展不全面）的问题很大程度上

---

①② 习近平：《在党的十八届五中全会第二次全体会议上的讲话（节选）》，求是网，2020年6月4日，http：//www.qstheory.cn/dukan/2020－06/04/c_1126073270.htm。

表现为各方面的发展差距，既包括城乡和区域之间的差距，也包括人与人（人群内部）的差距；既包括收入的差距，也包括公共服务等其他方面的差距。经过一二十年的发展，我们各方面的差距整体上都呈现了不同程度的缩小趋势。从人群差距来看，居民收入差距扩大的趋势得到控制，基尼系数呈现下降趋势，由 2008 年的峰值（0. 491）逐步下降至 2019 年的 0. 465；基本建成覆盖全民的社会保障体系，基本养老保险参保率由 2000 年的 14. 4% 提高至 2019 年的 88. 4% ，基本医疗保险参保率由 2000 年的 3. 0% 提高至 2019 年的 96. 7% ；消除绝对贫困任务接近完成，绝对贫困人口由 2010 年的 1. 66 亿迅速降低至 2019 年底的 551 万，2020 年年底这些人口都将实现脱贫。从城乡差距来看，城乡居民收入差距持续缩小，可支配收入之比在 2009 年达到峰值之后呈现持续缩小态势，到 2020 年已经降至 2. 56；另外，城乡公共服务和基础设施方面也在朝着一体化和更加均衡的方向发展，城乡居民每千人口医疗卫生机构床位数之比由 2000 年的 2. 36 下降至 2019 年的 1. 83，农村自来水和卫生厕所的普及率分别从 2000 年的 54. 7% 、67. 4% 提升至 82. 0% 、81. 7% 。截至 2018 年年底，99. 6% 的乡镇、99. 5% 的建制村通了硬化路，99. 1% 的乡镇、96. 5% 的建制村通了客车，95% 的建制村连接了 4G 网络。从区域差距来看，经济发展、公共服务等不同发展也都呈现缩小趋势，人均 GDP 最高的省份与最低省份之比由 2000 年的 10. 8 缩小至 2019 年的 5. 0；义务教育阶段生均教育财政支出最高的省份与最低省份之比由 2000 年的 7. 7 缩小至 2019 年的 5. 1；每万人拥有执业（助理）医师数最高的省份与最低省份之比也由 2000 年的 3. 8 下降至 2019 年的 2. 4。

四是已经建成了发展更加可持续的小康社会。一直以来生态文明建设也是小康社会建设的突出短板。全面建成小康社会以来，特别是新发展理念提出以来，绿色发展不断深入人心，生态文明建设步伐明显加快，蓝天、碧水和净土“保卫战”扎实推进，发展的可持续性也明显增强。从能源资源的使用来看，各类资源能源的利用效率显著提升。万元 GDP 能耗从 2000 年的 1.5 吨标煤下降至 2019 年的 0.9 吨标煤，下降了近 40%；万元 GDP 用水量也从 2000 年的 548 立方米迅速下降至 2019 年的 116 立方米，下降了近 80%。从污染排放来看，“十一五”以来的多个五年规划的污染减排目标基本都已实现。每万美元 GDP 碳排放量由 2000 年的 15.3 吨下降至 2019 年的 10.4 吨；全国 PM2.5 平均浓度由 2000 年的 60.7 微克/立方米下降至 2019 年的 52.7 微克/立方米。

（二）从发展目标的视角来看，“十三五”规划提出的 33 项定量指标总体完成情况良好

从“十三五”规划实施情况来看，基本可以完成规划设定目标任务。在规划提出的 33 项定量指标中，14 项指标提前完成，14 项已经或预计按期完成，只有 5 项指标难以完成预期目标（见附表 2）。

值得关注的是，进展不够理想的主要是少数宏观经济方面的指标，而且这 5 项指标之所以进展不够理想，多数与 2020 年突发的新冠肺炎疫情直接相关。其中，备受关注的就是 GDP 翻番的目标。新冠肺炎疫情的暴发严重影响了国内经济的正常运行，短期内很多企业因为新冠肺炎疫情而停工停产，很多国内需求短期内被遏制，经济出现短期大幅下滑的态势，一季度经济增长出现了罕见的萎缩，同比下滑 6.8%。尽管如此，在党中央的坚强领导下，国内新冠肺炎疫情防控取得了重大战略成果，全年经济实现 2.3% 的增长。虽然离实现 GDP 翻番的目标（2020 年必须达到 5.5%）仍然存在一定的差距，但面对如此严峻挑战，我国能够成为全球少有的实现经济正增长的国家，已经非常不易。

同时需要看到的是，全面建成小康社会是一场深刻的社会变革，

不仅涉及经济发展，还涉及社会、文化和生态等领域的进步；不仅涉及人们物质生活水平的提高，也涉及人们精神生活的满足，还涉及人们获得感、幸福感、安全感的提高。因此，评估全面建成小康社会目标是否实现，不能只关注于某个或某些领域，更不能只关注于某个或某几个指标，而应该有整体观和系统观。从“十三五”规划不同类型指标完成情况来看，主要表现出两个特点。一是资源环境和民生福祉类指标完成情况要好于经济发展和创新驱动类指标。数据显示，超过60%左右的资源环境类指标已经提前完成，其他的资源环境和民生福祉类指标预计基本都可完成。二是约束性指标的完成情况要好于预期性指标。数据显示，绝大多数约束性指标都已经完成，而且其中超过50%左右的指标已经提前完成。在这些约束性指标中，特别值得强调的是脱贫指标。打赢脱贫攻坚战，历史性解决绝对贫困问题，既是中华民族的千年梦想，也是全面建成小康社会必须完成的硬任务。2020年11月23日，贵州宣布最后9个深度贫困县退出贫困县序列，这意味着全国832个贫困县全部脱贫摘帽，全国脱贫攻坚目标任务顺利完成，中国提前10年实现了联合国2030年可持续发展议程减贫目标。因此，综合来看，“十三五”规划目标基本可以如期完成，也意味着全面建成小康社会的目标可以如期完成。

（三）从国际比较的视角来看，无论是人类发展指数还是可持续发展指标，中国都是发展中国家中的“尖子生”，部分指标已经达到甚至超过初等发达国家水平

人类发展指数（HDI）是联合国开发计划署（UNDP）用以衡量联合国各成员国经济社会发展水平的指标，侧重于测度人类自身的发展，而非简单的经济增长。HDI主要由反映了人的长寿水平、知识水平和生活水平3类指标构成。因而采用这一指数的国际比较可以更好地反映中国全面建成小康社会的成果。从 HDI 的动态比较来看，近 20 年来中国的 HDI 及其在全球排名快速提升，成功跻身“高 HDI 组”，成为少数实现 HDI 持续快速提升的发展中国家，充分反映全面建成小康社会的综合成就。具体来看，中国的 HDI 迅速从 2000 年的 0.591 提升至 2018 年的 0.758，全球排名也从 2000 年的第 111 名迅速提升至 2018 年的第 85 名，排名提升了 25 位，成为这一时期全球 HDI 及其排名提升幅度最大的国家。另外，2018 年中国的 HDI 显著高于全球平均水平和“高 HDI 组”的平均水平；在发展中国家中排名第 28 位，是极少数成功跻身“高 HDI 组”发展中人口大国。此外，从 HDI 的分析排名，除平均受教育年限外，其他 3 项分指标（出生时预期寿命、预期受教育年限以及人均 GNI）的排名都好于 HDI，其中，反映生命健康的出生时预期寿命表现最好，全球排名第 60 位，甚至显著好于不少高收入国家（见图 2）。

2030 年可持续发展议程（SDGs）是由联合国 2015 年启动的，旨在消除贫困并促使全世界走上人人享有和平、繁荣和机会的可持续发展发展道路，已成为引领全球发展方向的重要议程。通过 SDGs 实现程度的国际比较也可以较好反映我国全面建成小康社会的发展成就。由于缺乏完整的数据，难以对世界各国完成 SDGs 情况进行全面的评估，这里参考《全球城市竞争力报告 2020—2021：全球城市价值链》对全球人口超过 50 万的城市开展的评估研究结果。结果显示，中国大中城市 SDGs 的完成状况在处于同样发展水平的中高收入国家和地区中处于相对较好水平。中国目标完成进展状况良好（包括Ⅰ－非常接近、Ⅱ－比较接近和Ⅲ－稍有距离 3 类）的城市占比达到 81%，高于所有中高收入国家和地区的平均水平（74%），更是显著高于其他中高收入国家和地区的平均水平（65%）。所有中高收入国家和地区达到“非常接近”水平的 81 个城市中有 60% 位于中国（见图 3）。

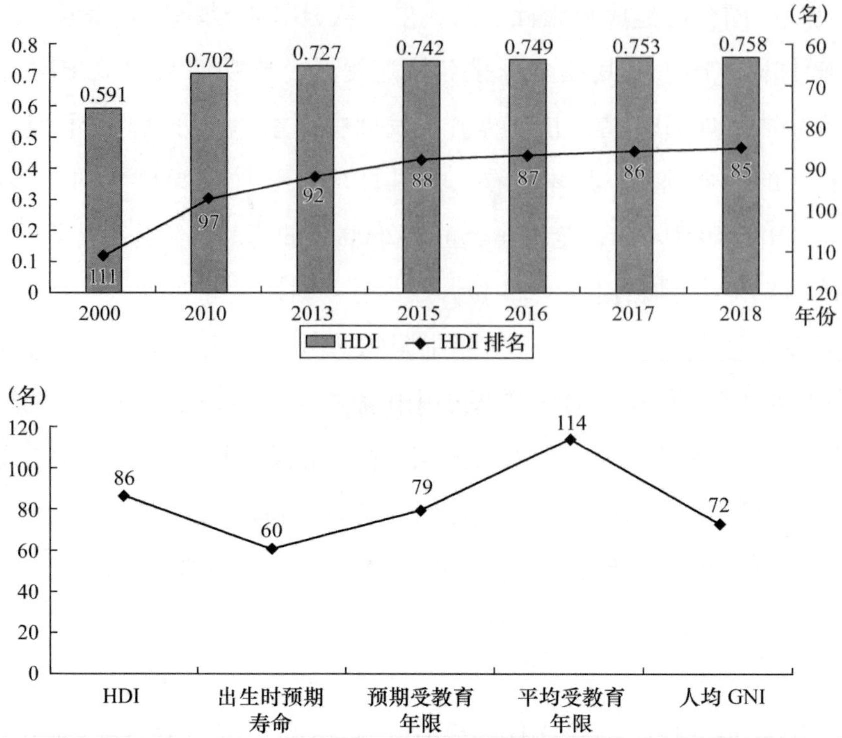

图 2　中国 HDI 及分项指标的全球排名

资料来源：UNDP。

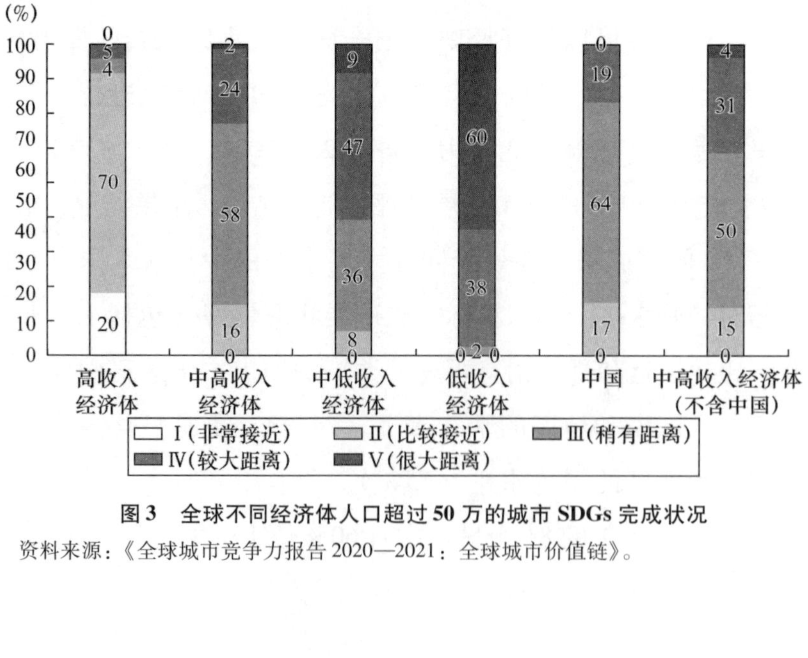

图 3　全球不同经济体人口超过 50 万的城市 SDGs 完成状况

资料来源：《全球城市竞争力报告 2020—2021：全球城市价值链》。

（四）从现实检验的视角来看，抗疫实践进一步彰显了全面建成小康社会建设成果的质量和成色

一方面，新冠肺炎疫情是百年来全球发生的最严重的传染病大流行，是新中国成立以来遭遇的传播速度最快、感染范围最广、防控难度最大的重大突发公共卫生事件。另一方面，这一突发事件的出现也是对全球各国应对重大突发事件能力的一次重大考验，应对结果也充分反映了各国发展的能力和国家治理的能力。

首先，从生命安全的角度来看，中国是少数较快成功控制疫情扩散的经济体。抗疫的实践结果可以直接反映各国政府在面对突发公共卫生事件时保障国民生命安全方面的能力。俄罗斯总统普京在金砖国家领导人第 12 次会晤时指出，"中国向世界证明是能够成功战胜新冠病毒的"。虽然西方国家新冠肺炎疫情仍在肆虐，但我们国内的新冠肺炎疫情早已得到了较好的控制。相比较而言，较低的确诊病例数和致死率都充分反映了中国抗疫的巨大成功，也充分反映了党中央在保障人民生命安全方面的决心和能力。截至 2020 年 10 月 31 日，我国确诊新冠肺炎病例 91339 例，在全球排名第 55 位；因新冠肺炎死亡的病例达 4739 例，在全球排名第 34 位；每 10 万人口死亡病例数为 0. 34 人，在全球排名第 157 位。①

其次，从经济安全的角度来看，中国是少数经济实现快速恢复的经济体。新冠肺炎疫情暴发之后，各国经济所受的冲击和恢复的进度都存在一定差异。从恢复的进度来看，中国工业生产在疫情暴发 4 个月后基本就恢复到疫情之前的水平，但很多其他国家在疫情暴发 6 个月后与疫情前的水平相比仍然低 10% ~20% 。从新冠肺炎疫情对经济的冲击来看，根据世界银行 2020 年 6 月份对 2020 年的全球不同经济体经济增速的预测来看，中国将可能是极少数可以实现正增长的经济

---

① 资料来源：约翰·霍普金斯大学，https：//coronavirus. jhu. edu/data/mortality。

体，不少经济体2020年与2019年相比经济增速下滑幅度超过8个百分点，如欧元区、美国分别下滑9.1个和6.1个百分点（见图4）。

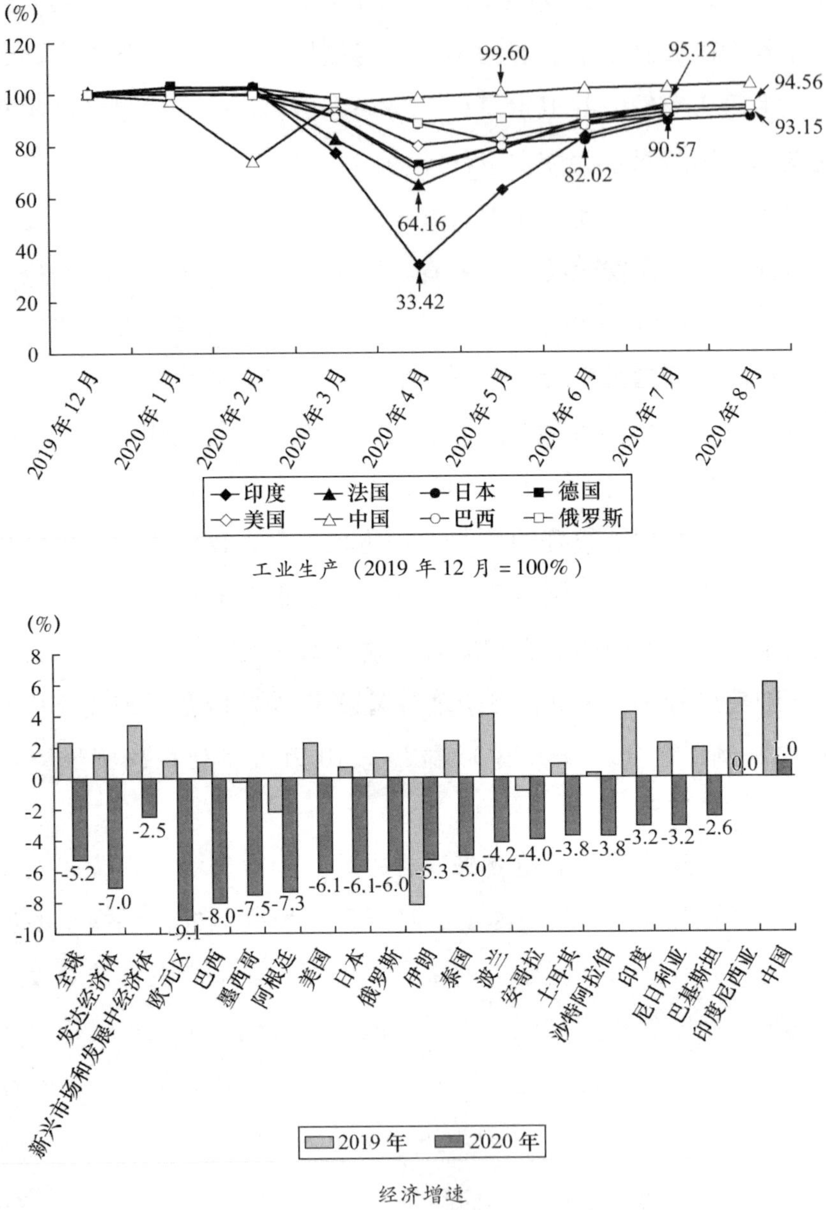

图4　新冠肺炎疫情暴发之后全球经济恢复状况

资料来源：IMF、世界银行。

最后，从社会安全的角度来看，中国是少数就业受疫情影响较小的经济体。新冠肺炎疫情对社会安全的冲击很大程度源自对就业的冲击。新冠肺炎疫情暴发之后短期内很多经济体的失业率都出现了较大幅度的上升。与很多其他经济体相比，中国的就业虽然也受到不小的冲击，但整体来看就业所受的影响相对较小。与2019年12月底相比，我国2020年10月失业率仅提高了0.1个百分点，既显著低于很多欧美的发达国家（如英国、美国、加拿大等），也低于我们周边的高收入国家（如日本、韩国等）（见图5）。就业所受影响较小，很大程度与党中央对“保就业”的高度重视以及较强的政府治理和社会动员能力密切相关。

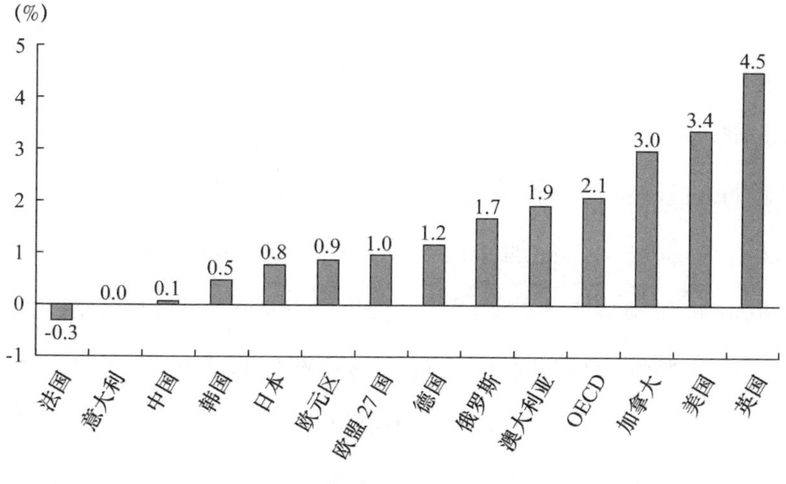

图5　不同国家和地区失业率变化

资料来源：Wind。

综合来看，在抗疫过程中我国之所以能够成为三个“少数”，绝非一日之功，而是在现代化建设过程中形成的国家综合实力和政府治理能力的充分显现，充分反映我们始终坚持以人民为中心的发展思想，充分表明全面建成小康社会成就既可以经得起历史检验，也是得到人民认可的。

三、新发展阶段经济社会发展存在的短板分析

我国在全面建成小康社会、顺利实现第一个百年奋斗目标之后，要乘势而上开启全面建设社会主义现代化国家新征程，朝着第二个百年目标奋进，这标志着我国进入了一个新发展阶段。决胜全面建成小康社会取得决定性成就，也积累了多方面的发展优势和发展条件。不过也需要看到，新发展阶段发展不平衡不充分问题仍然突出。基于前面评估，本报告从不同视角分析新发展阶段我国经济社会发展存在的短板和弱项。

（一）从内涵演进的视角看，经济社会发展的短板主要体现在发展的协调性等方面

从前面的分析可以看出，经过多年的发展，我们已经基本建成了更高水平、更加平衡、更加协调和更可持续的小康社会。但是，从发展的不同内涵和领域来看，与现代化的发展要求和发达国家的水平相比，发展的协调性方面的表现相对更弱一些。很多差距指标扩大的趋势虽然得到遏制，但仍未出现非常显著的缩小趋势。如收入差距，我国目前的基尼系数显著高于很多发达国家，对照党的十九届五中全会提出的“全体人民共同富裕取得更为明显的实质性进展”的远景目标要求相比，未来这方面的发展任务将十分艰巨。

（二）从发展目标的视角来看，经济社会发展的短板主要体现在创新能力的不足等方面

前面的分析也指出，“十三五”指标体系中不同的指标进展状况

存在较大差异，特别是一些指标进展不够理想、不及预期。整体来看，与资源环境、民生福祉、经济发展相比，创新驱动方面的部分指标完成进度相对较低，特别是“研究与试验发展经费投入强度”。不仅如此，这一指标在之前的两个“五年”规划时期完成状况也不够理想。另外，特别值得强调的是，党的十九届五中全会针对当前国际国内环境的变化，在部署“十四五”规划的重要任务时首次将科技创新摆在各项任务之首，特别强调要“坚持创新在我国现代化建设全局中的核心地位，把科技自立自强作为国家发展的战略支撑”。这些都充分反映创新能力的培育是目前现代化进程中的一个弱项。

（三）从国际比较的视角来看，经济社会发展的短板主要体现在公共服务“存量”问题的解决

从前面的分析中可以看出，我们不少指标在国际比较中表现良好。但是整体来看存在一个非常显著的特点，即新增的“流量”问题解决得较好，而长期形成的“存量”问题解决得不够理想。比如，我国“预期受教育年限”在全球排名第 79 位，而“平均受教育年限”在全球排名第 114 位，比前者低 35 位。前者反映的是新一代人口享受的教育公共服务水平，后者反映的是所有人口享受的教育公共服务水平。这种差异很大程度上与我们属于一个快速发展转型的发展中大国密切相关。同时也说明我们在解决“存量”问题时面临着更大挑战和任务。

（四）从现实检验的视角来看，经济社会发展的短板主要体现在国家安全体制等方面

虽然到目前为止我们已经较为成功应对了新冠肺炎疫情，但在新冠肺炎疫情的应对过程中也暴露一些突出问题。如基层的应急储备物资与新冠肺炎疫情的应对要求之间存在明显的差距，重大突发公共事件缺乏制度化的应急机制，突发公共事件应急能力不足等。这些都凸显出国家安全体制方面存在明显的弱项。随着国际国内环境的变化，特别是百年未有之大变局处于加速演变期，今后防范和化解影响我国现代化进程的各种风险的任务将更加艰巨。这进一步要求我们加快增强这一弱项。

四、主要结论及政策启示

本报告从内涵演进、发展目标、国际比较和冲击检验四个不同的视角设计了全面建成小康社会的评估指标体系，并梳理相关数据进行了全面评估。评估结果显示，无论从内涵演进还是从发展目标的视角来看，全面建成小康社会都较好地实现了既定的任务，完成了预期的目标；无论是从国际比较还是从冲击检验的视角来看，全面建成小康社会都取得了令人瞩目的成就，其成就也经得起检验。

另外，本报告基于评估的指标体系对新发展阶段我国经济社会发展存在的短板和弱项进行了分析。结果显示，当前经济社会发展的短板主要体现为发展的协调性仍然有待增强、创新能力不能满足高质量发展的要求、公共服务的历史欠账较多及国家安全体制不健全等。在新的发展阶段，开启全面建设社会主义现代化新征程需要加快推动高质量发展，注重解决这些突出的短板和弱项（见附表 1）。

执笔人：何建武

附表 1

基于内涵演进视角的全面建成小康社会评估指标

指标			2000 年	2010	2012	2019
发展水平	总量	GDP（万元）	100280	412119	538580	990865
	人均	人均 GDP（元）	7942	30808	39874	70892
发展的平衡性	文化领域	全国文化事业费支出占国家财政的比重（%）	0.4	0.4	0.4	0.5
		文化及相关产业增加值占 GDP 的比重（%）	2.2	2.8	3.5	4.5
		全国公共图书馆情况：机构数（个）	2675	2884	3076	3196
		全国公共图书馆情况：总流通人次	18854	32823	43437	82032
	社会领域	三项基本公共服务的支出占财政总支出的比重（%）	26.1	29.5	32.6	33.9
		居民人均预期寿命（岁）	71.4	74.8		77.3
发展的协调性	人群差距	贫困人口数量（万人）	—	16567	9899	551
		基尼系数	0.479	0.481	0.474	0.465
		基本养老保险参保率（%）	14.4	34.3	74.2	88.4
		基本医疗保险参保率（%）	3.0	32.3	39.6	96.7
	城乡差距	城乡居民可支配收入之比	2.79	3.23	2.81	2.64
		城乡每千人口医疗卫生机构床位数之比	2.36	2.28	2.21	1.83
		农村自来水普及率（%）	—	54.7	62.9	82.0
		农村卫生厕所普及率（%）	44.8	67.4	71.7	81.7
	区域差距	区域人均 GDP 最高最低之比	10.75	5.80	4.73	4.98
		区域义务教育阶段生均教育财政支出最高最低之比	7.71	6.85	5.54	5.14

续表

指标			2000 年	2010 年	2012 年	2019 年
发展的协调性	区域差距	区域平均受教育年限最高最低之比	3. 18	2. 30	2. 42	2. 30
		区域每万人拥有执业（助理）医师数最高最低之比	3. 84	2. 70	2. 73	2. 38
		区域单位面积铁路里程差距最高最低之比	—	164. 7	179. 7	155. 0
发展的可持续性	能源资源利用效率	万元 GDP 能耗（吨标煤/万元）	1. 466	1. 319	1. 244	0. 940
		万元 GDP 用水量（立方米/元）	0. 055	0. 022	0. 019	0. 012
	污染排放	万元 GDP 碳排放量（千克/美元）	1. 526	1. 442	1. 394	1. 039
		PM2. 5 平均浓度（微克/立方米）	60. 7	69. 5	63. 8	52. 7

附表 2　**基于发展目标视角的全面建成小康社会评估指标**

			2015 年	规划目标		2020 年（累计）	完成状况
				2020 年	年均增速（累计）		
经济发展	（1）GDP（万亿元）		67.7	>92.7	>6.5%	年均 5.7%	未完成
	（2）全员劳动生产率（万元/人）		8.7	>12	>6.6%	年均 5.7%	未完成
	城镇化率	（3）常住人口城镇化率（%）	56.1	60	[3.9]	>60%	已经完成
		（4）户籍人口城镇化率（%）	39.9	45	[5.1]	44.38（2019 年）	预计可以完成
	（5）服务业增加值比重（%）		50.5	56	[5.5]	54.5	未完成
创新驱动	（6）研究与试验发展经费投入强度（%）		2.1	2.5	[0.4]	2.4	未完成
	（7）每万人口发明专利拥有量（件）		6.3	12	[5.7]	15.8	提前完成
	（8）科技进步贡献率（%）		55.3	60	[4.7]	>60	提前完成
	互联网普及率	（9）固定宽带家庭普及率（%）	40	70	[30]	96.0	提前完成
		（10）移动宽带家庭普及率（%）	57	85	[28]	108.0	提前完成
民生福祉	（11）居民人均可支配收入增长（%）		—	—	>6.5%		比 2010 年翻一番的目标已经实现
	（12）劳动年龄人口平均受教育年限（年）		10.23	10.8	[0.57]	10.7（2019 年）	预计可以完成
	（13）城镇新增就业人数（万人）		—	—	[5000]	[>6000]	提前完成
	（14）农村贫困人口脱贫（万人）		—	—	[5575]	[5575]	已经完成
	（15）基本养老保险参保率（%）		82	90	[8]		提前完成

续表

			2015 年	规划目标		2020 年（累计）	完成状况
				2020 年	年均增速（累计）		
		（16）城镇棚户区住房改造（万套）	—	—	[2000]	[>2100]	已经完成
		（17）人均预期寿命（岁）	—	—	[1]	[0.66]（2018 年）	预计可以完成
资源环境		（18）耕地保有量（亿亩）	18.65	18.65	[0]	20.24（2017 年）	预计可以完成
		（19）新增建设用地规模（万亩）	—	—	[<3256]	[1581]（2017 年）	预计可以完成
		（20）万元 GDP 用水量下降（%）	—	—	[23]	[23.8]（2019 年）	预计可以完成
		（21）单位 GDP 能源消耗降低（%）	—	—	[15]	[13.1]	未完成
		（22）非化石能源占一次能源消费比重（%）	12	15	[3]	15.3（2019 年）	预计可以完成
		（23）单位 GDP 二氧化碳排放降低（%）	—	—	[18]		预计可以完成
	森林发展	（24）森林覆盖率（%）	21.66	23.04	[1.38]	22.96（2018 年）	预计可以完成
		（25）森林蓄积量（亿立方米）	151	165	[14]	175.6（2018 年）	提前完成
	空气质量	（26）地级及以上城市空气质量优良天数比率（%）	76.7	>80	—	82.5（2019 年）	提前完成
		（27）细颗粒物（PM2.5）未达标地级及以上城市浓度下降（%）	—	—	[18]	[29]	已经完成
	地表水质量	（28）达到或好于 III 类水体比例（%）	66	>70	—	74.9（2019 年）	提前完成
		（29）劣 V 类水体比例（%）	9.7	<5	—	3.4（2019 年）	提前完成

续表

			2015 年	规划目标		2020 年（累计）	完成状况
				2020 年	年均增速（累计）		
	主要污染物排放总量减少（%）	（30）化学需氧量	—	—	［10］	［11.5］（2019 年）	提前完成
		（31）氨氮			［10］	［11.9］（2019 年）	提前完成
		（32）二氧化硫			［15］	［22.5］（2019 年）	提前完成
		（33）氮氧化物			［15］	［16.3］（2019 年）	提前完成

专题二

全面建成小康社会进程中人民生活水平和需求结构的变化

中华人民共和国成立 70 多年来特别是改革开放以来，我国城乡居民生活发生了翻天覆地的变化，大踏步赶上了时代，人均收入大幅增长，消费水平明显提升，生活质量显著改善。党的十八大以来，决胜全面建成小康社会取得了举世瞩目的决定性成就，创造了可以载入史册的伟大奇迹。站在开启全面建设社会主义现代化国家新征程的新起点上，与人民对美好生活的新期待相比，与更高收入水平国家相比，我国人民生活水平提高和需求结构升级还存在一些突出短板，需要进一步完善收入分配和社会保障制度，促进居民实际收入稳步增长，健全高质量商品和服务供给体系，促进供给质量全面提升，完善消费软硬件环境，促进安全、便利、放心消费。

一、中华人民共和国成立以来我国人民生活变迁的主要阶段

回顾中华人民共和国成立 70 多年以来的发展，我国人民生活实现了从绝对贫困到温饱、到总体小康、再到全面小康的历史性跨越。

（一）中华人民共和国成立至改革开放前：人民生活初步摆脱“一穷二白”的状态，奋力争取温饱

中华人民共和国成立之初，面对战争留下的满目疮痍，党和政府带领人民迅速恢复生产，完成了对农业、手工业和资本主义工商业的“三大改造”，实现了由生产资料私有制向社会主义公有制的历史性转变，人民真正从政治、经济上的被剥削、被压迫者变为国家的主人。社会主义制度的确立，成为当代人民生活改善的根本政治前提和制度基础。

1956 年召开的党的八大明确指出，我们国内的主要矛盾已经是人民对于经济文化迅速发展的需要同当前经济文化不能满足人民需要的状况之间的矛盾。这是对当时国情的正确判断，也为当时确定党和国家的主要任务提供了依据。此后，受特殊时期的干扰，社会主义建设在艰辛中探索，在曲折中发展。直至改革开放前，城乡居民的生活水平虽有改善，但总体上仍处于奋力争取温饱的阶段。

（二）改革开放之初至 20 世纪末：人民生活解决了温饱问题，总体上达到小康

党的十一届三中全会作出了把党和国家工作中心转移到经济建设上来、实行改革开放的历史性决策，这是决定当代中国命运的关键一招。改革开放为人民生活持续改善创造了日益雄厚的物质基础。特别是随着农村家庭联产承包责任制在全国的推行、乡镇企业的蓬勃发展、城市国营企业自主经营权的扩大以及一系列收入分配改革措施的出台，城乡居民收入和生活水平比改革开放初期有了大幅提高。1992 年召开的党的十四大指出，11 亿人民的温饱问题已经基本解决，“三步走”战略的第一步目标顺利实现。

同时，邓小平“南方谈话”标志着我国改革开放又掀起了新热潮，非公有制经济得到迅速发展。到20世纪末，我国又完成了“三步走”战略的第二步目标，人民生活总体上达到小康水平。同时，到20世纪末，我国社会供求关系趋于宽松，买方市场格局初步形成，成为经济发展中一个重要的转折点。据中华全国商业信息中心在1997年对613种商品的市场调查表明，有31.8%的商品供过于求，66.6%的商品供求平衡，只有1.6%的商品供不应求。商品供不应求的短缺状况基本消除，使得人民有了更多满足需求的条件，人民生活水平迈上了一个大台阶。

（三）21世纪初至党的十八大：人民生活向全面小康扎实迈进

总体上看，世纪之交我国人民生活达到的小康还是低水平、不全面、发展很不平衡的小康。为此，2000年召开的党的十五届五中全会在《关于制定国民经济和社会发展第十个五年计划的建议》中明确，从21世纪开始，我国将进入全面建设小康社会，加快推进社会主义现代化的新的发展阶段。2002年，党的十六大进一步指出，我们要在21世纪头20年，集中力量，全面建设惠及十几亿人口的更高水平的小康社会，使经济更加发展、民主更加健全、科教更加进步、文化更加繁荣、社会更加和谐、人民生活更加殷实。自此，我国开启了全面建设小康社会的新阶段。

随着我国加入世界贸易组织（WTO），经济社会发展步入持续快速发展期。这一阶段也是人民得到实惠最多、生活水平提高最快的时期，全面建设小康社会的成效显著。人民消费选择更加多元，物质生活不断升级，精神生活日益丰富，社会保障逐步完善，人民生活水平全面提升。

（四）党的十八大以来：全面小康逐步成为现实

党的十八大提出了到2020年实现全面建成小康社会的奋斗目标，并作出新的部署。2017年，党的十九大在党和国家事业取得历史性成就、发生历史性变革的基础上，发出了决胜全面建成小康社会的动员令，要求在“两个一百年”奋斗目标的历史交汇期，既全面建成小康社会、实现第一个百年奋斗目标，又乘势而上开启全面建设社会主义现代化国家新征程，向第二个百年奋斗目标进军。

随着中国特色社会主义进入新时代，我国社会主要矛盾已经转化为人民日益增长的美好生活需要和不平衡不充分的发展之间的矛盾。在全面建成小康社会的决胜阶段，人民美好生活需要日益广泛，不仅对物质文化生活提出了更高要求，而且在民主、法治、公平、正义、安全、环境等方面的要求日益增长。尽管我国社会生产力水平总体上显著提高，社会生产能力在很多方面进入世界前列，但更加突出的是发展不平衡不充分问题，这已成为全面建成小康社会、满足人民美好生活需要的主要制约因素。

在这一阶段，随着全面深化改革和扩大开放、供给侧结构性改革的持续推进，精准脱贫等“三大攻坚战”取得决定性成就，满足人民美好生活需要的有效供给不断增加，获得感、幸福感和安全感持续提升，有了更多更公平共享发展成果的机会，中华民族千百年来为之奋斗的小康梦想即将变为现实。

二、全面建成小康社会进程中人民生活水平和需求结构实现历史性跨越

（一）人民收入跨越式增长举世瞩目

第一，居民收入实现了长时期的快速增长。中华人民共和国成立以来，我国居民收入水平不断提升，改变了积贫积弱的面貌。2019年，我国全体居民人均可支配收入达到30733元（见图1），以实际收入衡量，是1978年的26.8倍；城乡居民的人均实际收入分别是1978年的17.1倍和20.7倍。我国用了不到50年的时间，实现了超过10亿人口收入水平的大幅提升。按可比价来看，2011～2019年全国居民人均可支配收入累计实际增长96.6%，党的十八大提出的“到2020年实现城乡居民人均收入比2010年翻一番”的目标接近完成。与这一时期的代表性发达国家相比，美国居民收入年均实际增长2%，英国年均实际增长1.1%，韩国年均实际增长2.5%，我国居民可支配收入增长明显更快。另外，我国居民的收入增速也高于代表性国家相同发展阶段的收入增速，美国在1941～1948年的居民人均可支配收入年均实际增长1.1%，日本在1969～1974年的非农家户可支配收入年均实际增长5.1%，韩国在1990～1997年的居民人均可支配收入年均实际增长5%。

第二，脱贫攻坚取得全面胜利。改革开放以来，我国已有7亿多农村贫困人口成功脱贫，成为世界上减贫人口最多的国家，率先完成了联合国千年发展目标。特别是党的十八大以来，我国全面打响脱贫攻坚战，脱贫攻坚力度之大、规模之广、影响之深前所未有。2012～2019年，我国年末贫困人口从9899万人减少到551万人，连

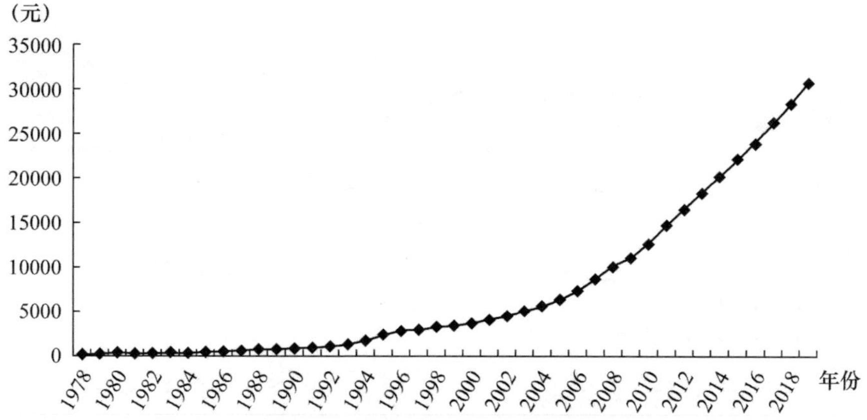

图 1　1978～2019 年我国居民人均可支配收入的增长

资料来源：国家统计局。

续 7 年年均减贫 1000 万人以上，9000 多万人已稳定脱贫，贫困发生率从 10.2% 降到 0.6%。2019 年，贫困地区农村居民人均可支配收入 11567 元，是 2012 年的 2.2 倍。2019 年年末，贫困地区农村贫困人口 362 万人，比 2012 年年末减少 5677 万人；农村贫困发生率从 2012 年年末的 23.2% 下降至 2019 年年末的 1.4%。超过 5000 万农村贫困人口摆脱绝对贫困，832 个贫困县全部脱贫摘帽，区域性整体贫困基本得到解决，贫困人口收入大幅增加。全国建档立卡贫困人口人均纯收入由 2016 年的 4124 元增加到 2019 年的 9057 元，年均增幅 30%。

第三，城乡和区域间的收入差距逐渐缩小。在全面建成小康社会进程中，城乡居民收入均大幅提升，农村居民增速快于城镇居民。2019 年，城乡居民人均可支配收入分别为 42359 元和 16021 元，均实现比 2010 年翻一番、比 2000 年翻两番（见图 2）。以实际水平衡量，2019 年城乡居民人均收入分别是 2012 年的 1.5 倍和 1.7 倍，分别是改革开放之初 1978 年的 17.1 倍和 20.7 倍。值得一提的是，近年来城乡居民收入差距也有所下降。2012 年，城乡居民收入比为 2.9，扭转了 1998 年以来城乡收入比扩大的趋势，之后逐年下降，到 2019 年已降

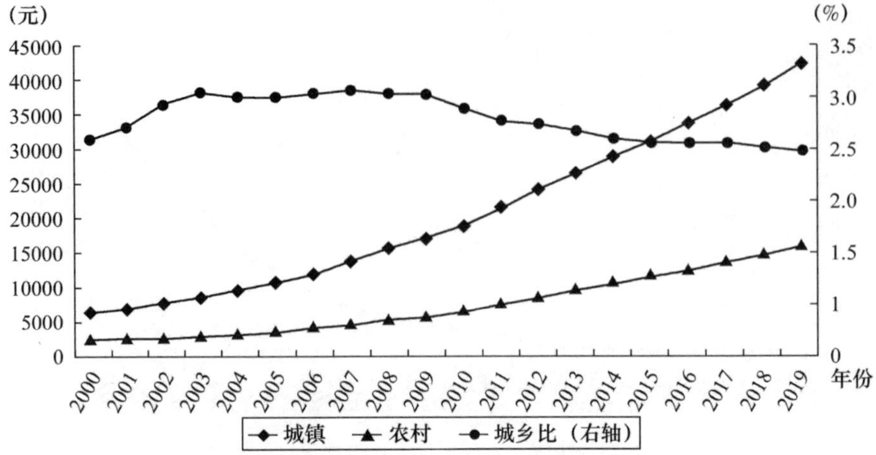

图 2 2000～2019 年我国城乡居民人均可支配收入的增长

资料来源：国家统计局。

低到 2.6，反映出城乡统筹发展取得积极成效。另外，东部地区与中部、西部地区的居民人均收入比有所降低，中西部地区居民收入增速快于东部地区。

（二）人民生活总体迈向富足阶段

中华人民共和国成立以来，我国人民生活实现了从绝对贫困到温饱、到总体小康、再到全面小康的历史性跨越。特别是近年来，城乡居民消费水平不断提高，消费结构持续升级。

第一，消费水平大幅提升。中华人民共和国成立以来，我国居民消费水平由 1952 年的仅 80 元左右增长到 2019 年的 27504 元。特别是改革开放以后，居民消费水平以年均 13% 的速度快速提升，2019 年居民消费水平达到 1978 年的近 150 倍（见图 3）。

党的十八大以来，我国居民人均消费支出保持年均 8.5% 的增速，超过同期所有发达国家和绝大多数发展中国家。我国仅用 6 年的时间，居民人均消费支出从 13220 元上升至 21559 元（见图 4）。各地居民消

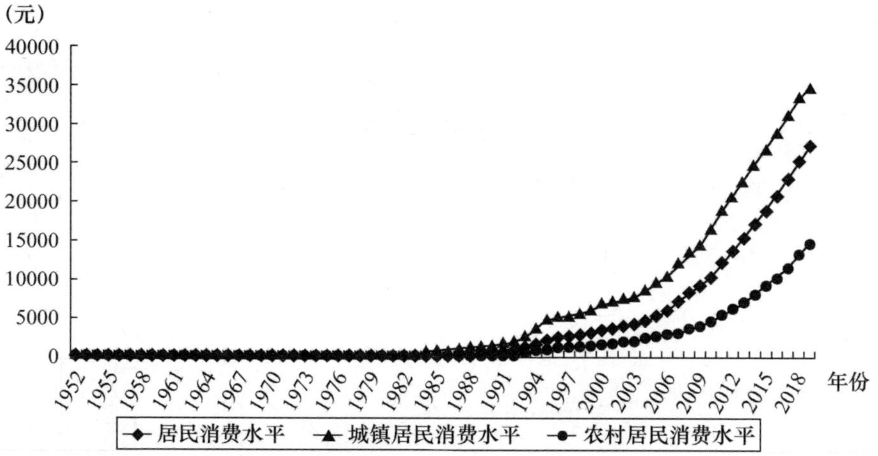

图 3　1952～2019 年我国居民消费水平

资料来源：国家统计局。

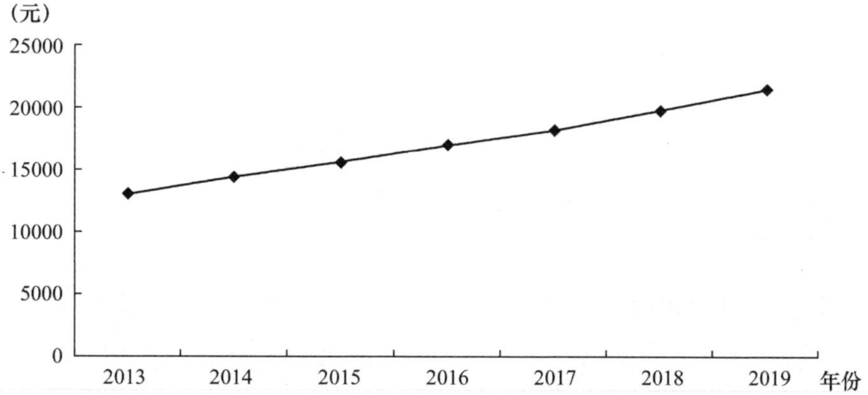

图 4　2013～2019 年我国居民人均消费支出的增长

资料来源：国家统计局。

费水平均有不同幅度的提高，2019 年全国消费水平最低的省份——西藏的居民人均消费支出达到 13029 元，接近 2013 年的全国平均水平。

第二，消费结构逐步快速升级。中华人民共和国成立以来，随着居民生活水平不断提高，居民食品消费占比大幅下降，恩格尔系数累计下降超过 35 个百分点。党的十八大以来，我国居民恩格尔系数依然保持下降态势，2019 年为 28.2%，与发达国家差距逐渐缩小。按照联合国公布的恩格尔系数的衡量标准，2000 年我国居民生活达到初步小康水平，2019 年总体迈向富足阶段。与此同时，居民服务消费不断增加，2013～2019 年服务性消费支出年均增速超过 11%，显著快于整个消费支出的增速，服务性消费支出占比从 2013 年的 39.7% 上升至 2019 年的 45.9%（见图 5）。

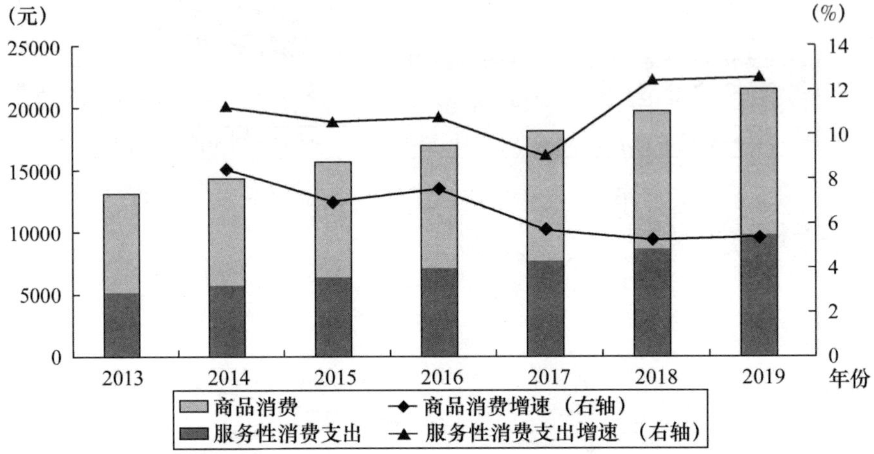

图 5　2013～2019 年我国居民商品消费与服务性消费支出的增长

资料来源：国家统计局。

第三，城乡居民消费能力得到全面释放。城乡消费水平和消费结构差距逐渐缩小。2019 年，城乡居民人均消费支出分别达到 28063 元和 13328 元，比 2010 年翻一番。城乡居民的食品支出占比持续下降，且农村居民下降速度更快，两者差距逐步缩小。2013 年，农村居民恩格尔系数比城镇高 2.7 个百分点，2019 年城乡居民恩格尔系数分别为 27.6% 和 30%，差距缩小至 2.4 个百分点。另外，随着农村居民收入水平提升以及商贸流通、通信宽带等基础设施的不断完善，电子商务、网络购物等新业态加快普及，农村居民消费增速快于城镇居民。2012 年以来，城乡人均消费支出比从 2.8 下降到 2.1，城镇和农村地区差距逐步缩小。扣除价格因素，2012 年农村居民消费水平接近城镇居民

2003 年消费水平，2019 年农村居民消费水平接近城镇居民 2012 年消费水平，仅 7 年时间，城乡居民消费差距缩短 2 年（见图 6）。

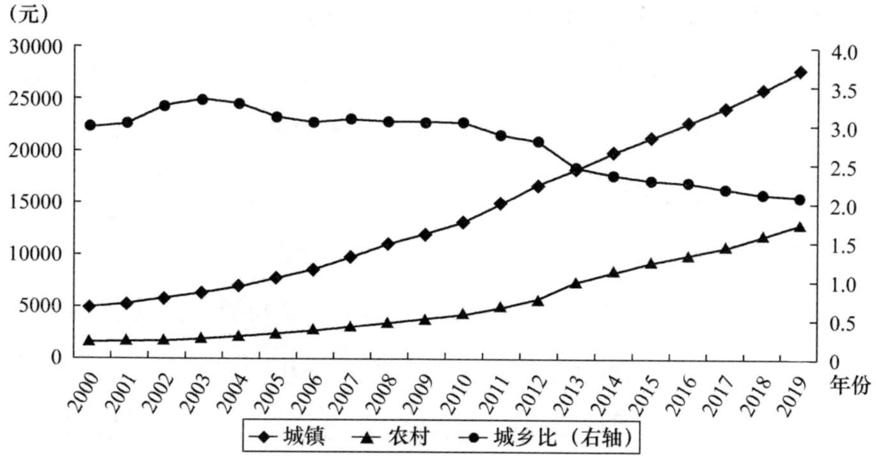

图 6 2000～2019 年我国城乡居民人均消费支出的变化

注：2013 年及以后数据，来源于国家统计局的住户收支与生活状况调查。1978～2012 年的数据，根据国家统计局的城镇住户调查和农村住户调查历史数据，按照住户收支与生活状况调查可比口径推算得到。2013 年前后的数据不完全可比。

资料来源：国家统计局。

第四，建成了全世界覆盖面最广的社会保障网。截至 2019 年年底，全国参加城镇职工基本养老保险的有 4.3 亿多人，参加城乡居民基本养老保险的有 5.3 亿多人；参加基本医疗保险的有 13.5 亿多人[①]。尽管保障水平还不是很高，但作为一个发展中国家，我国已经建成了全世界规模最大、覆盖人数最多的社会保障体系，一定程度上解除了人民消费升级的后顾之忧。

（三）物质生活水平全面提升

第一，居民实现吃饱穿暖，吃穿消费占比不断下降。改革开放之初，我国居民的饮食结构相对单一，膳食中粮食占比较大，1996 年以

① 数据来源：2019 年国民经济和社会发展统计公报。

来，城镇、农村地区粮食消费量开始稳步下降，肉类、禽类、水产、奶类消费量逐渐上升。到2019年，蛋类、奶类、水产、禽类消费量相比于1982年分别增长94.8%、280%、117%和396.4%。居民“吃饱”的需求已得到满足，而且膳食选择日益丰富。随着鲜活农产品流通体系的加快建设，水产、鲜瓜果等消费量不断增长，2013~2019年分别增长46.2%和45.3%。同时，衣着消费在居民消费支出中的占比稳步下降，1998~2019年累计下降4.5个百分点。

第二，家用产品普及率提高，且不断换代升级。改革开放以来，我国家用耐用品普及率逐步提高，特别是自2012年以来，在高普及率情况下，家用产品的拥有量继续保持较快增长。冰箱在城镇地区的每百户拥有量已突破100台，在农村地区已达到98.6台，2013~2019年的城乡增长率分别达到14.9%和35.4%，总体快于日本相同发展阶段（1969~1975年）14.3%的增长率。城镇地区的空调拥有量接近每百户150台，农村地区达到每百户71.3台，2013~2019年的城乡增长率分别45.1%和139.3%。

耐用品消费不断更迭，居民选择更加丰富。家庭“三大件”不断升级——20世纪70年代是自行车、手表和缝纫机，80年代是电视机、冰箱和洗衣机，90年代是摩托车、电脑和空调。家庭置办的电视机从黑白更新到彩色，随着互联网盒子等新产品的普及，投影仪等也成为家用娱乐设备的新选择，居民的视听方式日益多元。居民拥有的私家出行工具从单车、摩托车升级到汽车，2013~2019年，城镇居民家用汽车拥有量增幅达到93.5%，农村居民为147.9%，总体接近日本相同发展阶段（1969~1975年）138.2%的增长水平。私人汽车保有量从2012年的8838.6万辆增长到2019年的2.3亿辆，千人拥有量已达到161辆。汽车消费中的环保消费理念也被越来越多居民所接受，

2019 年新能源车辆销售量达 117.2 万辆，比 2016 年的 48.2 万辆增长 143.2%。

省时产品快速普及，释放更多闲暇时间。洗衣机、微波炉等一系列省时产品帮助居民释放双手和时间。2019 年，农村居民每百户拥有洗衣机和微波炉数量已分别达到 91.6 台和 18.9 台，相比 2013 年分别增长 28.6% 和 34.2%。

城乡耐用品消费差距逐渐缩小。农村居民多项耐用品拥有量提升速度快于城镇居民。例如，电冰箱从每百户拥有量的 72.9 台增长到 98.6 台仅用了 6 年实现（2013－2019 年），而城镇居民用时 15 年（1997－2012 年）。

通信设备和网络普及率大幅提升。我国居民的电话普及率在 1978 年仅有 0.4%，到 2012 年达到 103.1%；移动电话拥有率从 1997 年的 1.1%，到 2019 年增长到 114.4%；网络普及率大幅增长，2020 年已达到 67%，4G 用户近 10 亿，人数居全球第一。服务商提速降费之后，居民享受的通信服务性价比更高。2019 年固定宽带网络平均下载速率达到 37.7Mbps，是 2013 年的 12.9 倍。

第三，居住环境持续改善。我国城镇居民人均住宅建筑面积从 1978 年的 6.7 平方米增长到 2019 年的 39.8 平方米，农村居民从 8.1 平方米增长到 2019 年的 48.9 平方米。同时，公租房供给数量和质量不断增加，应保尽保人群的住房需求基本得到满足。2016 年以来，全国各类棚户区累计开工改造 2300 多万套，加上老旧小区改造项目，城市居民的整体居住环境和生活质量显著提升。农村地区居住品质也在不断提升。通过推进危房改造、饮水安全工程、人居环境整治，农村居民生活质量也显著提升。2018 年全国农村自来水普及率达到 81%，提前实现了联合国千年发展目标。

第四，居民选择更加丰富自主。在全面建成小康社会进程中，我国已告别各种基本生活物资短缺的时期，越来越多的市场主体能够参与到商品的供给中，居民可以通过线上线下渠道，以现金、信用卡、借记卡、移动支付等多种支付方式，购买合意的商品，提升了物质生活水平。

（四）精神文化生活不断丰富

第一，居民精神文化活动大幅增加。2013 年以来，居民在教育文化娱乐上的支出占比不断提升，2019 年达到 11.7%。居民越来越重视自身的精神文化生活需要，并愿意投入时间，通过多种渠道满足对于知识、艺术熏陶的追求。

艺术表演观看人次稳步提升。2019 年，艺术表演团体国内演出场次达到 295.6 万场，相比于 2012 年增长 119.8%；艺术表演场馆观看人次达到 1.3 亿。电视节目制作播出数量和图书出版数量都明显提升，居民可选择的文化消费产品不断增加。

博物馆访问人数快速提升。2019 年，全国博物馆访问人次达到 10.4 亿，相比于 2012 年增长 85.1%。博物馆访问人次增长的背后，是博物馆数量的逐年增长和服务内容的不断丰富。截至 2019 年年底，全国已备案博物馆达 5132 家，相比于 2012 年增长 67.2%；免费开放的博物馆占比逐步提升，2019 年达到 89%。

公共图书馆访问和借阅量增长。2019 年，公共图书馆访问人次达到 9 亿，相比于 2012 年增长 107.3%；图书外借册数 6.1 亿，增长 84.6%。

基于线上提供文化教育服务的平台层出不穷，居民消费的选择越来越丰富。在线书籍、软件、在线音乐、视频、短视频等行业快速发展，以网络视频为例，2019 年用户规模已达 7.6 亿人，为居民提供了便捷丰富的选择。

第二，居民休闲生活更加多元化。居民时间分配更加合理，闲暇时间增加。2008 ~ 2018 年，居民每天自由支配活动时间从 224 分钟增加到 236 分钟，其中用于健身锻炼的时间由 23 分钟增加到 31 分钟。

假期及配套制度为居民旅游出行提供了更多便利。1999 年，我国增加了法定休假天数，形成了每年 3 个连续长假的假期制度，为居民旅游消费提供了更多时间和选择空间。2012 年起，我国进一步实施“黄金周”高速公路免费政策，极大释放了居民假期旅游热情，人们可以选择自驾出游等更为灵活的出行方式。2019 年“十一”黄金周期间，国内游客 7.8 亿人次，相比于 2012 年增长 84%。旅游食宿环境改善也提升了居民外出休闲的意愿，2019 年国内游客人次达 60 亿，在 2012 年 29.6 亿的水平上实现翻番。

越来越多居民有机会走出国门看世界。随着我国对外开放程度的不断提高，更多的国家也逐渐放宽对我国的签证入境要求，居民出境旅游明显增长，2019 年居民因私出境人次达 1.6 亿，比 2012 年实现翻番。

（五）人民生活品质逐步提升

在全面建成小康社会进程中，我国人民生活质量也在不断提高，物质生活和精神文化生活向“从有到好”迈进。

第一，膳食结构进一步改善。居民膳食选择日益丰富，饮食结构更加营养。特别是党的十八大以来，居民的谷物消费量不断下降，年均降低 2.7%，蛋白质摄入量快速提升，牛羊肉、禽类、水产品、蛋类消费年均增长均超过 4%；维生素 C 摄入量明显提高，鲜瓜果消费年均增长 5.2%。同时，居民膳食结构更加健康，食用油摄入量在逐步上升达到膳食标准①后出现回落。2015 年城镇居民食用油消费量超过 11 千克后，开始逐步回落；农村居民在 2013 年食用油消费量达到 10.3 千克后也有所回落（见图 7）。另外，居民对于食品安全的重视程度也在不断提高。

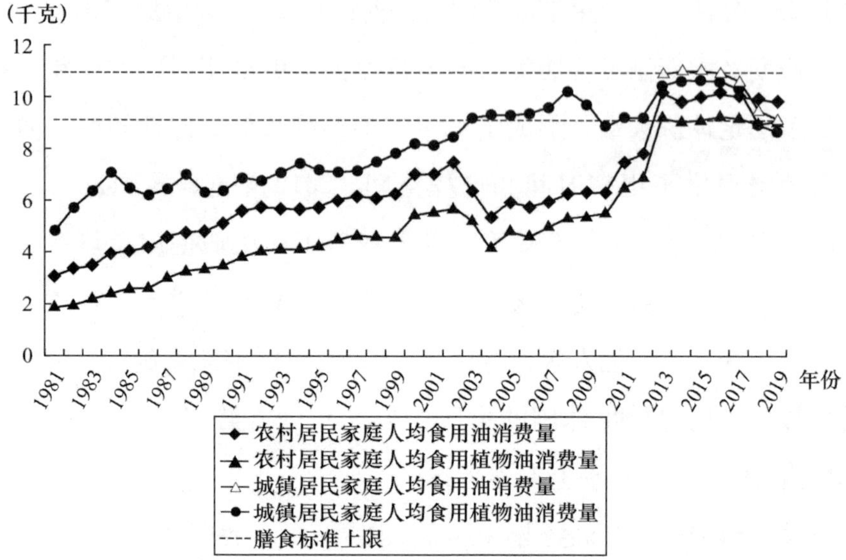

图 7　1981～2019 年我国城乡居民食用油消费量

注：1978～2012 年城镇居民人均食用植物油消费量使用城镇居民人均购买食用植物油数量代替。

资料来源：国家统计局。

第二，穿着品质要求提高。居民不再仅满足于“穿暖”的基本生活需求，更加追求品牌、注重质量。一是更倾向于购买品牌类服装，随着经济的不断发展，越来越多的人选择购买国际品牌、中高端国货品牌的服装。二是对款式的要求明显提高，不只满足于批量生产的款式，还会选择设计师根据自身需求专门设计的衣服，风格更加多元。三是对衣着的舒适度要求更高。目前，除传统的棉质、丝质、涤纶等材质，出现了

① 《中国居民膳食指南 2016》中指出，成人每天烹调油摄入量不宜超过 25～30 克，即每天摄入量不宜超过 9.13～10.95 千克。

更多新型材质，能够满足人们对保暖、透气等舒适性的要求。

第三，健康水平显著提高。居民预期寿命持续增加，提升速度快于发达国家。中华人民共和国成立以后，我国开展了群众性的卫生运动，消灭了或者基本上消灭了烈性传染病，人口死亡率大大减低，人民的健康水平显著提高。1960 年，我国居民人均预期寿命为 43.7 岁，但只有世界平均水平的 83%。1970 年我国居民人均预期寿命上升为 59.1 岁，达到世界平均水平，与巴西相当，比印度高 11.3 岁，但比 OECD 国家低 10.3 岁。2018 年，我国居民人均预期寿命提高到 76.7 岁，高出世界平均水平 4.1 岁，比巴西、印度分别高 1 岁和 7.3 岁，与 OECD 国家的差距缩小到 3.4 岁。2000 ~ 2018 年，我国用 18 年的时间，居民人均预期寿命增加 5.3 岁，比 OECD 国家同等水平提高快了 4 年（见图 8）。而且，我国国民营养不良发生率自 2000 年以来快速下降，仅用 10 年时间从 10.6% 下降至 2.5%，远低于世界平均水平，略低于 OECD 国家平均水平，与美国、日本等发达国家水平基本相当（见图 9）。

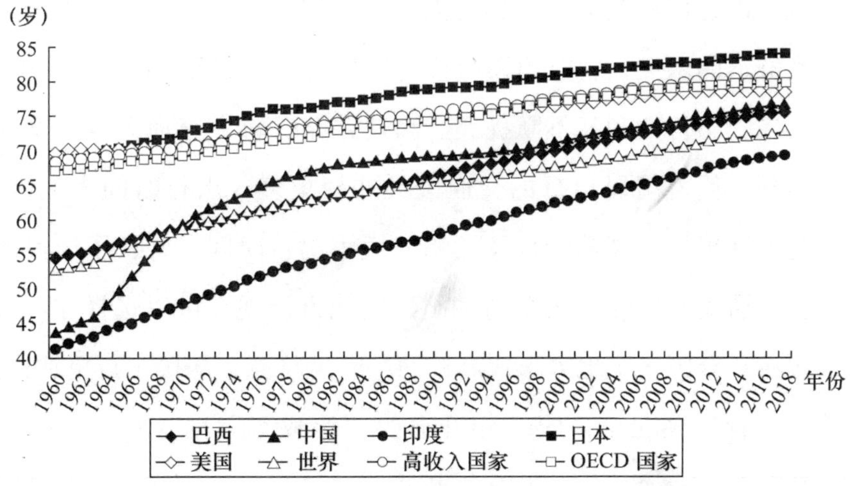

图 8　1960 ~ 2018 年我国与主要国家人口预期寿命的变化

资料来源：世界银行。

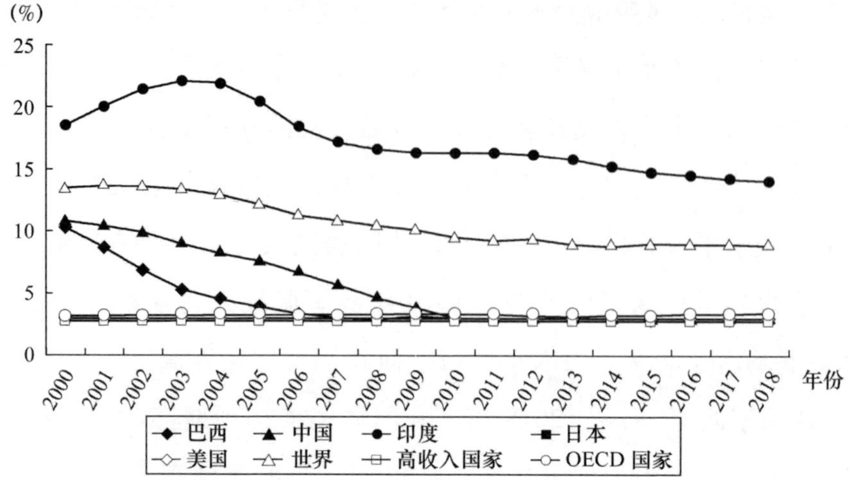

图 9　2001～2018 年我国与主要国家营养不良发生率的变化

资料来源：世界银行。

（六）人民生活便利度显著提高

第一，家居生活便利度提高。借助互联网、人工智能等新技术的蓬勃发展，传统家用产品拥有多项新功能，智能化程度显著提高，人民日常生活便利度大幅提高。传统家居结合物联网成为智能家居，通过手机可以远程控制家居，如智能空调可以实现远程打开，回家时房间达到舒适的温度；智能门锁与智能灯具连接，实现开门的同时开灯。

第二，出行便利度不断提高。高速铁路、轨道交通等现代交通方式的出现，使得居民出行的交通工具选择更多，出行时间大幅缩短。对于跨地区出行，高铁的普及大幅缩短了出行时间，延长了居民的出行半径，居民原先在“黄金周”出游的地方，现在可以选择在 3 天小长假出游。全国多个地方形成高铁两小时经济圈，居民出行更加快捷。如乘客从青岛到北京，1949 年开通的“绿皮车”时速仅为 35 千米，全程耗时 28 小时 58 分，2019 年开通的“复兴号”列车时速达 350 千米，全程仅用时 2 小时 58 分。目前，我国高铁运营里程世界最长，而且近年仍保持快速增长，2019 年新增运营里程 5484 千米（见图 10）。再有，居民城市内部出行便利度也不断提高。轨道交通、快速公交系统（BRT）、网约车等新兴出行方式快速发展，为居民出行提供了更多选择和便利。2018 年，我国共有 34 个城市开通轨道交通，运营线路和交通车站数持续快速增加，共有 171 条轨道交通线路运营，3412 个车站运营。2017 年以来，BRT 快速发展，两年内运营线路长度增加 80%（见图 11、图 12）。

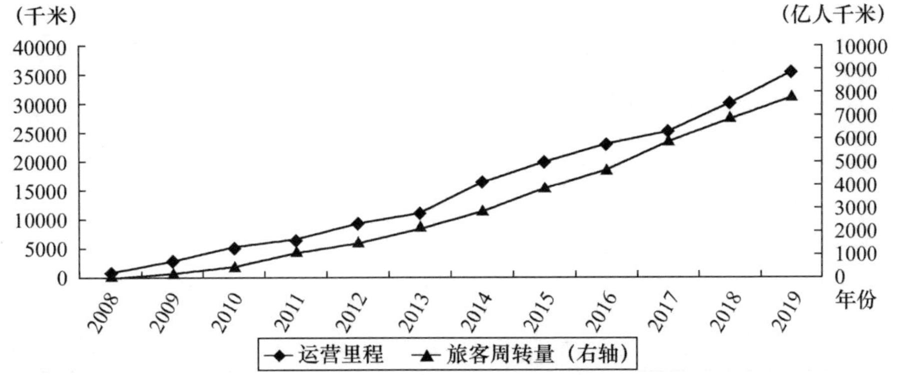

图 10　2008～2019 年我国高速铁路营业里程的增长

注：高速铁路是指线路最大速度 200 千米/小时及以上的铁路和 200 千米/小时以下仅运行动车组列车的铁路。

资料来源：国家统计局。

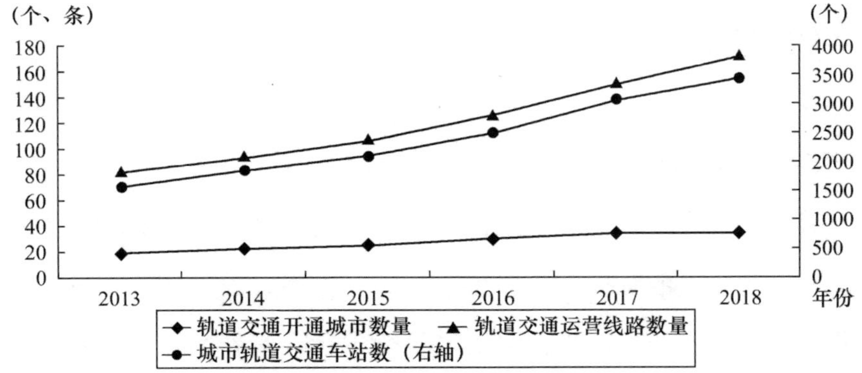

图 11　2013～2018 年我国城市轨道交通的发展

资料来源：交通运输部。

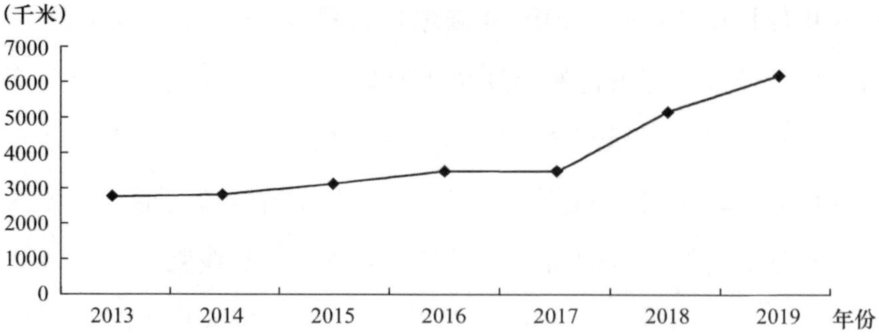

图 12　2013 ~ 2019 年我国快速公交系统运营线路长度

资料来源：交通运输部。

第三，支付便利度明显提升。从中华人民共和国成立初期的“票证支付”，到改革开放后可以“现金支付”，到逐步普及“刷卡支付”，再到近年来快速发展的“电子支付”，支付方式日益多元和便利。伴随着移动互联网的广泛普及，特别是党的十八大以来，支付宝、微信、百度钱包等移动支付方式兴起，移动支付普及率逐步提高。居民在日常购物、办理业务、购买车票等生活场景中均可以使用移动支付，移动支付金额和笔数均大幅上升，年均增速分别高达 81.7% 和 98.2%（见图 13）。2017 年，我国移动支付金额达到 202.9 万亿元，稳居全球第一。2015 年起，平均单笔移动支付金额持续降低，表明居民使用移动支付频率更高。居民支付无需携带现金和找零，支付更加便利。

（七）多样化个性化消费需求成为主流

第一，消费方式更加多样化。线上消费快速发展已成为重要的消费方式，为居民消费提供了多种选择。一方面，发展较为成熟的网络零售仍保持快速增长。我国网络零售额占社会消费品零售总额的比例持续快速上升，由 2013 年的 7.8% 提高到 2019 年的 25.8%。而且，网络零售占比的提高幅度远超主要发达国家，我国网络零售占比仅用

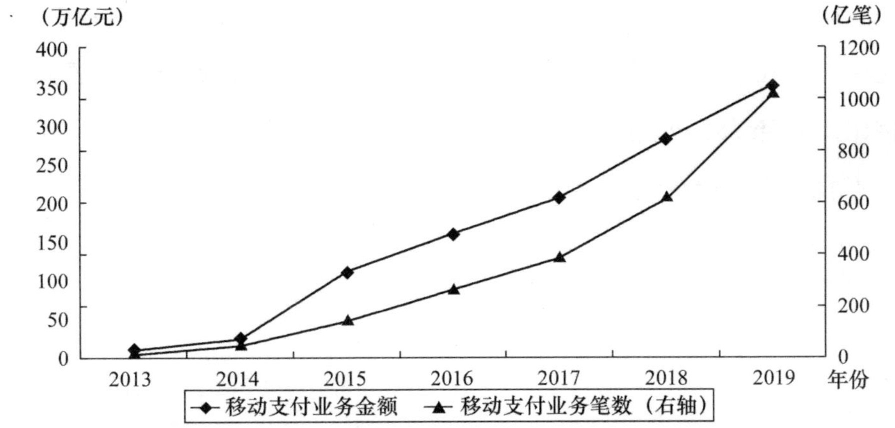

图13　2013～2019年我国移动支付业务金额及笔数

资料来源：中国人民银行。

9年的时间，即由0.6%上升至15.5%，而美国网络零售占比经过21年的时间，才从0.7%上升至15.1%（见图14）。另一方面，新的线上消费孕育兴起。受新冠肺炎疫情的影响，很多传统服务消费向线上转移，在线教育、云旅游、线上音乐会、网络电影首播等新的消费业态快速发展。

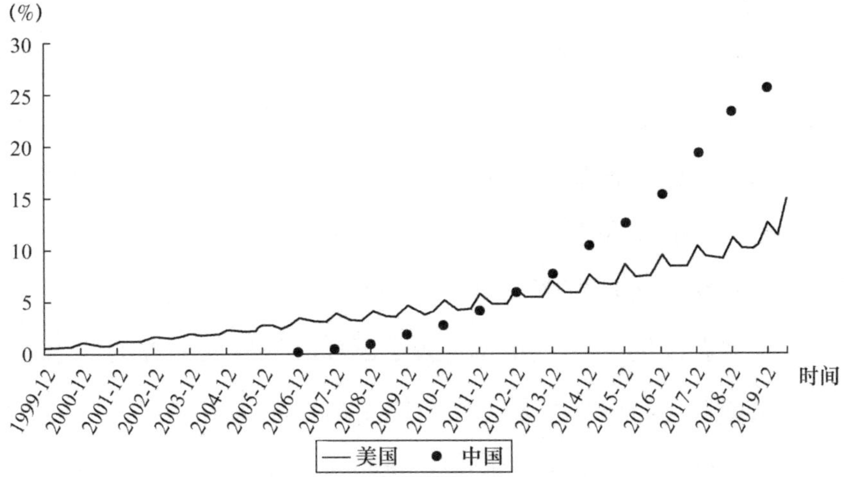

图14　1999～2019年我国网络零售在社会消费品零售总额的占比及与美国的对比

注：美国数据为季度数据，中国为年度数据。

资料来源：商务部，美国商务部普查局。

居民的消费不再局限于国内产品，境外消费和进口商品消费也快速增长。我国生活消费品进口大幅上升，2017 年达到 300. 8 亿美元，相比 2012 年接近翻番（见图 15）。同时，出境游、境外留学、境外就医等服务消费也在快速增长。

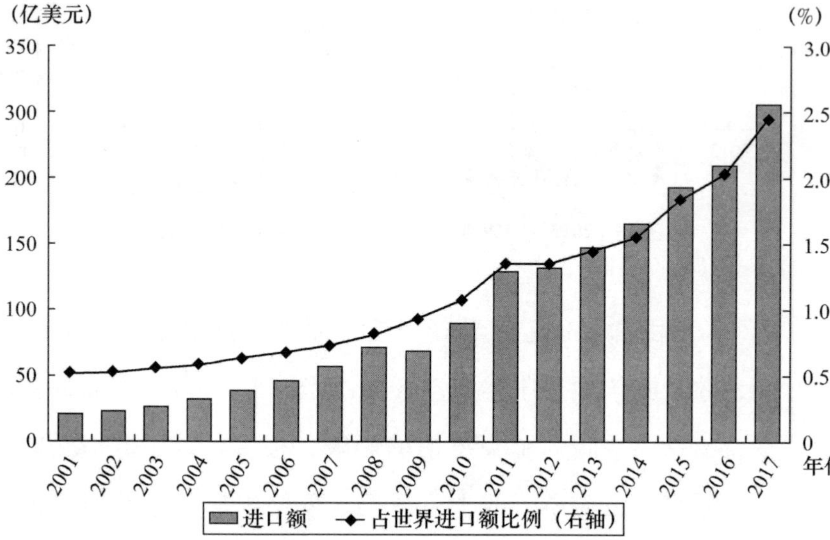

图 15　2001～2017 年我国生活消费品进口额及占世界的比例

资料来源：CEPⅡ BACI 数据库。

第二，消费商品更加个性化。居民对个性化、定制化的消费不断增加。商品设计更加灵活，更能够满足消费者的个性需求。以戴尔电脑提供的个性化配置服务为例，由于不同消费者对处理器、操作系统、内存、硬盘等的需求不同，可能仅偏好更加强大的一种功能。传统的高配版电脑往往各项配置均高，同时价格偏高。而更加灵活的设计，可以使消费者以更经济的方式，满足自身对一项高配置的需求。与此同时，定制类产品逐步兴起。产品依据消费者需求设计生产，能够最大限度且精准地满足消费者需求。如定制家具可以更好地与空间相匹配，提高空间利用效率；定制服装可以更好地匹配个人身材。

第三，对消费体验的要求不断提高。越来越多的消费者由生存型消费升级为发展型、享受型消费。如近年来的旅游消费中“走马观花”“打卡”式的跟团游明显减少，消费者更加注重休闲放松体验，更倾向于慢节奏、享受式的自由行。同时，也更加热衷于“研学旅游”“工业旅游”等旅游新业态，以获得更好的旅游体验。我国研学旅游行业市场规模快速增长，2019 年达到164 亿元，是2015 年的3 倍（见图16）。

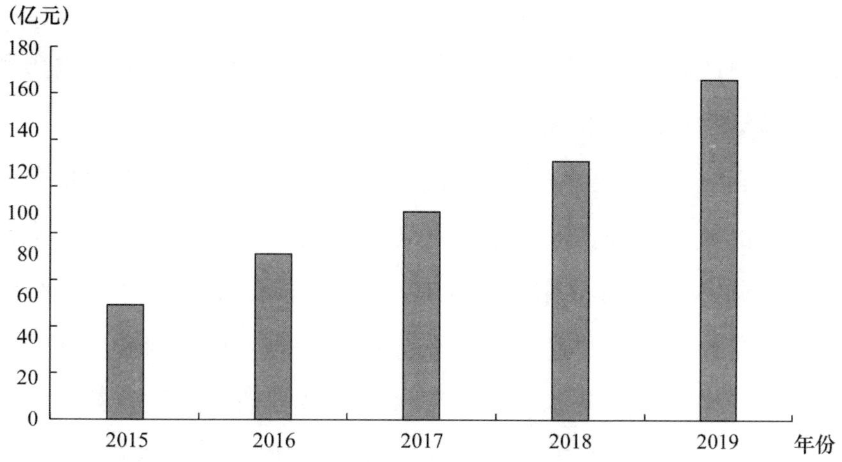

图16　2015～2019 年我国研学旅行行业市场规模

资料来源：前瞻产业研究院。

三、全面建成小康社会进程中提高人民生活水平和促进需求结构持续升级的主要经验

（一）以人民为中心的发展思想为持续提高人民生活水平和促进需求结构升级提供了根本遵循

以人民为中心的发展思想，是我们党一切工作的根本出发点和全部价值追求。全面建成小康社会，作为我们党向全国人民作出的庄严承诺，集中体现了为人民谋幸福、为民族谋复兴的初心和使命。党的

十八大以来，党和政府坚持把人民对美好生活的向往作为奋斗目标，坚持发展为了人民、发展依靠人民、发展成果由人民共享，公共财政支出的2/3以上用于保障和改善民生，扎实办好了一批民生实事，创造了更多条件使人民幼有所育、学有所教、劳有所得、病有所医、老有所养、住有所居、弱有所扶，人民的获得感、幸福感、安全感更加充实、更有保障。

（二）中国特色社会主义制度优势是全体人民生活不断改善和需求结构持续升级的根本保障

全面建成小康社会是党和人民的伟大创造，彰显了中国特色社会主义制度的显著优势。坚持党对一切工作的领导，有效发挥了党总揽全局、协调各方的独特作用以及社会主义国家强大的动员和组织能力。特别是在决胜全面建成小康社会的过程中，我国创造性地提出了一系列制度安排，为全体人民生活水平提高和消费结构持续升级提供了有力保障。例如，深入开展东西部扶贫协作和对口支援，在扶贫攻坚中注重“六个精准”（扶持对象精准、项目安排精准、资金使用精准、措施到户精准、因村派人精准、脱贫成效精准）和实施“五个一批”（发展生产脱贫一批、易地扶贫搬迁脱贫一批、生态补偿脱贫一批、发展教育脱贫一批、社会保障兜底一批）等，充分展示了全国“一盘棋”和社会主义制度能够集中力量办大事的优势。

（三）发展战略的转变及奋斗目标的与时俱进为人民生活改善和需求结构持续升级提供了基本政策导向

改革开放以来，计划经济体制的束缚和思想观念逐渐被冲破，党和国家对以往“重生产、轻生活”“重工业优先”的经济发展战略进行了重大调整，把满足人民不断增长的物质和精神需要、提高人民生活水平作为改革开放和发展经济的根本目的，并在 1987 年明确提出新时期的奋斗目标和“三步走”发展战略。进入 21 世纪，在顺利实现前两步奋斗目标的基础上，党的十六大提出大体用 20 年时间全面建设一个惠及十几亿人口的更高水平小康社会的奋斗目标。这是实现现代化第三步战略目标必经的承上启下的发展阶段。党的十九大进一步提出了从 2020 年到 21 世纪中叶“分两步走”的新奋斗目标。发展战略的转变及一系列奋斗目标的接续提出，体现了全党和全国人民的共同意志，成为推进改革开放和社会主义现代化建设的思想基础，为城乡人民生活的持续改善和需求升级奠定了良好的政策环境。

（四）社会主义市场经济制度的改革和消费制度的变革为人民生活改善和需求结构持续升级提供了坚实的制度保障

在计划经济时代，经济活动的主体是政府，消费同生产、流通和分配一样被纳入政府的计划之中，城乡居民几乎没有消费选择的权利，而只能被动接受计划的安排。随着改革开放的深化和社会主义市场经济体制的建立、完善，一方面国家逐步减少直至取消了对各种消费品的计划管理，如取消基本生活资料定量配给制度及各种票证，另一方面在收入分配制度改革过程中逐步取消了包括住房、养老、医疗、教育等在内的实物性福利分配和国家供给制度，代之以货币化分配和建立社会保障体系。这不仅意味着计划体制从生活消费领域中退出，也标志着城乡居民逐渐拥有了自主选择的消费权利，使其能够根据自己的收入和意愿进行消费选择，从而成为生活消费活动的主体。更重要的是，与市场经济相适应的各种消费制度安排逐步形成，包括反垄断法、消费者权益保护制度等在内的法律及制度框架，成为社会生活及经济政策的重要组成部分，为保护居民消费权益的实现、促进消费需求扩张和经济健康发展奠定了重要基础。

四、站在新起点上促进人民生活水平提高和需求结构升级的短板制约

站在全面建成小康社会的新起点上，在开启建设社会主义现代化国家的新征程中，对标第二个百年奋斗目标，我国人民生活水平提高和需求结构升级仍存在总体发展水平不高、发展协调性不强、满足需求的供给质量不高、生活消费环境不完善等突出问题和短板。

（一）人民生活水平与更高收入国家相比仍有较大差距

总体来看，我国人民的收入水平仍处在从中等偏上收入国家向高收入国家迈进的阶段，这决定了我国人民的生活水平和生活质量与更高收入国家相比，仍存在不小的差距（见表1）。另外，我国人均消费支出水平与代表性国家的差距更大，不仅不及美国、英国、日本等国家居民人均消费支出水平的20%，与巴西、智利等发展中国家也存在较大距离。同时，我国居民需求层次和消费水平总体还不高，恩格尔系数依然偏高，食品消费在整个消费支出的占比是代表性国家的1.7～4.4倍（见表2），人均电力消费处于中等偏下收入国家水平（见表3），服务消费占比也较低。

表1　我国人均收入水平及国际比较

		全球平均	低收入国家	中等偏下收入国家	中等偏上收入国家	高收入国家	中国
收入	人均GDP（现价美元，2019年）	11428.6	779.8	2176.6	9040.1	44540.4	10261.7
	人均GNI（现价美元，2019年）	标准	≤1035	1036～4045	4046～12535	>12535	10410

资料来源：世界银行WDI数据库。

表 2　　我国人均支出水平及国际比较

		中国	美国	英国	法国	德国	日本	韩国	巴西
支出	人均消费支出（现价美元，2018 年）	3779.4	41311.2	26770.3	22585.8	23917.6	21412.0	141580.7	5514.5
	食品消费支出占比（%）	28.4	6.4	8.1	13.2	10.7	16.0	13.8	15.7

资料来源：Euromonitor。

表 3　　我国人均电力消费情况及国际比较

		全球平均	低收入国家	中等偏下收入国家	中等偏上收入国家	高收入国家	中国
支出	人均电力消费量（千瓦时，2014 年）	3132.8	—	749.1	3307.4	8928.9	732.1

资料来源：世界银行 WDI 数据库。

（二）人民生活和消费水平的不平衡不充分问题较为突出

尽管城乡、区域、人群间生活水平和消费存在一定差距是正常现象，但我国存在差距有所扩大、不平衡不充分的问题有所加剧的趋势。我国城镇化发展水平仍然不高，第一产业就业人数占比远高于代表性发达国家，城乡间居民生活和收入水平还存在不小差距（见表 4）。农村居民人居环境改善空间依然较大。区域间居民消费不平衡的现象有所加剧，东北地区居民消费增速和韧性与东中西部地区的差距也有所拉大。居民收入和财富差距较大，集中度水平仍明显高于法国、德国、日本、韩国等发达国家（见表 5），城镇居民资产配置过于集中在房地产且部分城市高房价挤占消费情况较为突出，居民收入和财富分配制度有待进一步完善。另外，我国中等收入群体规模有待进一步扩大，收入的稳定性也亟待增强。

表 4　　我国城镇化和就业结构特点及国际比较　　单位:%

	中国	美国	英国	法国	德国	日本	韩国	巴西
第一产业就业人数占比（2019 年）	25. 1	1. 3	1. 0	2. 4	1. 2	3. 4	4. 9	9. 2
城镇化率（2018 年）	59. 2	82. 3	83. 4	80. 4	77. 3	91. 6	81. 5	86. 6

资料来源：联合国、世界银行 WDI 数据库。

表 5　　我国收入和财富分配情况及国际比较

		中国	美国	英国	法国	德国	日本	韩国	巴西	智利
基尼系数[①]（2016 年）		38. 5	41. 1	34. 8	31. 9	31. 9	32. 90	31. 4	53. 3	44. 4
收入不平等（2021 年）	前 1% 人群收入份额	14. 0	18. 8	12. 7	9. 8	12. 8	13. 1	14. 7	26. 6	26. 5
	前 10% 人群收入份额	41. 7	45. 5	35. 7	32. 2	37. 1	44. 9	46. 5	58. 6	58. 9
	前 40% 人群收入份额	44. 0	41. 2	44. 0	45. 1	43. 9	—	—	31. 37	—
	后 50% 人群收入份额	14. 4	13. 3	20. 4	22. 7	19. 0	—	—	10. 07	—
财富不平等（2021 年）[②]	前 1% 人群财富份额	17. 4	19. 1	6. 9	12. 6	—	—	—	17. 4	19. 1
	前 10% 人群财富份额	30. 5	35. 9	21. 3	27. 0	—	—	25. 0	30. 5	35. 9
	前 40% 人群财富份额	67. 8	71. 1	57. 1	59. 5	—	—	65. 7	67. 8	71. 1
	后 50% 人群财富份额	25. 8	27. 4	38. 2	35. 6	—	—	32. 5	25. 8	27. 4

注：① 除日本是 2013 年、智利是 2015 年之外，都是 2016 年。② 除韩国是 2013 年之外，都是 2021 年。

资料来源：世界不平等数据库。

（三）满足人民对美好生活需要的有效供给不足

总体来看，适应消费升级的高品质商品和服务供给仍然不足，无法充分满足消费升级要求，致使不少消费外流。首先，具有国内外影响力的国货商品品牌能力不强、品种不多，支撑品牌发展的物流、供应链、支付、广告等服务体系还不健全；其次，满足居民发展型、享受型服务的有效供给不足，特别是教育、医疗、养老等民生领域服务供给数量和质量与人民需求存在较大差距，政府公共服务投入需要加大（见表6），引导民营企业和社会资本参与建设的制度体系也有待健全，部分弱势地区和群体公共服务和保障还存在不足；最后，支持满足居民消费升级的供给创新能力亟待加强，支持消费创新成果市场化应用的体制机制有待健全，智能手机、航空客运等高端消费领域的关键“卡脖子”技术亟待突破。

表 6　　我国政府公共服务支出结构及国际对比　　单位：%

<table>
<tr><th colspan="2"></th><th>中国</th><th>美国</th><th>英国</th><th>法国</th><th>德国</th><th>日本</th><th>韩国</th></tr>
<tr><td colspan="2">一般政府支出占 GDP 比重（2018 年）</td><td>20.7</td><td>36.2</td><td>41.3</td><td>55.4</td><td>44.0</td><td>38.4</td><td>30.4</td></tr>
<tr><td rowspan="3">公共服务</td><td>住房和社区设施支出占比（2018 年）</td><td>0.09</td><td>0.01</td><td>0.02</td><td>0.02</td><td>0.01</td><td>0.02</td><td>0.06</td></tr>
<tr><td>卫生支出占比（2018 年）</td><td>0.10</td><td>0.25</td><td>0.18</td><td>0.15</td><td>0.16</td><td>0.20</td><td>0.02</td></tr>
<tr><td>教育支出占比（2018 年）</td><td>0.12</td><td>0.16</td><td>0.12</td><td>0.09</td><td>0.09</td><td>0.08</td><td>0.15</td></tr>
</table>

资料来源：国际货币基金组织数据库。

（四）消费软硬件环境仍存在不少短板

与代表性发达国家相比，我国家庭消费支出占比明显偏低，储蓄率明显偏高，居民消费意愿不强，消费环境的短板是制约居民消费需求释放、抑制居民消费倾向的重要原因（见表7）。首先，生活消费相关基础设施存在短板，交通、水利、能源、公共卫生、生态环境、农业农村、防灾减灾等基础设施建设仍存在不少薄弱环节，5G 等信息基础设施在智能化、网络化及配套连接、利用效率等方面改进空间很大；其次，消费制度和标准体系有待健全和完善，消费者保护特别是平台经济等新兴领域消费者保护的力度不够，国内标准体系、资质要求等与国际接轨程度不高；最后，消费市场治理的现代化水平以及执法的系统性和协调性有待提升，配套法规有待完善。

表 7　我国消费率、储蓄率及国际对比　单位：%

		全球平均	低收入国家	中等偏下收入国家	中等偏上收入国家	高收入国家	中国
消费率	一般政府最终消费支出占比（2016 年）	17.2	11.2	11.6	16.4	18.0	16.6
	家庭消费支出占比（2016 年）	58.3	77.8	64.9	51.4	59.8	38.8
储蓄率	国内储蓄总额占比（2018 年）	25.2	15.2	23.1	29.9	23.2	44.6

资料来源：世界银行 WDI 数据库。

五、政策建议

（一）进一步完善收入分配和社会保障制度，促进居民实际收入稳步增长

一是稳步提高劳动者报酬。劳动所得是我国居民的主要收入来源。要通过减轻企业税费负担，优化营商环境，鼓励创新创业，以稳定和扩大企业就业，不断壮大中等收入群体规模。进一步完善劳动力市场和工资制度，加大收入分配制度改革力度，特别是要加大初次分配改革的力度，不断提高一线劳动者报酬，提高劳动者工资收入在整

个收入中的比例，从制度层面上维护劳动者的合法利益。健全工资合理增长机制，加快建立统一规范的企业薪酬调查及信息发布制度，推动劳动报酬增长与劳动生产率提高同步。

二是多渠道增加财产性收入。完善投资入股、房屋租赁、产权交易等制度建设，积极引导居民拓宽投资渠道，优化配置结构。丰富和规范投资理财产品，完善分红激励制度。稳步实施农村集体经营性建设用地入市，推进赋予农民对集体资产的股份占有、收益、有偿退出及抵押、担保、继承权利。落实《中华人民共和国民法典》，依法保护企业家财产权和创新收益，增强人们的财产安全感。

三是进一步完善相关税收制度。扩大个人所得税中低档税率级距范围，降低边际税率。推行家庭申报制度，综合考虑不同家庭结构的差异和税负能力。完善个人所得税专项附加扣除，提高住房、子女教育、赡养老人方面的专项扣除额度。扩大公积金使用范围，完善房地产税制。

四是加大社会保障、转移支付的调节力度和精准性。推进城乡统一、更高水平的社会保障制度建设。加快构建比例合理的多层次养老保险体系，推广个人税收递延型商业养老保险试点，提高税收优惠力度，减轻居民消费的后顾之忧。放宽申请保障性租赁房、公共租赁房的收入标准，提高货币补贴的租金标准，将更多中低收入人群纳入住房保障范围。加大中央财政对东北等困难地区就业补助、企业职工基本养老保险补助等专项资金的转移支付力度，提高转移支付资金效率。

（二）健全高质量商品和服务供给体系，促进供给质量全面提升

一是夯实产业基础，提升供给能力和质量。适应消费需求个性化、

差异化、品质化的演变趋势，增强供给体系适配性，扩大优质、中高端商品和服务供给，使消费、生产等环节更加顺畅，持续增强消费升级引领供给创新、供给提升创造消费新增长点的循环动力，更好地满足人民生活需求。

二是激发创新活力，拓展和丰富供给内容和形式。鼓励市场主体的创新实践，加大新兴数字技术、线上线下融合等新商业模式的应用，引导和创造新消费需求，提升人民生活品质。此外，以推动高水平开放促进国内外两个市场的连通，为人民美好生活提供更多更好的消费选择。

三是提升公共服务能力，实现公共服务均等化。推进基本公共服务的标准化，以标准化手段优化资源配置、规范服务流程、提高服务质量、明确权责关系、创新治理方式，确保全体人民都能公平地获得基本公共服务，切实提高人民的获得感、幸福感和安全感。

（三）完善消费软硬件环境，促进安全、便利、放心消费

一是完善城乡一体化的消费基础设施，畅通城乡间的商品和服务流通。统筹规划道路、供水、供电、信息、公共卫生等基础设施的建设。加快建设城乡一体的5G等新型基础设施，提高配套连接、利用效率等。

二是加快针对消费新业态、新模式的法规标准建设，提高市场治理能力。坚持在发展中规范、在规范中发展的原则，进一步完善平台经济的市场准入、消费者权益保护等制度，弥补空白，并相应地提升监管手段和治理水平，有效利用新技术加强事中事后监管，提升执法的系统性、协同性。

三是加快社会信用体系建设，持续优化安全、便利、放心的消费

环境。加强消费领域信用体系建设、健全消费者维权机制，不断优化消费环境，最大限度减少居民消费的后顾之忧。

执笔人：王　微　刘　涛　漆云兰
王　念　刘　馨　苏诺雅

专题三

全面建成小康社会过程中公共服务、社会保障水平和需求的变化

习近平总书记反复强调，民心是最大的政治。民生则是民心的根基，是政治稳定、社会和谐发展的前提和基础，也是经济可持续发展的重要动力。不断改善民生、促进社会公平正义，既是小康社会的核心目标，也是全面建成小康社会的重要标志。

党中央高度重视民生问题和社会建设，从改革开放初期提出小康建设目标以来，民生保障水平得到巨大提升。按照党的十八大以来，以习近平同志为核心的党中央对全面建成小康社会提出的新目标新要求（经济实现高质量发展；创新驱动成效显著；发展协调性明显增强；人民生活水平和质量普遍提高；国民素质和社会文明程度显著提高；生态环境质量总体改善；各方面制度更加成熟定型）来衡量，“人民生活水平和质量普遍提高”的目标要求实现良好，在公共服务和社会保障上取得了人民群众看得见、感受得到的历史性成就。

一、公共服务和社会保障水平大幅提高，基本达成全面小康主要目标

（一）居民收入和消费水平大幅提高，分配格局持续改善

1978 年以来，我国居民收入节节攀升，消费水平大幅提高。2020 年，全国居民人均可支配收入 32189 元，扣除价格因素，比 1978 年实际增长 27.5 倍。全国居民人均消费支出 21210 元，扣除价格因素，比 1978 年实际增长 21.2 倍。40 年间，我国用 31 年时间实现居民人均收入跨万元大关，分别用 5 年时间实现人均收入跨 2 万元、3 万元大关。

在以按劳分配为主体，多种分配方式并存的收入分配制度引导下，我国居民收入分配格局逐步完善。特别是党的十八大以来，进一步强调“共享”发展理念，使发展成果更多更公平惠及全体人民，收入差距持续缩小，基尼系数从 2012 年的 0.474，到 2017 年的 0.467，总体上处于下降趋势；城乡居民收入差距比从 2012 年的 2.88 下降到 2019 年的 2.64；东部、中部、东北地区与西部地区收入相对差距分别比 2012 年缩小 0.08、0.02、0.16。收入分配格局持续改善。

居民收入在宏观收入分配中的占比逐步回升，收入来源日益多元化。城镇居民工资收入比重下降，经营、财产性收入比重提高。改革开放初期，工资性收入是城镇居民收入来源的绝对主体，但随着市场主体增多、实物分配货币化以及政府转移增加，城镇居民收入中工资收入比重不断下降。1978 年，城镇居民人均职工工资及来自单位的其他收入合计为 322 元，占城镇居民收入比重为 93.8%。农村居民收入来源由单一的集体经营收入转为家庭经营、工资、转移收入并驾齐驱。改革开放初期，“以粮为纲”的经济模式使农村居民的收入来源非常

单一，主要从集体统一经营中获取收入。1978 年农村居民人均收入中，66.3% 来源于集体统一经营收入。2020 年，全国居民人均工资性收入 17917 元，占可支配收入的比重为 55.7%；人均经营净收入 5307 元，占可支配收入的比重为 16.5%；人均财产净收入 2791 元，占可支配收入的比重为 8.7%；人均转移净收入 6173 元，占可支配收入的比重为 19.2%。

（二）教育普及程度超过中高收入国家平均水平

改革开放 40 多年来，从确立教育优先发展战略，到把实施科教兴国作为基本国策，教育事业全面发展。党的十八大以来，在以习近平同志为核心的党中央带领下，我国坚持把教育摆在优先发展战略地位，教育总体发展水平进入世界中上行列，人民群众教育获得感进一步增强，教育服务现代化建设的能力与水平进一步提升。

1978 年，我国小学升入初中的比例只有 60.5%，高校在校生 85.6 万人，研究生 1 万人。在极为薄弱的底子上，经过 40 多年努力，目前我国各级各类学校 51.4 万所，在校生 2.7 亿人，教育规模位居世界首位。九年制免费义务教育全面普及，高等教育实现了从精英教育向大众化的历史性转变，高中教育、职业教育、学前教育以及特殊教育等都迅速发展。自 2012 年以来，国家财政性教育经费占 GDP 的比例一直保持在 4% 以上，青少年和儿童的受教育权利得到了非常好的保障。2020 年，我国学前教育毛入园率、小学学龄儿童净入学率、初中阶段毛入学率、高中阶段毛入学率以及高等教育毛入学率分别达到 85.2%、99.96%、102.5%、91.2% 和 54.4%，教育普及程度已经超过中高收入国家平均水平。

在教育现代化深入推进的作用下，教育结构重心明显上移，劳动年龄人口平均受教育年限从 2015 年的 10.23 年提升至 2020 年的 10.8 年，人才培养和科技供给水平逐步提高，服务经济社会发展能力不断增强。

（三）就业规模不断扩大，就业质量不断提升

就业是民生之本，是最大的民生工程、民心工程、根基工程。改革开放以来特别是党的十八大以来，就业工作取得历史性成就、发生历史性变革，实现了劳动就业制度由“统包统配”向市场化导向转变，就业总量持续增长，就业结构不断优化，就业政策与就业服务体系日趋丰富完善，走出了一条中国特色就业发展道路。

一是保持了比较充分的就业，就业总量持续增长。作为世界上人口和劳动力最多的国家，就业工作压力巨大，但经过长期努力，基本实现了比较充分的就业。2017 年年末全国就业人员达 7.51 亿人，比 1978 年增加 3.5 亿人。城镇新增就业自 2003 年建立统计制度以来，年均达到 1178 万人左右。党的十八大以来，城镇新增就业再上新台阶，连续保持每年新增 1300 万人以上。二是劳动者收入水平稳步提升，党的十八大以来城镇就业人员年平均工资涨幅高于人均 GDP 增速。三是高校毕业生、农村转移劳动力、就业困难人员等重点群体就业促进工作成效显著。四是第二、第三产业提升，尤其是第三产业就业比重大幅度提升，2018 年达到 55%（受新冠肺炎疫情影响，2020 年回落至 47.7%），新就业形态蓬勃发展，产业和区域就业格局更加合理。五是创业创新对就业带动效应逐步显现，中小微企业数量明显增长，带动更多人实现就业。六是劳动权益保障水平不断提升，劳动关系法律法规体系不断健全，职业培训规模不断扩大，劳动者稳定就业和转换岗位能力不断增强，劳动关系整体和谐稳定。

（四）减贫取得突出成效，成为全球脱贫典范

改革开放40多年来，特别是党的十八大以来，我国脱贫攻坚取得决定性进展，力度之大、规模之广、影响之深，前所未有，创造了人类减贫史上的最佳成绩，7亿多人口摆脱国际贫困线标准，对过去40年世界减贫事业的贡献率超过70%。

以习近平同志为核心的党中央始终将脱贫攻坚摆在治国理政的突出位置。一是提出实施精准扶贫，农村贫困人口脱贫5575万人，实现现行贫困标准下全部脱贫的约束性指标。尤其是党的十九大将精准扶贫作为三大攻坚战之一，脱贫攻坚取得了决定性进展。精准扶贫精准脱贫深入人心，贫困地区群众生产生活条件显著改善，贫困群众获得感显著增强。二是促进了贫困地区经济社会发展，贫困地区以脱贫攻坚统揽经济社会发展全局，内生发展活力和动力明显增强，生态环境明显改善，基层治理能力和管理水平明显提升，呈现出新的发展局面。三是形成了东西部扶贫协作、党政军机关定点扶贫、社会各界广泛参与的全社会合力扶贫攻坚局面。四是加强党对脱贫攻坚工作的全面领导，建立了中国特色脱贫攻坚制度体系。

2020年，我们如期实现现行标准下农村贫困人口全部脱贫、贫困县全部摘帽，这是中华民族发展史上的伟大壮举，是实现中华民族伟大复兴的关键一步，也书写了人类减贫实践和发展历史的伟大传奇。

（五）医疗、养老、住房等保障体系不断完善

社会保障是民生安全网、社会稳定器，关系人民幸福安康和国家长治久安。改革开放初期，在国有企业改革的触发下，建立社会保障制度提上议事日程。40多年来，社会保障从推进国有企业改革的必然产物，到成为发展社会主义市场经济的必要条件，再到成为防范诸多

社会风险、缓和社会矛盾和维护社会稳定的社会安全网，最终成为推进国家治理体系和治理能力现代化的一个重要组成部分，对保障和改善民生，促进社会和谐稳定发挥了重要作用。

一是覆盖城乡的多层次养老保险制度体系基本形成。主要包括城镇职工基本养老保险和城乡居民基本养老保险覆盖范围不断扩大，待遇水平稳步提升，退休人员生活得到有效保障。截至2020年年底，全国参加基本养老保险人数为99865万人，其中参加城镇职工基本养老保险人数45621万人，比上年年末增加2133万人；参加城乡居民基本养老保险人数54244万人，比上年年末增加978万人。基本养老保险参保率稳步提升，超过90%。

二是城乡居民医保制度整合与改革稳步推进。医保支付方式改革继续深化，大病保险和医疗救助制度不断完善，医保基金监管不断加强，异地就医直接结算有序推进，基本医疗保障能力显著提高。截至2020年年底，参加全口径基本医疗保险人数136100万人，增加664万人。其中，参加职工基本医疗保险人数34423万人，参加城乡居民基本医疗保险人数101677万人。全口径基本医疗保险覆盖面稳定在95%以上。2020年基本医疗保险基金（含生育保险）总收入、总支出分别为24638.61亿元、20949.26亿元，年末基本医疗保险（含生育保险）累计结存31373.38亿元。

三是完善失业和工伤保险制度。失业保险预防失业、促进就业的作用明显增强，预防、补偿、康复“三位一体”的工伤保险制度体系初步形成。参保人数稳步增长，截至2020年年底，全国失业保险参保人数达到21689万人，工伤保险参保人数达到26763万人。

四是统筹城乡社会救助体系建设。社会救助是一项兜底性民生工程。最低生活保障、特困人员供养、受灾人员救助、医疗救助、教育救助、住房救助、就业救助、临时救助 8 项制度和社会力量参与的社会救助制度体系建立健全。部门协调机制、救助对象经济状况核对机制、基层社会救助“一门受理”机制等社会救治运行机制不断完善。救助水平不断提高，到 2020 年年底，全国城市低保月人均标准达到 665 元，农村低保年人均标准达到 5842 元。

五是加快发展社会福利。社会福利是社会保障“安全网”的重要组成部分，是保障和改善广大人民群众特别是特殊困难群体基本生活的制度安排。经过多年努力，我国已逐渐搭建起以权益保护、津贴补贴、福利服务、社会优待为主要内容的社会福利制度体系，在扶老、助残、救孤、济困等方面发挥了重要作用。在福利津贴补贴方面，针对部分儿童、老年、残疾人群体安排实施了 7 项国家层面的社会福利津贴补贴制度。在权益保护方面，先后在 2016 年、2017 年出台针对农村留守儿童、留守老年人的关爱保护与服务工作文件，实现了国家在抚恤留守老人、关爱保护留守儿童方面的重大突破。

六是多元化住房保障制度建设持续推进。实行政府保障和市场供给相结合的方式加大住房供给。在房地产市场发展的同时，具有中国特色的住房保障体系也逐步形成，财政、土地、金融和税费减免等支持政策不断完善。从廉租房、经济适用房、公租房、棚户区改造再到共有产权房，住房保障能力不断增强。其中，棚户区改造一举多得，除解决住房保障外，为缓解城市内部二元结构矛盾、改善社会环境治安等发挥了重要作用，截至 2018 年年底，上亿居民实现“出棚进楼”，全国有 3700 多万困难群众住进了公租房。累计近 2200 万困难群众领取了租赁补贴。

（六）卫生健康事业发展取得历史性成就

改革开放 40 多年来，中国卫生与健康事业加快发展，医疗卫生服务体系不断完善，基本公共卫生服务均等化水平稳步提高，居民健康水平持续改善。党的十八大以来，以习近平同志为核心的党中央高度重视人民群众健康，强调“没有全民健康，就没有全面小康”，把人民健康作为促进经济社会全面发展进步、全面建成小康社会和实现“两个一百年”奋斗目标的重要内涵。党的十八届五中全会提出健康中国战略，随后印发《“健康中国2030”规划纲要》，明确提出把健康融入所有政策，并对深化医药卫生体制改革提出更具体要求，卫生健康事业发展取得历史性成就。

一是人民健康水平明显提升，人均预期寿命由1978年的68岁提高至2019年的77.3岁，婴儿死亡率由34.9‰下降到6.1‰，5岁以下儿童死亡率由1991年的91.6‰下降到8.4‰，孕产妇死亡率由1990年的88.8/10万下降到18.3/10万，居民主要健康指标优于全球中高收入国家平均水平，提前实现联合国千年发展目标。二是医疗保障制度建设取得历史性成就，织起了世界上最大的全民基本医疗保障网，医疗保险覆盖超过13亿人，2020年个人卫生支出占卫生总费用的比重下降到27.7%，达到20年来最低，在实现全民健康覆盖方面的成就举世瞩目。三是基本公共卫生服务全面加强，内容不断丰富，服务体系不断加强，标准化、均等化、可及性水平明显提高。截至2020年年末，全国医疗卫生机构数达102.3万个，其中医院3.5万个（公立医院1.2万个，民营医院2.4万个），基层医疗卫生机构97万个（社区卫生服务中心/站3.5万个，乡镇卫生院3.6万个，村卫生室60.9万个，诊所/医务室25.9万个），专业公共卫生机构1.45万个（疾病预防控制中心3384个，卫生监督所/中心2934个，妇幼保健机构3052个）。公立医院改革积极推进，维护公益性、调动积极性、保障可持续的运行新机制初步建立，人民群众看病难、看病贵等问题得到有效缓解。

二、“全面”程度仍待提高，不平衡、不充分问题依然较为突出

虽然我国公共服务和社会保障水平取得巨大进步，基本达成全面建成小康社会的主要目标。但民生保障领域短板依然明显，“全面”程度仍然不高，主要表现在不平衡、不充分、欠公平、低效率等方面。一是城乡之间、区域之间、不同身份之间民生保障待遇不平衡问题突出，不同户籍、不同体制、不同单位、不同编制群体之间待遇差距明显，公平性不足，公共服务均等化仍然任重而道远。二是民生保障整体水平偏低，保障功能较弱，2019 年城乡居民基本医疗保险住院报销比例刚达到 56.1%，城乡居民基本养老金人均仅 162 元/月，还只能发挥有限补充作用。三是管理水平仍然不高，资金投入效率较低，低保“漏保”和“错保”问题还比较普遍，养老保险、医疗保险的统筹层次较低，携带性差，不适应人口流动的要求，资金投入强度与问题解决、民众的获得感之间存在落差。四是部分保障项目面临较大财务压力，多个省份近年养老金当期收不抵支，未来压力还可能加剧。

全面建成小康社会新时期，要解决“人民日益增长的美好生活需要和不平衡不充分的发展之间的矛盾”，民生保障不再是简单兜底线、满足基本需求，而是要抬基数、实现高品质生活。民生保障依然面临艰巨的任务。

三、在重要历史交汇期，进一步提升公共服务和社会保障水平面临新挑战新机遇

如期全面建成小康社会之后，我们正式迈进基本实现社会主义现代化的关键时期，也是“两个一百年”奋斗目标的历史交汇期，中华民族伟大复兴的中国梦从未如此之近，而中国梦对人民群众最切身的感受之一，就是公共服务和社会保障水平的不断提升和民生的不断改善。

（一）准确把握进一步提升公共服务和社会保障水平的新形势新要求

进入新时代，我国处在从高速增长转向高质量发展的关键阶段，人民对美好生活的向往呈现一系列新要求，经济结构调整，人口结构和流向等出现一系列新变化、新趋势。与此同时，世界正面临百年未有之大变局，世界经济新旧动能转换、贸易摩擦加剧等对我国经济社会发展形成新压力。此次新冠肺炎疫情冲击全球，成为影响全球一定时期发展的重大不确定因素。民生保障与改善面临新形势新挑战。

一是全面建成小康社会新阶段，人民期待过上共同富裕、更加公平正义、更加幸福安康的新生活，民生改善需要适应更加高水平、多元化的新要求。2019 年我国人均 GDP 达到 10276 美元，突破 1 万美元大关，进入中等偏上收入国家行列。按照国际经验，进入中上收入阶段后，公众在民生领域的诉求会出现比较大的变化，希望更加稳定和更高质量的就业、更好的社会保障、更高质量的教育、更加完善的医疗卫生服务、更加优质的生活环境以及更加公平的社会环境等。同时，

随着基本公共服务的普及，以及公众职业类型、收入水平和生活方式等高度分化，人民群众对民生服务的需求也会不断分化，不仅要求保障和服务水平提升，还会产生更多差异化、复杂化、多元化的需求。既追求物质生活条件的进一步改善，又有强烈的风险防范、自我实现及公平正义的追求。

诉求的不断提升意味着改善民生的任务将更加艰巨复杂，民生领域关注度高、容错度低，加之人们的权利意识、平等意识、参与意识和表达机会增强，民生保障水平、改善程度和速度等，都面临着与民众诉求之间差距的弥合问题。处理不好，就必然面临更多的矛盾和压力。我国近些年来民生改善速度应该说非常之大，但公众不满意的地方仍然很多，在很大程度上是诉求的改变和迅速提升所致。这是全面建成小康社会新时期、新发展阶段不可回避的问题（葛延风，2018）。

二是老龄化加速、城镇化减速和农村人口形势发生变化，民生保障需要应对人口结构深刻调整带来的新挑战。“十四五”期间，随着20世纪60年代初期生育高峰出生人口陆续步入老龄阶段，老龄化将呈现持续快速发展态势。按国务院发展研究中心社会发展研究部测算，在中方案下①，中国总人口到2025年为14.16亿人，其中60岁及以上人口为3.09亿人，占总人口的21.8%，65岁及以上人口为2.12亿人，占总人口的14.94%②，分别比2019年提高3.7个和2.3个百分点，80岁及以上的高龄老人达到3837万人。与此相对，15～59岁劳动年龄人口将继续下降，占比从2020年的64.62%降低到2025年的

---

① 中方案下，假定总和生育率自2019～2025年分别为1.68、1.67、1.66、1.67、1.68、1.69、1.70。

② 中方案下，65岁及以上人口在2022年达到14.05%，标志着我国从老龄化社会进入到老龄社会。

61.50%。同时，0～14 岁的少儿人口占比将从 2020 年的 17.2% 下降至 2025 年的 16.7%，少子化趋势将从“十四五”开始进一步凸显。少子化和人口老龄化的双重叠加，将使中国经济社会未来发展长期承受沉重的抚养压力。

2019 年我国常住人口城镇化率达到 60.6%，按照城镇化发展规律，达到 70% 左右就会稳定下来，并出现城市人口流向农村的逆城镇化现象，目前距这一节点还有不到 10 个百分点。随着“十四五”进入城镇化后期，城镇化进程放缓和出现逆城镇化将是大概率事件。要想继续推进城镇化进程，就必须创造吸引农业人口进得来、留得住的环境，这不光是落户政策、居住证制度等手续层面的变革，更包含就业、住房、医疗、社保、教育等公共服务的平等提供。目前常住人口城镇化率（60.6%）与户籍人口城镇化率（44.38%）相差约 16 个百分点，意味着还有 2.2 亿多流动人口未在城市落户，按照“十三五”城镇化每年提高 1 个百分点左右估算，“十四五”期间总共面临为近 3 亿人提供和改善公共服务的要求，这无疑是一个巨大的增量需求。

伴随着人口老龄化和城镇化的进程，曾经作为国家经济建设大后方的农村，其地位与作用也发生转变。忙时回乡务农、闲时进城务工，为城市建设和经济发展源源不断地输送廉价劳动力，又不给城市增添公共服务压力的第一代农民工基本告老还乡。第二代农民工很多处于既没有完全融入城市，其成长背景与经历又决定其无法回到农村务农的状况，城市务工收入是其主要收入来源，子女抚育和承包地主要依靠年迈老人。随着老人逐渐故去及自身年龄增长，或者遇到经济形势不好，农村已难以发挥调节和缓冲的作用，此次新冠肺炎疫情中这一状况已有所体现。

三是经济增速下台阶叠加贸易摩擦、新冠肺炎疫情影响，民生改善需要适应“过紧日子”新变化。近年来我国民生保障水平的提升，主要得益于经济的快速发展和投入的持续加大，从而保障就业稳定、居民收入持续增长，以及公共服务、社会保障水平的不断提升。

随着增长阶段转换，经济增速下台阶，加上国际经济形势变化，对外贸易摩擦影响等，我国财政收入增速也大幅放缓，全国一般公共预算收入增速由2015年的8.4%，下降到2019年的3.8%（2020年受新冠肺炎疫情影响出现负增长），今后几年我国财政收入还将面临更大更直接的压力。财政收入增速放缓，意味着以增量改革方式推进社会保障、教育、医疗卫生等领域民生改善的空间逐渐变小，必须探索新的改革与发展路径（葛延风，2019）。

我国经济结构调整阵痛期远未结束，贸易摩擦、新冠肺炎疫情冲击导致外部需求萎缩、产业链受到冲击等还将进一步恶化我国的经济发展环境，导致大量外向型、服务类企业的经营困难与产业转移，直接影响就业吸纳、居民收入与政府税收等。

四是贫困特征发生重大转变，民生保障需要适应非“攻坚战”模式的长效机制新思路。2020年，我国实现现行贫困标准下的全面脱贫，脱贫攻坚战取得历史性胜利。全面建成小康社会之后，我国的贫困特征将发生重大转变，相对贫困取代绝对贫困成为贫困群体的主体，集中连片的区域性贫困分布将转变为散点分布，以农村贫困为主转变为农村和城镇贫困并存，老少病残等特定群体将成为主要的贫困群体（叶兴庆等，2019）。

“马上打天下，还要马下治天下”，通过从中央到地方，举全社会之力集中力量办大事的脱贫攻坚战也将完成其历史使命。目前农村贫困人口不少人是家有重病、长期病号或其他原因缺乏劳动力而处于贫困状态的，且大多居住在“三区三州”等深度贫困地区，其脱贫主要依靠民生保障政策兜底（侯永志等，2020）。新时期应对相对贫困，也要依靠构建普惠型的社会保障体系，建立基于公共服务均等化基础之上的长效防贫机制。

（二）深刻认识进一步提升公共服务和社会保障水平的战略意义与重大机遇

习近平总书记在2020年2月21日召开的政治局会议强调，越是发生疫情，越要注意做好保障和改善民生工作。在当前经济发展面临较大压力和不确定性的情况下，牢牢托住民生之底，是加快恢复社会正常秩序的重要保证，进一步加大民生改善力度，更是提振消费，扩大内需，推动经济社会持续健康发展的前提和重要着力点，具有重大战略意义。

一是在小康的“全面”程度依然不高、不稳固的情况下，发挥民生保障兜底线、防风险等保护功能，防止跌入“中等收入陷阱”。我国基尼系数连续多年明显高于0.4的国际警戒线，居民之间的财富差距比收入差距更大。从国际经验看，失业比例过高、收入和财产差距过大，往往是一个国家社会矛盾加重，跌入“中等收入陷阱”的主要原因（侯永志等，2020）。

随着增长阶段持续转换，经济增速有可能进一步放缓，必须在解决民生领域问题方面取得重大进展，否则可能因为偶发因素而引发系统性风险。建设有效的民生保障体系，托底、提升人力资本，推动人的全面发展与社会进步，保证社会安全，是跨越“中等收入陷阱”的基础条件。当前通过抓好稳就业各项举措落实，聚焦困难群体，发挥失业保险、最低生活保障等制度作用，“十四五”时期实施促进收入增长尤其是中等收入群体增长战略，加快所得税、财产税、遗产税等改革，发挥三次分配作用等，扎实推动共同富裕，可以有效化解各种社会风险与社会矛盾，推动社会稳定和谐发展。

二是在投资、出口增长空间受限的情况下，发挥民生改善稳定预期、提振消费的作用，扩大内需，夯实超大规模经济体优势。经济超大规模性是我国的独特优势，但从生产和消费的比较来看，虽然我国已成为全球第二大消费市场，但消费的增长空间依然巨大，国内很大部分生产侧的产能，还要依靠美、欧、日等海外市场来消化，与我国的人口规模、投资增长不相匹配。此次疫情过后，国际经济联系、产业链合作可能受到较大影响，发生大的改变。我国在继续坚定不移推进更高水平开放的同时，也要不断扩大国内消费，培育强大国内市场，做实超大规模市场优势，进一步夯实超大规模经济体优势。

我国储蓄率高，消费“不振”的原因是多方面的，可支配收入水平本身不高、差距过大、社会保障不健全导致消费能力不强、消费意愿不足或者不敢消费是重要原因。通过民生改善，促进人民群众生活和收入水平提高，同时不断健全提高社会保障，解决公众医疗、教育、养老方面的后顾之忧，保障公民正当权益，有助于公众稳定预期，刺激消费增长，与经济长期稳定增长形成良性互动。

三是在新旧动能转换过程中，民生需求的满足和升级本身是带动投资、就业与消费，拉动经济发展的一个重要驱动力。民众对民生服务诉求的提升，会给公共服务供给带来挑战，但也会创造民生服务新的多元化的需求与消费，老龄化加速对基本养老保险制度可持续运行冲击很大，但也催生庞大的养老服务市场。在高质量发展新阶段，服务业增加值的比重会继续上升，但传统服务业扩张速度预计会有所放缓，而民生领域有关健康管理、教育服务、高端医疗、多样化养老等高水平、多元化的服务业则增长空间巨大。

弥补公共服务方面的短板，加大落后地区、广大农村的民生基础设施投资，改善在教育、医疗、养老等方面的不足，加大城市老旧小区适老化改造等，都是巨大的投资需求。而且与“铁公机”（铁路、公路、机场等重大基础设施建设）等单纯基建投资相比，既能解决现实需求，改善民众生活，促进国民素质特别是人力资本与创新能力的不断提升，还能快速带动有效消费和服务就业。同时，还能利用我国基数大、规模大、市场大的优势，推动相关服务产业技术创新，培育新业态、新产业、新动能，实现相关服务业领先优势。

四是在当前经济增速放缓、新冠肺炎疫情冲击的危机时期，正是补齐民生短板、加大民生改善的重要机遇。从国际经验看，经济转换期即使财力吃紧，也必须注重社会保护体系建设（俞东，2018）。加大民生改善力度有助于平滑经济波动、稳定社会秩序，助推尽早走出危机时期。习近平总书记多次强调在危机中育先机、于变局中开新局。此次新冠肺炎疫情中我国和全球主要经济体均遭受重大损失，很多国家也把发放现金、消费券、实行托底保障等民生措施放在与经济刺激同等重要的地位。我国应抓住率先控制住新冠肺炎疫情、率先复工复产，在世界主要经济体中率先实现正增长等有利条件，抓住机会加快补齐民生短板，加大民生改善力度，提高经济恢复发展的原动力，提升我国的全球经济份额和相对位势。

四、着眼提质增效，着力民生领域高质量发展，以公共服务和社会保障水平的不断提升，不断增强人民群众的获得感、幸福感、安全感

民生保障涉及每个人全生命周期的基本权益，需要形成稳定预

期，注重制度的稳定性（冯文猛，2017）。经过多年探索、改革和完善，我国已基本建立起适合我国国情的民生保障制度框架。这些制度框架需要尽可能保持长期稳定，问题的解决应更多通过技术层面的调整完善，而不是对整个框架彻底颠覆，反复推倒重来。在全面建成小康社会新时期，保障和改善民生，应着眼提质增效，坚持“巩固、完善、提升”的原则，着力推进民生领域供给侧改革，完善形成高效多元供给，抓紧补齐民生短板，努力实现基本民生服务公平均衡，不断提升民生保障水平，完善保障功能，不断加强非基本民生服务市场化水平与创新发展，切实增强人民群众的获得感、幸福感、安全感，推动民生领域高质量发展。

一是加大民生投入，加强基本民生服务供给，抓紧补齐民生短板。通过压缩一般性行政支出，非刚性、非重点项目支出，发行专项债券或长期债券等多种方式，保障和不断增加财政对基本公共服务的投入，同时在理论和实践证明有效的领域，通过政府投资引导带动、完善税费优惠、促进金融支持、实行公私合营或公建民营等方式，鼓励社会力量参与基本公共服务提供。不断增加基本民生服务供给能力，尽快补齐短板。

二是理顺政府与市场关系，不断提升整体民生服务供给能力与水平。促进形成基本民生服务政府有作为、非基本民生服务市场有活力的良好格局。要强化政府在规划、筹资、服务提供和创造良好环境等方面的责任，切实推进基本公共服务标准化、均等化，以免费或低收费方式向公众提供，随经济发展水平逐步提高保障标准，合理引导公众预期。要充分发挥社会力量在非基本民生服务提供中的主体作用，更好满足人民群众多元化的需求（葛延风等，2019）。

三是完善民生保障制度体系和管理服务体系，提升资金投入与服务供给绩效。加快民生保障体系各领域各环节的制度整合，统筹协调和平衡各类保障的整体制度设计，减少制度碎片化与差异化导致的低效和损失。完善管理服务体系，不断提升管理服务能力，提高各类保障的统筹层次，加强功能兼容与资源整合，提升运行绩效。改革民生投入的投向、节奏和投入方式，加强资金监管与绩效考评，不断提高资金投入和使用效率。

四是加快信息技术运用，推动民生服务的转型升级与高效创新。制定鼓励政策，推动民生服务提供方式、运行方式、管理监督的信息化转型，为解决诸如服务普及、运维平衡、跟踪监督、广泛参与和提升统筹层次等传统方式难以短期解决的难题，提供新的路径，全面提升服务能力和管理水平。充分利用我国互联网发展基础较好、智能终端设备普及率高、用户规模超大等优势，大力发展智慧医疗、智慧健康养老、远程教育等民生服务产业，推动技术升级与创新，抢抓本轮新技术革命历史机遇，实现民生服务的转型升级与弯道超车。

五是坚持在发展中改善民生，注重政治、经济、社会多元目标平衡。努力实现民生保障水平与经济发展水平相一致，民生改善程度与经济增长速度相协调，福利提供水平与劳动生产率提升、保持劳动参与率相适应，让民生保障与改善有利于国家共同体的建设和形成，有利于促进社会公平、群体融合和减少社会矛盾冲突，有利于经济长期可持续发展，有利于尊老爱幼、尊师重教、扶贫济弱等优秀传统文化的传承与发扬。

执笔人：张　力

参考文献

[1] 张来明，葛延风等．新时代中国社会保护重点领域改革．北京：中国发展出版社，2018

[2] 葛延风，王列军，张亮，俞东．消除体制机制障碍引导社会资金投向民生领域．国务院发展研究中心《调查研究报告》，2019（188）

[3] 叶兴庆，殷浩栋．“十四五”期间的贫困特征减贫思路与政策体系．国务院发展研究中心《调查研究报告》，2019 年第 141 号（总 5641 号）

[4] 侯永志，刘培林，何建武，卓贤，贾珅，施戍杰．新冠肺炎疫情对全面建成小康社会有多大影响．国务院发展研究中心《调查研究报告》，2020（66）

[5] 侯永志，贾珅，何建武．制定“十四五”规划需要更加关注的若干问题．国务院发展研究中心《调查研究报告》，2020（72）

专题四

全面建成小康社会与生态文明建设

生态文明建设是实现全面建成小康社会的重要目标。习近平总书记强调，生态环境是全面建成小康社会的明显短板，必须加快补齐。本专题重点对生态文明建设改进环境维度上民生福祉的进展和现状进行研究和评估。一是分析生态文明建设在小康社会建设中的地位。二是对标党的十八大、十九大提出的全面建成小康社会的目标以及习近平总书记重要论述，评估我国全面建成小康社会生态环境保护工作的成效和差距。三是回顾我国生态环境质量变化的历程，梳理并分析我国不同发展阶段特别是党的十八大以来生态环境保护工作的战略、体制和政策演进历程，总结改革开放以来特别是党的十八大以来我国生态环境保护和生态文明建设的经验做法。四是前瞻全面建成小康社会后生态文明建设面临的形势，提出今后生态环境保护、绿色低碳发展工作的战略和重点任务。

一、生态文明建设对全面建成小康社会具有重要意义

全面建设小康社会的内涵不断丰富和发展，随着经济社会发展，生态文明建设逐步成为小康社会建设的重要内容。小康是中华民族自

古以来追求的理想社会状态。小康社会是邓小平同志在20世纪70年代末规划中国经济社会发展蓝图时提出的重大战略构想。此后，建设小康社会成为中国共产党的阶段性奋斗目标。由“小康”概念的提出，到党的十八大提出“全面建成小康社会”，再到党的十九大提出进入“全面建成小康社会决胜期”，这一过程为实现建设社会主义现代化强国提供了明确的历史方位和清晰的路线图。在这个过程中，全面建设小康社会的内涵不断丰富和发展。早期，在经济水平较低阶段，工业化城镇化起步发展是主要矛盾，温饱是主要矛盾。而随着经济社会发展，生态环境问题越来越受到重视，且成为制约全面建成小康社会的短板。

生态文明建设是全面建成小康社会的重点难点之一，反映了我国工业化城镇化进程中社会主要矛盾的转变，需要加快补齐。党的十九大报告提出，决胜全面建成小康社会必须坚决打好防范化解重大风险、精准脱贫、污染防治的攻坚战。“三大攻坚战”既是全面建成小康社会的重点，也是难点。而其中，打好污染防治攻坚战，改善生态环境质量是现阶段生态文明建设的核心内容。党的十八大报告指出，建设生态文明，关系人民福祉，关乎民族未来。环境问题是全社会关注的焦点，也是全面建成小康社会能否得到人民认可的一个关键。要坚持绿水青山就是金山银山，牢固树立和全面贯彻绿色发展理念。当前，我国社会主要矛盾已经转化为人民日益增长的美好生活需要和不平衡不充分的发展之间的矛盾，发展中的矛盾和问题集中体现在发展质量上。绿色是提升发展质量的关键要素，是我国经济高质量发展的鲜明底色。促进经济社会发展全面绿色转型，就是要用绿色倒逼升级，改变“大量生产、大量消耗、大量排放”的生产模式和消费模式，推动质量变革、效率变革、动力变革，使资源、生产、消费等要素相匹配相适应，为人民提供更多优质生态产品，不断满足人民日益增长的优美生态环境需要，实现经济社会发展和生态环境保护协调统一、人与自然和谐共处。

二、对标相关指标，评估全面建成小康社会时生态文明建设进程

对标党的十八大、十九大提出的全面建成小康社会的目标以及习近平总书记重要论述，评估我国全面建成小康社会生态环境保护工作的成效和差距。本文从以下几个维度来评价生态环境保护的成效和差距。

第一个维度，对标我国设置的2020年生态环境目标（“十三五”规划）以及农村人居环境目标进行评估。评估表明，2020年生态环境约束性指标（15项）基本实现。《中华人民共和国国民经济和社会发展第十三个五年规划纲要》（以下简称“十三五”规划纲要）提出了15项资源环境领域的约束性指标。相关数据表明，“十三五”规划纲要确定的生态环境领域9项约束性指标超额完成。2020年全国地级及以上城市优良天数比例达到了87%；细颗粒物未达标地级及以上城市平均浓度达到了37微克/立方米，比2015年下降了28.8%；全国地表水优良水体比例由2015年的66%提高到了2020年的83.4%；劣V类水体比例由2015年的9.7%下降到了2020年的0.6%；化学需氧量、氨氮、二氧化硫、氮氧化物排放总量累计分别下降11.5%、11.9%、22.5%、16.3%（见表1）。

农村人居环境改善是全面建成小康社会的重要领域。对标我国提出的2020年农村人居环境改善的指标进行评估。初步分析表明，农村人居环境指标基本实现目标。2014年，国务院办公厅印发《关于改善农村人居环境的指导意见》提出，“到2020年，全国农村居民住房、

表 1　　　　2020 年生态环境约束性指标完成情况

指标		2020 年目标值	完成情况			
			2018 年	2019 年	2020 年	完成情况
主要污染物减排	二氧化硫（%）	-15			-22.5	超额完成
	化学需氧量（%）	-10			-11.5	超额完成
	氮氧化物（%）	-15			-16.3	超额完成
	氨氮（%）	-10			-11.9	超额完成
能源强度（%）（单位 GDP 能耗）		-15			13.79	没有实现
碳强度（%）（单位 GDP 碳排放）		-18			-18.8	2019 年年底，单位 GDP 排放较 2005 年降低 48.1%，提前完成 2020 年下降 40% ~45% 的目标
非化石能源占一次能源比重（%）		15	14.3	15.3	15.9	实现
万元 GDP 水耗下降（%）		-23			-28	实现
空气质量	地级以上城市达标比例（%）	>80	79.3	82	82	超额完成
	未达标城市 PM2.5 下降比例（%）	18			-23.1	超额完成
地表水质量	好于Ⅲ类水比例（%）	>70		74.9		超额完成
	劣Ⅴ类水比例（%）	<5		3.4	0.6	超额完成
耕地保有量（亿亩）		18.65				实现
森林发展	森林覆盖率（%）	23.04				实现
	森林蓄积量（亿立方米）	165				实现

资料来源：《中华人民共和国国民经济和社会发展第十一个五年规划纲要》《中华人民共和国国民经济和社会发展第十二个五年规划纲要》《中华人民共和国国民经济和社会发展第十三个五年规划纲要》，《2019 年中国环境状况公报》，生态环境部《“十三五”生态环境保护规划》实施情况中期评估报告，《中国应对气候变化的政策与行动 2019 年度报告》，以及本研究整理。

饮水和出行等基本生活条件明显改善，人居环境基本实现干净、整洁、便捷，建成一批各具特色的美丽宜居村庄”。2018 年年初，中办、国办印发了《农村人居环境整治三年行动方案》，提出了相关的目标。梳理涉及农村人居环境改善的重要文件中对 2020 年人居环境改善提出的指标，主要包括对生活垃圾处理的行政村比例、对生活污水进行处理的行政村比例、农村卫生厕所普及率、农村垃圾处理率、农村污水处理率等。农村人居环境整治全面推开，取得重大阶段性成效。根据农业农村部的数据，三年行动方案目标任务基本完成。

第二个维度，利用调查数据从公众主观感受进行评价。国务院发展研究中心“中国民生调查”课题组调查显示，公众对居住地环境质量满意度呈提高的态势，调查得分从 2014 年的 59. 6 分提高到 2020 年的 71. 6 分（见表 2）。

表 2　　民生调查（居住地环境）得分情况　　单位：分

年　份	2014	2015	2016	2017	2018	2019	2020
居住地环境	59. 6	59. 11	56. 49	60. 22	65. 9	? 69. 0	71. 6

资料来源：国务院发展研究中心“中国民生调查”课题组。

第三个维度，对标习近平总书记重要讲话进行评估分析。习近平总书记多次强调，生态环境质量是小康社会的短板，应加快补齐。以习近平同志为核心的党中央高度重视农村人居环境整治。习近平总书记对农村人居环境改善作出重要批示，推动“厕所革命”等一些重大举措。党的十九大提出的乡村振兴战略，也确定了“生态宜居”的要求。改善农村人居环境，建设美丽宜居乡村，是实施乡村振兴战略的一项重要任务，事关全面建成小康社会的成色，事关广大农民的获得感和幸福感，事关农村社会文明和谐。近年来，农村人居环境建设取得显著成效，但就全国来看，农村人居环境状况很不平衡，与全面建成小康社会的要求和农民群众的期盼还有较大差距，仍然是经济社会发展的突出短板。农村人居环境改善需要一个长期过程（见附表1）。

第四个维度，从工业化、城镇化进程来对比相同发展阶段我国同发达国家的生态环境质量改善的差距。评估表明，中国环境质量改善优于发达国家历史同期水平。

从国际比较的角度来看，如果考察主要大气污染物排放峰值的时序及其与经济增长水平的关系，我国大气污染治理的行动和政策并不滞后。迄今为止的实证研究证明，主要大气污染物如二氧化硫、悬浮颗粒物（SPM）、氮氧化物等的排放具有典型的“环境库兹涅茨曲线”特征，即污染物排放经历较长增长期，在达到峰值或平台期后基本都进入稳定的下降通道。从主要空气污染物排放达峰的时序及所处的工业化阶段、人均收入水平来进行比较，欧洲、美国、日本二氧化硫排放在20世纪70年代达到峰值，氮氧化物在20世纪90年代到2000年左右达到峰值；我国二氧化硫排放的峰值在2006年，氮氧化物的峰值或在2011年。以可比的人均GDP（美元）作比较，二氧化硫峰值时，美国人均GDP为23184美元，英国为21160美元，我国为5221美元；氮氧化物峰值时，美国人均GDP为34549美元，英国22314为美元，我国为9824美元。我国空气污染治理进程相对经济发展阶段而言“提前了”。

三、我国生态文明建设的历程及经验总结

（一）我国生态文明建设历程回顾

1. 不断治理历史累积和新产生的环境问题，治污减排终于进入转折期

回顾改革开放以来环境治理的历程，可以大致分为两个阶段。40

年快速工业化的前30年左右的阶段，中国主要污染排放总体处在增长的态势，环境质量总体处于恶化的趋势。从“十一五”“十二五”期间开始，中国主要污染物排放总量快速递增的态势得到遏制，主要污染物排放渐次达峰，或进入“平台期”。如果按照“环境库兹涅茨曲线”的分析框架，对比发达国家环境改善的历程，中国在改革开放40年的后期已经跨越了“环境拐点”，环境质量总体上进入稳中向好的阶段。从国际比较的视角来看，与先行国家相比，标志性污染物达峰时中国人均GDP水平更低，治污减排体现出一定的“超前性”。

以规划和行动为抓手，接续推动治污减排工作。针对日益恶化的环境污染形势，中国先后在20世纪90年代以后陆续开展了“三河”（淮河、海河、辽河）、“三湖”（太湖、滇池、巢湖）水污染防治，“两控区”（酸雨污染控制区和二氧化硫污染控制区）大气污染防治、“一市”（北京市）、“一海”（渤海）的污染防治工作。“十一五”“十二五”期间，中国以“总量控制”制度为抓手，推动主要污染物减排，并取得积极进展。党的十八大以后，中国生态文明建设进入新阶段，从2013年开始先后实施气、水、土三大污染防治行动计划，进入以环境质量管理为核心的生态环境治理阶段。2018年，以七场标志性战役为主要内容的污染防治攻坚战全面展开。

2. 环境立法稳步发展，环境法治进入新阶段

1978年修改的《中华人民共和国宪法》作出专门规定，“国家保护环境和自然资源，防治污染和其他公害”，这是中国第一次将环境保护上升到宪法地位。以1979年颁布《中华人民共和国环境保护法（试行）》为标志，中国开始了环境立法的进程。环境保护立法发展可以大致分为三个阶段：从1978年到1992年，以“预防为主、防治结合”为方针，环境法治开始起步；从1992年到2014年，环境法治框架基本形成；2014年之后，环境立法进入新阶段，先后修订了《中华人民共和国环境保护法》《中华人民共和国大气污染防治法》《中华人民共和国水污染防治法》《中华人民共和国海洋环境保护法》《中华人民共和国固体废物污染环境防治法》《中华人民共和国环境影响评价法》等法律，并通过了《中华人民共和国环境保护税法》《中华人民共和国土壤污染防治法》。2014年6月，最高人民法院设立环境资源审判庭，开启了系统的环境司法专门化改革。2015年新《中华人民共和国环境保护法》和中央环保督察制度实施后，环境执法逐步加强，长期以来“环境违法是常态”的局面正在扭转。

3. 环境监管体制持续演进，党的十八大以后发生深刻变革

中央层级环境保护机构建立并不断加强。1973年第一次全国环境保护会议召开。1974年，国务院环境保护领导小组成立。这个时间略早于改革开放。此后，中国环境保护的组织体系开始建立。中央层级的环境保护主管部门经历了从20世纪80年代初的内设司局到独立为国务院直属的环境保护局、环境保护总局，再到环境保护部、生态环境部的演进历程。40年来中国中央层级环境保护主管部门不断调整并加强。2006年以来，原环境保护部（国家环境保护总局）以派出机构的形式先后成立了华东、华南、西北、西南、东北、华北六大环境区域督察中心。2017年，区域督察派出机构统一调整为督察局，进一步加强中央层级环境保护主管部门对地方环境执法的监督。

环境监管组织体系不断完善并进入重要调整阶段。历经40年的发展，中国建立了中央、省、市、县四级的“属地管理为主、部门业务指导”的环境保护组织体系。其中，各级环境保护部门直属的环境监察、监测机构是中国环境保护组织体系的重要组成部分。从20世纪

70 年代初开始，以监测站为载体，中国逐步建立起中央、省、市、县四级的环境监测体系。从 1979 年中国实行排污收费制度以来，以征收排污费为主要手段，专门从事对污染源监督管理的环境监理队伍开始逐步发展。1999 年，原国家环保总局将省、市、县三级的环境监理机构规范为环境监理总队、支队、大队。2002 年，该体系更名为“环境监察”机构。党的十八大以后，在生态文明体制改革框架下，中国环境监管组织体系进入集权化方向调整的新阶段。在纵向上，中国从 2016 年开始试点省以下环保机构垂直管理制度改革，并且加快推进生态环境质量监测事权上收。2016 年、2017 年，原环境保护部先后完成 1436 个国控环境空气质量站点和 2050 个国家地表水监测断面事权上收工作，显著提高了中央政府获取环境信息的能力，有效支撑了“大气十条”“水十条”等考评工作。政府环境信息的公信力显著提高。在横向上，2018 年新一轮机构改革中，新组建的生态环境部的职能进一步拓展（见表 3）。

表 3　环境监管组织体系改革重要举措

年份	改革举措	主要文件
2015	适度上收生态环境质量监测事权	《生态环境监测网络建设方案》
2016	省以下环保机构监测监察执法垂直管理制度改革	《关于省以下环保机构监测监察执法垂直管理制度改革试点工作的指导意见》
2017	设立流域机构	《按流域设置环境监管和行政执法机构试点方案》
	设立区域机构	《跨地区环保机构试点方案》
2018	组建生态环境部	《国务院机构改革方案》《深化党和国家机构改革方案》
	整合组建生态环境保护综合执法队伍	《深化党和国家机构改革方案》《关于深化生态环境保护综合行政执法改革的指导意见》

资料来源：本研究整理。

4. 环境保护的责任体系和问责机制逐步建立并不断完善

环境保护行政责任体系和问责体系逐步成型。20 世纪 80 年代以来，中国逐步探索出一条中国特色的环境保护目标责任体系和问责机制，成为推动环境保护工作的重要机制。1986 年在洛阳召开全国城市环境保护会议，提出了市长要对城市的环境质量负责任。1989 年的《中华人民共和国环境保护法》确立了“地方各级人民政府，应当对本辖区的环境质量负责”的基本原则。“九五”“十五”期间，中国开始尝试污染物排放总量控制制度，先后提出了 12 项、10 项指标，但实施效果并不理想。从 1995 年开始原国家环境保护局先后开展了“生态示范区”“国家环境保护模范城市”“生态省、市、县”创建工作，对推进城市和区域的环境保护工作发挥了积极示范作用。从“十一五”开始，中国提出了约束性节能减排指标，以层层分解落实的方式和“一表否决”的责任制度对指标进行落实。“十二五”增加了主要污染物减排指标，并优化了指标分解的方式。“十一五”“十二五”期间目标责任体系注重约束性指标的完成情况，并不关注政府相关部门常态化的分工机制。2016 年以后，以《生态文明体制改革总体方案》的全面实施和中央环保督察制度为标志，中国的环境保护目标责任体系建构进入了新阶段。“十三五”期间，环境目标考核从强调主要污染物总量减排调整到以环境质量为核心。此外，这一阶段环境保护目标责任体系在增加专项考核的同时，引入了生态文明建设综合评价考核，强调生态环境保护领域相关部门常态化的分工机制，并开始建立领导干部生态环境损害终身追责制度，强调“党政同责、一岗双责”。

环境监管的法律问责机制初步建立并完善。1997 年《中华人民共和国刑法》修订，规定了“环境监管失职罪”，将环境监管者的责任纳入刑事法制的范围。2006 年、2013 年，最高人民法院、最高人民检察院通过司法解释进一步明确了“环境监管失职罪”的范围。2014 年修订的《中华人民共和国环境保护法》明确将 9 种情形明确列入追责范围，环境监管者的法律责任进一步得到明确（见表 4）。

表 4　　生态文明建设目标责任体系及问责机制演进历程

阶　段	代表性工作	主要特征
探索阶段 （20 世纪 80 年代 ~ 2005 年）	从 20 世纪 80 年代开展城市环境综合整治定量考核；从 20 世纪 90 年代开展“环境保护模范城市”创建活动；“九五”期间尝试开展污染总量控制工作	环境保护工作开始起步，监测统计支撑能力不足
进一步发展阶段 （2006 ~ 2015 年）	将单位 GDP 能耗降低和主要污染物排放总量减少作为国民经济和社会发展的约束性指标；“十一五”期间，建立节能减排“三个体系”，强化监测统计支撑能力；开始实施环境保护行政约谈	注重单项环境目标的完成情况，强调目标管理，不注重部门分工机制
成型阶段 （2016 年以后）	“十三五”期间，从考核总量减排转变到以环境质量改善为核心；完成了国控空气质量站点、地表水监测事权上收；开展生态文明建设综合性评价；2016 年，第一轮中央环境保护督察开始实施	专项考评和综合性考评并重，强调“党政同责、一岗双责”，在明晰各部门权责基础上，强调履职尽责，通过中央环境保护督察制度，实施最严格问责

资料来源：本研究整理。

5. 环境政策体系逐步完善，环境监管程序逐步规范

从传统的“八项制度”开始，环境政策体系逐步完善。中国环境保护政策体系始于“老三项”“新五项”环境管理制度。1979 年的《中华人民共和国环境保护法（试行）》确立了项目建设环境影响评价

制度、“三同时”制度和排污收费三项环境管理制度。此后，1989 年的全国第三次环境保护工作会议提出环境目标责任制、城市环境综合整治定量考核、排放污染物许可证、污染集中处理和限期治理五项新的制度和措施，形成了环境管理的“八项制度”，这是中国环境政策体系的雏形。在此基础上，中国的环境政策体系不断发展。从环境政策的效果来看，“命令—控制类”的环境政策工具在治污减排过程中发挥基础性的作用，而排污收费（改为环境税）、排污权交易、碳交易等市场化政策工具始终未能破题。党的十八大来以来，在生态文明体制改革框架下，排污收费改环境税、环评改革、排污许可制改革、总量控制制度改革、“三线一单”制度取得了积极进展，中国环境政策体系进入全面升级的新阶段。

环境标准体系逐步建立和完善，达标排放状况亟待改善。1973 年中国发布了第一项环保标准，即《工业“三废”排放试行标准》。从 1989 年开始，环境保护标准工作开始步入依法管理的轨道。经过 40 多年的发展，中国已建立起“两级五类”的环境标准体系。

环境行政执法制度化、法治化、规范化程度不断提高。从 1991 年制定《环境监理工作暂行办法》，环境保护主管部门开始逐步规范环境执法程序。此后，环境保护主管部门制定了《全国环境监理工作暂行条例》《环境监理人员行为规范》《环境监察办法》等多项与执法程序有关的部门规章，环境执法程序逐步得到规范。党的十八届三中、四中全会提出了“健全行政执法和刑事司法衔接机制”的要求。2014 年底，新《中华人民共和国环境保护法》的四个配套法规陆续出台，环境执法的程序进一步得到规范，并开始探索“网格化监管”“双随机、一公开”监管制度。环境执法治度化、法制化、规范化进入一个新的阶段。

（二）党的十八大以来，我国推进生态文明建设的主要经验

一是中央对生态文明建设和环境保护工作高度重视。党的十八大把生态文明建设纳入中国特色社会主义事业“五位一体”总体布局，首次把美丽中国作为生态文明建设的宏伟目标。党的十八大以来，以习近平同志为核心的党中央高度重视生态文明建设与体制改革，始终把生态文明建设放在治国理政的突出位置，坚持问题与目标导向，勇于实践，敢于创新，推动生态文明改革和建设重大实践。生态文明体制改革始终坚持党的领导，充分发挥党对生态文明建设的领导作用；坚持加强制度建设，发挥制度优势，用最严格的制度、最严密的法治保护生态环境；坚持以人民为中心，不断满足人民对美好生态环境的向往；坚持强化改革的顶层设计，全面推进和试点示范、地方探索良性互动。

二是坚持推进生态文明体制改革，强调制度体系建设和改革。党的十八大以来，我国系统重构生态环境治理体系，生态环境保护责任体系和问责机制、环境监管组织体系、监管工具发生系统性变革。在此作用下，大环保的工作格局逐步形成，地方政府环境保护的意识显著增强，“环境违法是常态”的局面得到扭转。其中，最为重要是，以中央生态环境保护督察制度为代表的问责机制，成为推动生态文明建设的重要实施机制。从 20 世纪 80 年代逐步建立和完善的环境保护目标责任制是我国推动环境保护工作的基础性制度安排。“十一五”以来节能减排约束性指标进一步强化了该制度，并直接推动了主要环境指标的显著改善。党的十八大以来，随着中央生态环境保护督察制度的实施，环境保护目标责任体系和问责机制逐步成熟。由此，地方政府加强环境保护的意识显著增强，各级环境监管机构履职尽责的状况显著改善（见表 5）。

表 5　　生态文明建设目标责任体系及问责机制基本框架

	主要内容	内涵及意义
具体环境目标	五年规划资源环境领域约束性指标；部门的相关专项考核	目标管理特色，以具体任务和目标为导向，约束地方政府完成具体目标
综合性生态文明建设目标评价体系	以《生态文明建设目标评价考核办法》为代表	在专项考核的基础上，增加综合考核，并不替代单项考核，调整各级地方政府重视生态文明建设工作
引导性、试点性的考评体系	相关部门的“生态文明建设试点示范”	激励与约束并举，引导地方政府开展生态文明建设
部门分工机制	各级政府生态环境保护工作责任规定，权力清单、责任清单等	明晰相关部门的权责，推动相关部门尽职履责，提高政府的可问责性
问责机制	中央生态环境保护督察制度、党政领导干部生态环境损害责任追究制度、领导干部自然资源资产离任审计制度	在目标明确、权责分工的基础上强化问责，既强调基于目标管理的考核，也强调基于规则和程序的问责

资料来源：本研究整理。

三是生态体制改革与污染防治协同推进，推动生态环境质量持续好转。从“十二五”以来，我国先后实施了气、水、土三大污染防治行动计划，打响污染防治攻坚战。与此同时，自2015年《生态文明体制改革总体方案》印发以来，我国全面推进生态文明体制改革，为污染防治提供了重要的制度保障。2018年，生态环境部发布的《中国空气质量改善报告（2013—2018年）》显示，2013年以来，我国经济持续增长、能源消费量持续增加，2018年全国GDP相比2013年增长39%，能源消费量和民用汽车保有量分别增长11%和83%，多项大气污染物浓度实现了大幅下降，全国环境空气质量总体改善。首批实施《环境空气质量标准》的74个城市，PM2.5平均浓度下降42%，二氧化硫平均浓度下降68%。重点区域环境空气质量明显改善，京津冀、长三角和珠三角地区 PM2.5 平均浓度分别比 2013 年下降了 48%、39%和32%（见表6）。

表6　　七场标志性重大战役相关行动计划

序号	名称	行动计划
1	打赢蓝天保卫战	2018 年 7 月国务院印发《打赢蓝天保卫战三年行动计划》
2	打好柴油货车污染治理	2018 年 12 月生态环境部、发展改革委、工业和信息化部、交通运输部等 11 部门联合印发《柴油货车污染治理攻坚战行动计划》
3	城市黑臭水体治理	2018 年 9 月住房和城乡建设部、生态环境部联合发布《城市黑臭水体治理攻坚战实施方案》
4	渤海综合治理	2018 年 12 月生态环境部、发展改革委、自然资源部联合印发《渤海综合治理攻坚战行动计划》
5	长江保护修复	2019 年 1 月生态环境部、发展改革委联合印发《长江保护修复攻坚战行动计划》
6	水源地保护	2018 年 3 月环境保护部、水利部联合印发《全国集中式饮用水水源地环境保护专项行动方案》
7	农业农村污染治理	2018 年 11 月，生态环境部、农业农村部联合印发《农业农村污染治理攻坚战行动计划》

四、全面建成小康社会后生态文明建设面临的形势、战略和重点任务

（一）全面建成小康社会后到 2035 年是生态文明建设的关键期

对标 2035 年的目标要求，全面建成小康社会后相当长时期内生态环境质量仍是短板。以党的十九大报告提出的“2035 年生态环境根本好转，美丽中国目标基本实现”为目标指导，结合环境保护工作进展制定分阶段的目标。在空气质量方面，2035 年预期目标是地级以上城

市全面达标。2025 年是环境质量著改善的重要节点；2035 年美丽中国基本实现。2035 年，337 个地级以上城市 PM2. 5 年均浓度全面达标（国家二级标准）。生态环境部发布的《2019 年全国生态环境质量简况》显示，2019 年全国生态环境质量总体改善，环境空气质量改善成果进一步巩固。全国 337 个地级及以上城市 PM2. 5 浓度为每立方米 36 微克，同比持平，平均优良天数比例为 82%，环境空气质量达标的城市占全部城市数的 46. 6%。

从改革面临的新形势和要求来看，全面建设小康社会对深化生态文明体制改革提出了新的要求。根据《生态文明体制改革总体方案》时序要求，生态文明体制改革多数任务都须在 2020 年完成，但改革实际效果尚待“十四五”时期进一步检验。从组建生态环境部等管理体制改革、排污许可制等基础制度建设、生态环保综合行政执法等执法机制改革、环境监测网络建设等支撑条件建设，到生态环境损害赔偿制度等问责机制建设，多个领域体制机制都将在“十四五”时期逐步发挥效能。随着生态文明制度建设走向深入，一些新问题将逐步显现，特别是一些存在争议、推动较难的改革举措产生的问题会进一步凸显，需要通过进一步改革予以解决；而一些推进尚未到位的改革举措，需要在“十四五”时期进一步巩固和提升。一是一些制度设计和政策工具的应用条件逐步具备。党的十八大以来，我国资源环境政策“刚性约束”基本确立，随着法治建设的推进和环境监管能力的提高，市场化、精细化的环境政策工具有效运行的可行性和有效性将进一步提升。二是环境质量的显著改善将为“十四五”时期进一步推进生态文明体制改革提供难得的时间窗口、改革时间安排相对宽松。三是“十四五”时期我国经济社会发展将面临更加复杂的外部条件，在保持绿色发展定力的同时，需要尽快建立与发展新格局相适应的平衡环境保护和经济增长的政策取向，以及更加科学有效的资源环境政策实施机制。

（二）全面建成小康社会后生态文明建设的思路

全面建成小康社会后，生态环境保护工作有两条主线：一是接续深化生态文明体制改革，构建现代环境治理体系；二是接续推进污染防治行动，推进生态环境质量持续改善。通过制度建设，推进绿色生产生活方式转变，构建绿色低碳循环发展经济体系，促进经济社会全面绿色转型。

第一，深化生态文明体制改革，构建现代环境治理体系。推动建立依法、专业、透明、公开、可问责的现代环境监管体系。通过环境监管体系改革，提高环境监管的效能，为 2035 年生态环境质量根本好转奠定制度基础。

第二，坚持污染防治，从“攻坚战”到“持久战”，接续开展污染防治行动计划。从当前到 2035 年美丽中国基本实现，坚持污染防治、大幅度削减主要污染物排放仍然是生态环境保护工作的主线。污染防治目标的时序要求、考核评价要以依法监管为前提，要建立动态的目标调整机制，并与环境监管体系改革有机衔接。

（三）从生态文明建设重点任务来看，深化改革完善环境治理体系建设，推进经济社会全面绿色转型发展

在生态环境治理体系领域，重点建立依法、公平、透明、专业、可问责的现代环境监管体系。一是以深化排污许可制改革为核心，强化排污单位主体责任，转变监管方式，促进相关政策工具的协同与集成，提高监管效能。二是高度关注省以下环保机构监测监察执法垂直

管理制度改革、生态环保综合执法改革中出现的新问题，稳步推进，鼓励因地制宜地进行优化调整。进一步探索建立污染区域联防联控机制和陆海统筹机制。三是尽快建立环境监管影响评估机制，使其成为平衡环境保护与经济增长关系的制度安排，提高环境监管科学性。

在国土空间开发保护制度领域，应重点统筹推进自然资源监管体制与自然保护地管理体制改革。一是在全面总结国家公园体制试点经验的基础上，结合自然资源资产管理体制改革，构建自然保护地统一事权、分级管理体制，厘清中央和地方的事权与支出责任，因地制宜、稳步推进以国家公园为主体的自然保护地体系管理体制改革。二是进一步完善自然资源监管体制，重点从优化机构职能、建立跨部门协同机制等方面着力，探索统一行使所有国土空间用途管制职责。

在空间规划体系建设领域，构建协调统一的国土空间规划体系，进一步理顺各层级、各类规划的关系。一是接续推进国土空间规划体制改革，理顺机构改革后相关部门职责，着力解决统一数据基础、协调边界矛盾等难点，完善国土空间规划编制体系，进一步理顺各级各类规划的关系。二是完善空间规划编制方法，规范市县空间规划编制程序，扩大社会参与，增强规划的科学性和透明度。三是加快国土空间规划立法，加强技术标准体系建设，为空间规划体系提供法制保障和技术支撑。

在自然资源资产管理领域，进一步优化管理体制，理顺自然资源资产管理和自然生态监管体制的关系。一是着力解决自然资源资产管理的理论诠释不足、改革导向不明、自然资源资产属性不清等问题。统筹自然资源资产管理和自然生态监管体制改革，明晰自然资源资产管理机构和自然资源监管机构的职责关系。二是进一步推进自然资源资产产权制度改革，探索建立国务院自然资源主管部门行使全民所有自然资源资产所有权的资源清单，以及委托省级和市（地）级政府分级行使所有权的管理体制。不断优化自然资源资产负债表在自然资源管理中的作用。

在生态文明绩效评价考核和责任追究领域，应进一步完善督察制度，健全多元参与的问责机制。一是进一步完善生态环境保护督察问责程序，推动督察制度法治化、规范化、程序化，约束各级地方政府和环境监管机构依法履行环境监管职责。二是将编制自然资源资产负债表、领导干部自然资源资产离任审计等改革举措，与生态环境保护督察制度、自然资源督察制度及其他相关考核制度统筹优化。三是进一步完善生态环境保护领域的司法监督、人大监督和公众参与制度，构建多元参与的问责机制。

执笔人：高世楫　常纪文　陈健鹏
王海芹　俞　敏

参考文献

［1］陈健鹏．完善生态文明制度体系 推进生态环境治理体系和治理能力现代化．中国发展观察，2019（24）

［2］陈健鹏，高世楫，李佐军．中国主要污染物排放进入转折期——预判污染物排放峰值在“十三五”期间．国务院发展研究中心调查研究报告（专刊），2014（63）

［3］高世楫，李佐军，陈健鹏．我国环境监管体制进入重要调整阶段——“十三五”时期环境监管体制改革面临的形势与多重意义．国务院发展研究中心调查研究报告，2016 年第 31 号（总 4914 号）

［4］陈健鹏，李佐军，高世楫．跨越峰值阶段的空气污染治理——兼论环境监管体制改革背景下的总量控制制度．环境保护，2015（21）

［5］陈健鹏．我国环境治理 40 年回顾与展望．中国经济时报，2018－12－10

［6］陈健鹏．生态文明建设目标责任体系及问责机制：演进历程、问题和改进方向．重庆理工大学学报（社会科学版），2020（5）

［7］国务院发展研究中心“中国民生调查”课题组，张军扩，叶兴庆，葛延风，金三林，朱贤

强. 中国民生调查2018综合研究报告——新时代的民生保障. 管理世界，2018（11）
[8] 国务院发展研究中心课题组. 中国民生调查2020. 北京：中国发展出版社，2021
[9] 高世楫，李佐军等. 用制度创新促进绿色发展. 北京：中国发展出版社，2017
[10] “十八大以来生态文明体制改革的进展、问题与建议”课题组. 生态文明体制改革进展与建议. 北京：中国发展出版社，2018

附表 1 农村人居环境有关文件以及相关目标

年份	文件	相关目标
2014	国务院办公厅《关于改善农村人居环境的指导意见》	到 2020 年，全国农村居民住房、饮水和出行等基本生活条件明显改善，人居环境基本实现干净、整洁、便捷，建成一批各具特色的美丽宜居村庄
2017	环境保护部、财政部《全国农村环境综合整治“十三五”规划》（环水体〔2017〕18 号）	到 2020 年，新增完成环境综合整治的建制村 13 万个，累计达到全国建制村总数的 1/3 以上
2018	中共中央办公厅、国务院办公厅《农村人居环境整治三年行动方案》	到 2020 年，实现农村人居环境明显改善，村庄环境基本干净整洁有序，村民环境与健康意识普遍增强 东部地区、中西部城市近郊区等有基础、有条件的地区，人居环境质量全面提升，基本实现农村生活垃圾处置体系全覆盖，基本完成农村户用厕所无害化改造，厕所粪污基本得到处理或资源化利用，农村生活污水治理率明显提高，村容村貌显著提升，管护长效机制初步建立 中西部有较好基础、基本具备条件的地区，人居环境质量较大提升，力争实现 90% 左右的村庄生活垃圾得到治理，卫生厕所普及率达到 85% 左右，生活污水乱排乱放得到管控，村内道路通行条件明显改善 地处偏远、经济欠发达等地区，在优先保障农民基本生活条件基础上，实现人居环境干净整洁的基本要求
2018	《农业农村污染治理攻坚战行动计划》	到 2020 年，实现“一保两治三减四提升”：“一保”，即保护农村饮用水水源，农村饮水安全更有保障；“两治”，即治理农村生活垃圾和污水，实现村庄环境干净整洁有序；“三减”，即减少化肥、农药使用量和农业用水总量；“四提升”，即提升主要由农业面源污染造成的超标水体水质、农业废弃物综合利用率、环境监管能力和农村居民参与度

资料来源：本研究整理。

专题五

全面建成小康社会进程中的中国与世界关系

对外开放是中国经济实现跨越式发展的重要推动力。中国牢牢把握全球化机遇、积极融入全球化生产网络，通过持续深化对外开放，充分利用国际国内两个市场、两种资源，既加快了自身发展，又促进了世界经济的繁荣，既对我国成功实现全面建成小康社会起到了重要支撑作用，又为全球减贫事业做出了巨大贡献。

一、中国在全面建成小康进程中发展成为开放型经济大国

全面建成小康社会进程中，中国经济深度融入世界经济版图，迅速成长为世界第二大经济体、制造业第一大国，在全球经济、贸易、投资与经济治理中的地位持续提升，取得举世瞩目的突出成就。

（一）成为全球影响力的货物和服务贸易大国

改革开放以来特别是2001年加入世界贸易组织（WTO）后，中国贸易规模稳步扩张，贸易大国地位日益巩固。1978年中国货物进出口总额仅为206亿美元，位居世界第29位。自2009年起，中国连续保持全球货物贸易第一大出口国和第二大进口国地位。2013年中国成

为全球货物贸易第一大国，此后除2016年下降为全球第二外，其余年份一直保持货物贸易第一大国地位。

海关总署数据显示，2019年中国货物贸易进出口总额4.58万亿美元，下降1.0%。其中，出口2.50万亿美元，增长0.5%；进口2.08万亿美元，下降2.7%；贸易顺差4219.32亿美元，扩大20.2%。2019年中国货物出口额占全球货物出口总额的比重为13.2%，比1978年提升12.4个百分点，出口占国际市场份额稳步提升；货物进口额占全球货物进口总额的比重为10.8%，比1978年提升10个百分点，进口占国际市场份额保持历史最高水平（见图1）。2020年在全球贸易受到新冠肺炎疫情严重冲击下，中国对外贸易逆势增长，成为主要经济体中对外贸易唯一正增长的国家，实现对外贸易规模、全球占比再创新高。

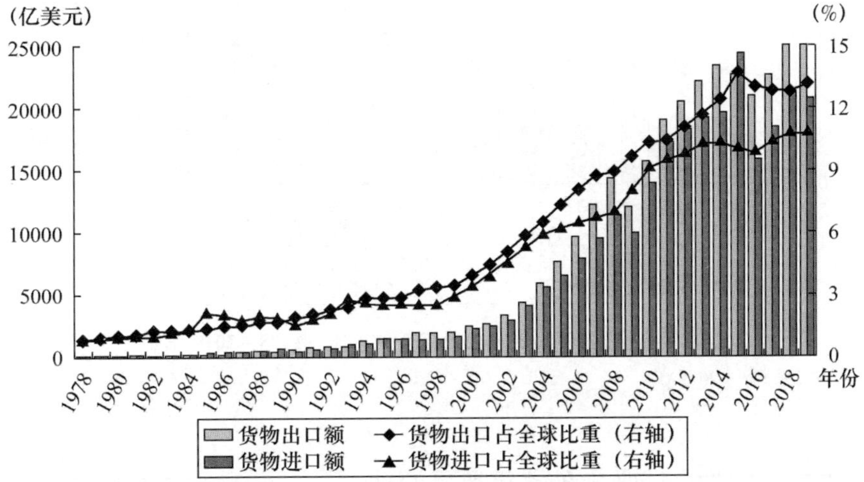

图1　中国货物贸易进出口额及全球占比（1978～2019年）

资料来源：UNCTAD。

加入世界贸易组织以来，中国累计进口服务贸易总额4.7万亿美元，年均增长15.2%，远高于同期全球7.7%的平均水平，对全球服务进口增长的贡献率达10.8%，是推动全球服务进口增长的第一大力量。2013 年以来，中国服务进口连续 7 年稳居世界第二位。2013 年，中国服务贸易规模居全球第三位，占全球服务贸易总额的 5.6%。2014～2019 年，中国服务贸易额年均增长 7.8%，是货物贸易增速的 2.2 倍；是外贸整体增速的 1.9 倍。2019 年，中国服务贸易规模已连续 6 年位居全球第二位，占全球服务贸易总额的 6.6%。2019 年中国服务出口额占全球服务出口总额的比重为 4.6%，比 2005 年提升 1.7 个百分点；服务进口额占全球服务进口总额的比重为 8.6%，比 2005 年提升 5.4 个百分点（见图 2）。中国是 130 多个国家和地区的最大贸易伙伴。

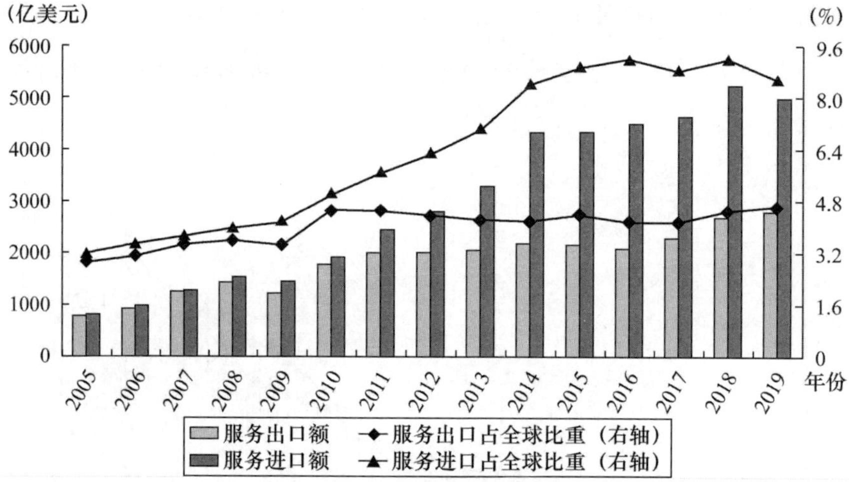

图 2　中国服务贸易进出口额及全球占比（1978～2019 年）

资料来源：UNCTAD。

（二）成为全球吸引外资重要目的地

改革开放以来，中国不断提高开放水平，改善投资环境，促进投资便利化，利用外资规模从几亿美元扩大到连续 27 年居发展中国家首位，是全球吸引外资重要目的地。截至 2019 年 12 月，中国累计设立外商投资企业达 100.2 万家，累计实际使用外资金额达 2.29

万亿美元。2017～2019 年，中国连续 3 年保持全球第二大引资国地位。2016～2019 年，高技术产业利用外资年均增长 23.9%，2019 年占比达 27.7%，比 2015 年提高 15.5 个百分点，利用外资质量不断提高。中国是国际各大跨国企业最重要的市场之一。世界 500 强企业中已有约 490 家在中国拥有投资项目。2020 年，在全球跨境投资大幅下降 42% 的情况下，我国吸引外资逆势增长 6.2%，首次成为全球利用外资第一大国（见图 3）。

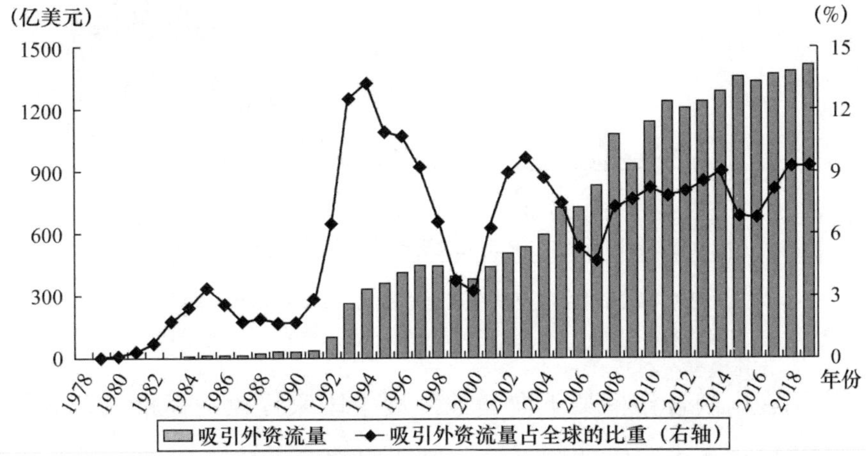

图 3 中国吸引外资流量及全球占比（1978～2019 年）

资料来源：UNCTAD。

（三）成为资本输出大国和对外援助大国

改革开放以来，中国对外投资经历了由小到大、由弱到强、由区域到全球的发展过程。对外投资合作持续健康发展，投资层次和水平不断提升，投资规模从接近于零到迈向世界前列。自 2012 年以来，中国连续 8 年位居全球对外直接投资流量前三。截至 2019 年年底，中国超过 2.75 万家境内投资者在全球 188 个国家和地区设立对外直接投资企业 4.4 万家，全球 80% 以上国家和地区都有中国的投资，年末境外企业资产总额 7.2 万亿美元。中国对外投资在全球外国直接投资中的影响力不断扩大。2020 年，有 117 家内地企业入选《财富》杂志世界 500 强，74 家企业上榜“全球最大 250 家国际承包商”，企业数量和市场份额均居世界前列（见图 4）。

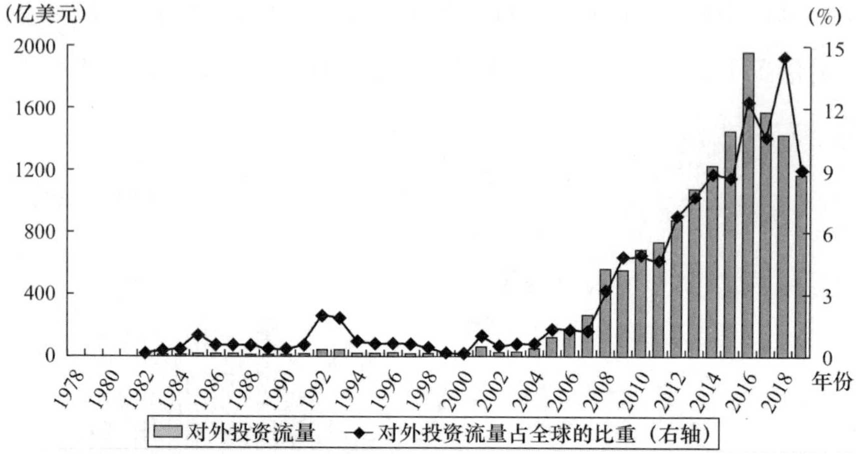

图 4　中国对外投资流量及全球占比（1978～2019 年）

资料来源：UNCTAD。

中国在南南合作框架下向其他发展中国家提供力所能及的援助，支持和帮助发展中国家特别是最不发达国家减少贫困、改善民生。中国对外援助规模持续增长，对外援助事业稳步发展。面对新冠肺炎疫情，中方积极响应联合国发起的全球人道应对计划，向世界卫生组织提供 5000 万美元现汇援助，向 150 多个国家和国际组织提供物资援助。

（四）成为全球重要金融市场和金融大国

改革开放以来，中国金融体系在开放条件下经风雨、见世面、壮筋骨，取得历史性成就。中国金融体系的开放程度和国际竞争力显著提升，金融市场快速发展，已建立和发展起全球最大的信贷市场，第二大股票市场、债券市场和保险市场。国有大型商业银行在劳动生产率、管理成本、普惠金融、数字化经营等方面达到甚至超过世界先进水平。大型保险公司增长速度、发展潜力及市场估值水平位居世界前列。人民币作为国际支付、计价、交易、储备货币的地位不断提升，全球范围配置人民币资产的需求迅速增加。截至2019年年底，人民币已连续8年成为中国第二大国际收付货币、全球第五大支付货币、第三大贸易融资货币、第八大外汇交易货币。超过32万家企业和270多家银行开展跨境人民币业务，与中国发生跨境人民币收付的国家和地区超过230个。人民币外汇储备占全球外汇储备之比在主要储备货币中排名第五位，全球已有70多个央行或货币当局将人民币纳入外汇储备。国际机构配置人民币资产已达到6.4万亿元，并以年均超过20%的速度增长，尤其是境外投资者持有境内人民币债券资产近年来以年均近40%的速度增长。

（五）成为全球经济治理的重要参与者与建设者

中国积极参与全球经济治理体系改革，推动建立更加公平合理的国际经济治理体系。1980年4月和5月，中国先后恢复了在国际货币基金组织和世界银行的合法席位；2001年加入世界贸易组织，以更加积极的姿态参与国际经济合作。近年来，倡议建立亚洲基础设施投资银行和设立丝路基金，成功主办“一带一路”国际合作高峰论坛、亚太经合组织（APEC）北京峰会、二十国集团（G20）领导人杭州峰会、博鳌亚洲论坛等，在全球治理体系变革中贡献中国智慧、中国方案。坚定支持多边贸易体制，积极参与世界贸易组织改革，提出中国改革建议。加快建设面向全球的自贸区网络，累计与26个国家和地区签署19个自贸协定。加快推进中欧投资协定谈判。推进中日韩、中国—海合会、中国—挪威、中国—以色列等自贸协定谈判进程。推动全球治理平台发挥作用，加强与联合国交流合作，在二十国集团、亚太经合组织、金砖国家、上合组织等平台积极发声，拓展澜沧江—湄公河等次区域合作，提出中国倡议、中国方案。

二、主动融入经济全球化对中国全面建成小康社会起到重要支撑作用

改革开放以来，中国积极融入经济全球化进程，充分发挥开放的引领作用，利用两个市场、两种资源，不断推动转方式、调结构、增效益，开放发展理念已深深融入经济、金融、产业、科技、人才、信息等各方面的发展中，各领域取得决定性成就。对外开放为全面建成小康社会提供重要支撑，其影响和作用是全面的、至关重要的。

（一）促进了经济快速发展

改革开放以来，在新中国建设成就的基础上，中国经济大踏步前进、经济总量连上新台阶，成功从低收入国家迈入中等偏上收入国家行列，综合国力和国际影响力实现历史性跨越。从 1978 年到 2019 年，中国经济总量由 3678.7 亿元攀升至 990865 亿元，人均 GDP 由 385 元增至 70892 元，其中 2016 年、2017 年、2018 年三年，经济总量连续跨越 70 万亿元、80 万亿元和 90 万亿元大关，2020 年经济总量已突破 100 万亿元。

以美元计价，2019 年中国 GDP 按年平均汇率折算为 14.4 万亿美元（见图5），经济总量占世界比重达到 16.3%，稳居世界第二位；人均 GDP 按年平均汇率折算为 10276 美元，首次突破 1 万美元大关，与

高收入国家差距进一步缩小。经济增速在世界主要经济体中名列前茅。中国经济总量不断扩大，经济结构调整优化，发展质量稳步提升，发展后劲更加充足，人民生活持续改善，为全面建成小康社会打下坚实基础。

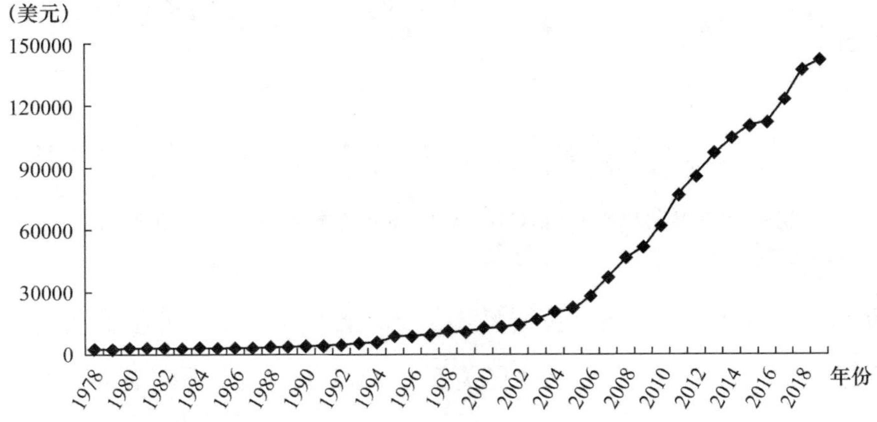

图 5　中国 GDP 的变化（以美元计价）（1978～2019 年）

资料来源：UNCTAD。

对外贸易是国民经济发展的重要引擎，对经济增长的贡献率超过 20%。2019 年中国货物和服务净出口对经济增长贡献率达到 11%，有力保障了国际收支平衡（见图 6）。利用外资对国民经济拉动作用明显，创造了 2/5 的对外贸易、1/6 的税收收入，带动了近 1/10 的城镇就业。对外投资经济社会效益明显，2016～2019 年，中国企业通过对外投资合作，累计带动出口 5000 多亿美元。对外开放助力脱贫攻坚，电商、家政、对外劳务、产业和边贸扶贫，为打赢脱贫攻坚战阔步迈小康作出贡献。

（二）解决了发展面临的外汇和资本双缺口问题

改革开放以来，中国经常项目盈余快速积累，吸引外资不断增加，实现了从外汇短缺国到全球第一外汇储备大国的转变。1978 年，中国

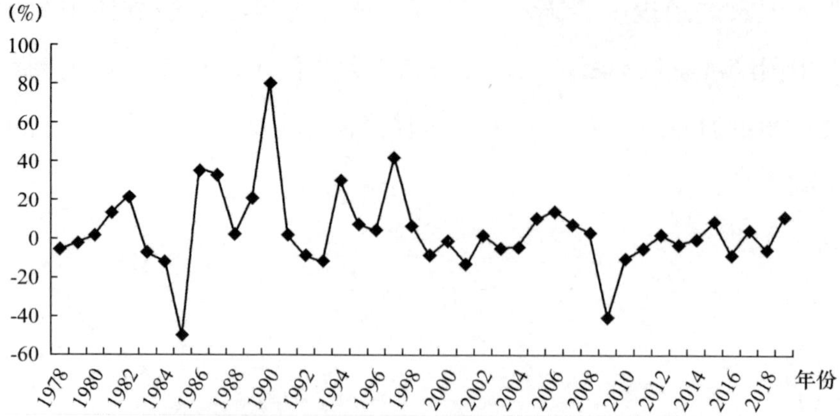

图 6　中国货物和服务净出口对 GDP 增长的贡献率（1978～2019 年）

资料来源：国家统计局。

外汇储备仅 1.67 亿美元，位居世界第 38 位。1990 年，外汇储备超过 100 亿美元；1996 年超过 1000 亿美元；2006 年突破 1 万亿美元，超过日本位居世界首位；2019 年年末外汇储备余额达 31079 亿美元，连续多年稳居世界首位（见图 7）。自 2016 年以来，中国的储蓄率保持在 45% 左右的高位，远超发达国家平均水平，为全面建成小康社会提供雄厚资本（见图 8）。

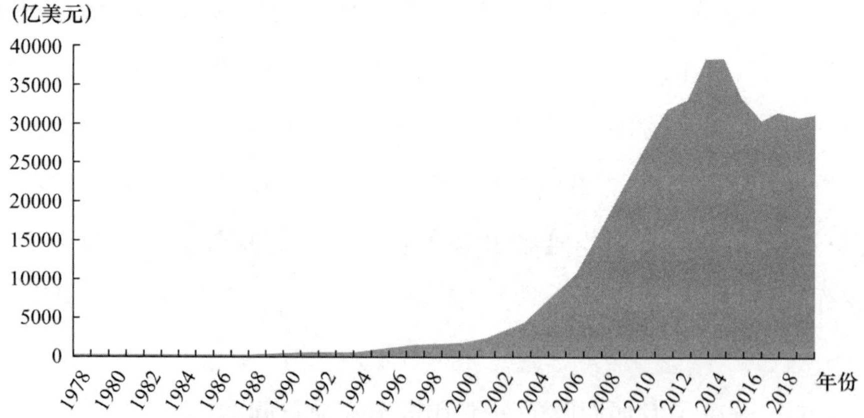

图 7　中国外汇储备的变化（1978～2019 年）

资料来源：国家统计局。

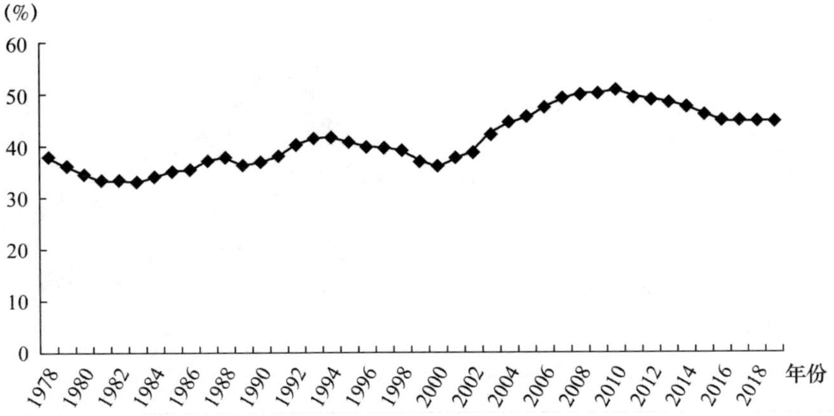

图 8　中国总储蓄率的变化（1978～2019 年）

资料来源：国家统计局。

（三）促进了产业转型升级

改革开放以来，中国发挥劳动力等要素低成本优势，抓住经济全球化机遇，充分利用国际分工机会，形成市场和资源“两头在外”发展模式，参与国际经济大循环，推动了经济高速增长。21 世纪以来，中国顺应产业转型升级新趋势与新要求，推进制造业与服务业融合发展，加快构建现代产业体系，推动产业向全球价值链中高端迈进。中国持续扩大有助于转型升级的技术装备进口，有效促进了国内产业升级，外贸对产业升级引领促进作用更加突出。尽管中国经济的外贸依存度已经由 2006 年的历史性峰值降至 2019 年的近 32%，但仍显著高于美国等发达经济体的水平（见图 9）。

2019 年，中国机电产品出口额 10.06 万亿元，增长 4.1%，占出口总额的 58.4%。高质量、高技术、高附加值产品出口快速增长。其中，太阳能电池、半导体器件、集成电路、金属加工机床、汽车整车等产品出口分别增长 47.4%、24.2%、26.8%、14.8% 和 8.2%。2019 年，中国装备制造业和高技术制造业增加值分别增长 6.7% 和

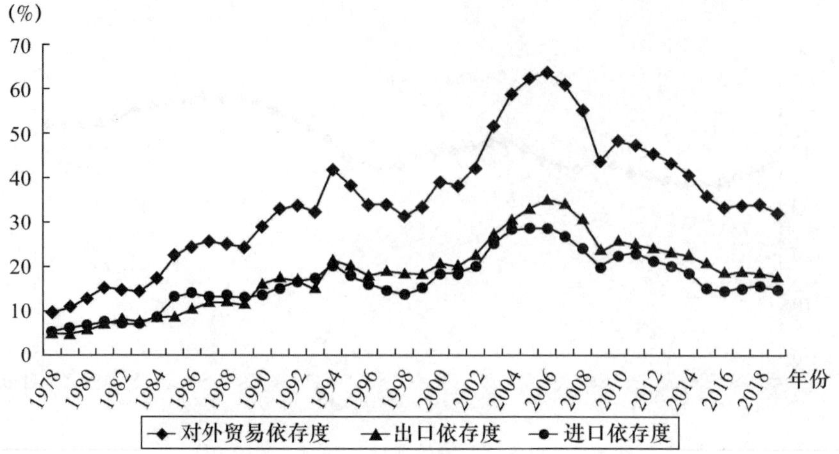

图9　中国对外贸易依存度的变化（1978～2019年）

资料来源：UNCTAD。

8.8%，占规模以上工业增加值的比重分别为32.5%和14.4%。服务业增加值占GDP的比重达53.9%，服务业对国民经济增长的贡献率为59.4%，成为中国经济发展的主动力和新引擎。中国已成为全球价值链分工的重要参与者、全球价值链的网络中心国之一，在全球价值链中扮演重要枢纽角色。

（四）增加了就业和居民收入

改革开放以来，中国就业规模稳步扩大，居民收入连续跨越式提升，分配差距持续缩小，城乡居民生活向全面小康社会稳步迈进。

外贸、外资直接或间接带动就业超过2亿人，对我国税收的贡献超过25%。2019年中国城镇新增就业1352万人，连续7年保持在1300万人以上，月度全国城镇调查失业率保持在5.0%～5.3%的较低水平。城镇登记失业率长期处于低位，城镇调查失业率低于全球平均水平，劳动参与率和就业率在主要经济体中一直处于较高水平。

1978年，中国居民人均可支配收入仅171元；2009年突破万元大关，达到 10977 元；2014 年突破 2 万元，达到 20167 元；2019 年突破 3 万元，达到 30733 元。2019 年中国居民恩格尔系数降至 28.2%，已连续 8 年下降，达到了联合国 20% ~30% 的富足标准（见图 10）。

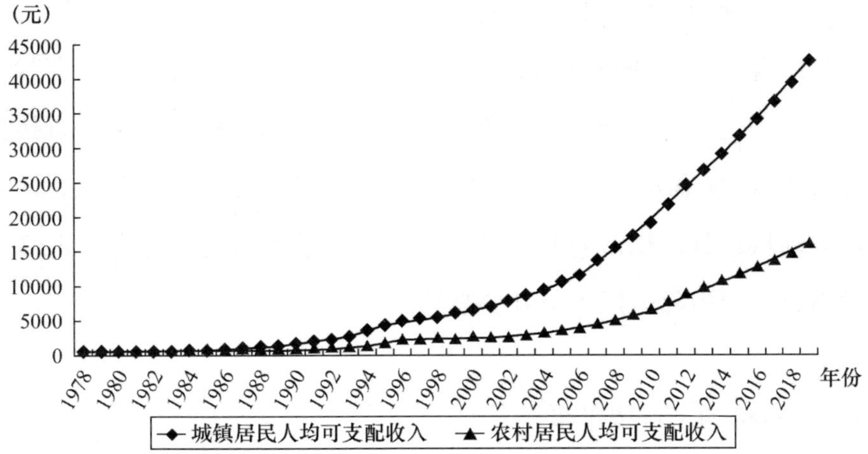

图 10　中国城乡居民收入的变化（1978 ~2019 年）

注：从 2013 年起，国家统计局开展了城乡一体化住户收支与生活状况调查，2013 年及以后数据来源于此项调查。其与 2013 年前的分城镇和农村住户调查的调查范围、调查方法、指标口径有所不同。

资料来源：国家统计局。

（五）带动了中西部地区经济发展

20 世纪 90 年代以来，中国相继作出实施西部大开发、振兴东北地区等老工业基地、促进中部地区崛起等重大战略决策。中西部地区依托资源能源优势，抢抓政策机遇，承接产业转移，后发优势不断显现，经济发展步伐加快。

2013 ~2019 年，中部和西部地区生产总值分别年均增长 8.27% 和 8.34%，增速均高于全国增速 1.3 个百分点左右。2019 年，中部和西部地区生产总值占全国的比重分别为 22.2% 和 20.8%，比 2012 年分别提高 0.9 个和 1.2 个百分点。

中西部地区出口占全国出口总额的 18.3%，加工贸易出口占全国加工贸易出口总额的近23%，承接加工贸易产业转移取得积极成效。

中部、西部地区新设外商投资企业数量分别为2138家和2137家，占比均为5.2%，实际使用外资金额分别为97.3亿美元和92.9亿美元，占比分别为6.9%和6.6%。

2019年年末，中部和西部地区企业对外非金融类直接投资存量分别为561.3亿美元和669.1亿美元，分别占全国对外非金融类直接投资存量的7.1%和8.5%。随着共建“一带一路”倡议加快推进，内陆地区逐渐从开放末梢走向开放前沿，对外开放政策进一步向中西部地区倾斜，形成内陆地区若干开放高地。

（六）推动了科技进步

改革开放以来，中国积极融入全球创新网络，形成了全方位、多层次、广领域的科技开放合作格局，科技进步和创新发展取得举世瞩目成就。中国既是科技开放合作的受益者和参与者，也是国际科技进步的贡献者和推动者。

跨国公司在华投资地区总部、研发中心超过2000家，2019年中国高技术产业吸收外资增长25.6%，开放成为促进创新、激发创造活力的重要手段。目前，中国已与161个国家和地区建立科技合作关系，签订114个政府间科技合作协定，参与涉及科技的200多个国际组织和多边机制。

中国深入实施“一带一路”科技创新行动计划，累计支持8300多名各国青年科学家来华工作，培训学员18万人次，启动建设33家“一带一路”联合实验室，与8个国家建立官方的科技园区合作关系，建设5个国家级技术转移平台，启动中非科技创新合作中心，在联合国南南合作框架下，建立技术转移南南合作中心，基本形成“一带一路”技术转移网络。

2019 年中国科技进步贡献率达 59.5%。世界知识产权组织发布的全球创新指数显示，中国排名从 2015 年的第 29 位跃升至 2020 年的第 14 位。

（七）更好满足了人民日益增长的美好生活需要

改革开放以来特别是党的十八大以来，以习近平同志为核心的党中央坚持以人民为中心的发展思想，在更好满足人民日益增长的美好生活需要方面取得重大成就。

中国主动扩大进口和向世界开放市场，多次下调进口环节增值税税率，取消部分药品进口关税，对于统筹国际国内两种资源，促进国内供给体系质量提升，满足人民美好生活需要发挥了积极作用。

中国持续强化贸易领域科技创新、制度创新、模式和业态创新，跨境电商综合试验区增加到 105 个，扩大与人民生活密切相关的优质产品进口，鼓励生产性服务进口，有效促进了国内消费升级。2019 年，中国消费品进口增长 14.2%，其中水果、化妆品、水海产品、医药品进口大幅增长，分别达到 39.8%、38.8%、37.6% 和 25.8%。电动载人汽车进口增长 1.2 倍，人用疫苗进口增长近 90%。

三、中国的开放发展为全球经济的繁荣稳定做出重大贡献

全面建成小康社会进程中，中国积极顺应全球化潮流，坚持对外开放基本国策，打开国门搞建设，拥抱世界、学习世界、贡献世界，与世界良好互动、共同发展。作为有 14 亿人口的发展中大国，中国把

自己的事办好，就是对世界的最大贡献，也给各国带来机遇。中国自身发展不仅提升了中国的全球地位，也为世界分享“中国红利”创造更多的发展机遇，提供更多的经验与路径选择。中国始终是全球共同开放的重要推动者、世界经济增长的稳定动力源、各国拓展商机的活力大市场、全球治理改革的积极贡献者。

（一）成为全球经济增长的重要引擎

改革开放以来，中国是全球经济增速最快的国家之一。1979～2018 年，中国经济以年均 9.4% 的速度快速发展。2019 年中国经济同比增长 6.1%，明显高于全球经济增速，在经济总量 1 万亿美元以上的经济体中位居第一。世界银行数据显示，中国自 2006 年起就成为对全球经济增长贡献最高的国家，2006～2019 年的平均贡献率达到 28.84%，高出第二位国家 17.31%。中国是世界经济稳定的压舱石和全球经济增长的重要引擎。

自 2008 年国际金融危机以来，发达国家经济复苏与发展乏力，新兴市场和发展中国家群体性崛起，按购买力平价计算的新兴市场和发展中国家经济总量已于 2014 年超过发达国家。随着以中国为代表的新兴市场和发展中国家在国际舞台上的分量越来越重，全球经济重心加快“自西向东”位移，国际力量对比出现近代以来最具革命性的变化，国际格局和国际体系发生深刻调整，中国在其中发挥了重要作用。

（二）成为全球重要的商品与服务消费市场

中国已经形成拥有 14 亿人口、4 亿多中等收入群体的全球最大最有潜力市场。中国居民消费升级态势明显，中高端消费需求不断释放，服务消费较为活跃，消费对经济贡献越来越大。2019 年中国社会消费品零售总额达411649亿元，首次突破40万亿元，比2012年增长92.0%。全国居民人均服务性消费支出占人均消费支出的比重为45.9%。最终消费支出对经济增长的贡献率为57.8%，比1978年提升19.5个百分点。消费连续6年成为经济增长第一拉动力。中国经济的不断发展，中国人民对美好生活的追求，对来自全球更加多样化高品质的产品、技术、服务产生更多需求。根据管理咨询公司贝恩公司联合意大利奢侈品行业协会推出的《2019全国奢侈品市场监控报告》显示，全球奢侈品规模2019年为9.8万亿元人民币，全球90%的增长都由中国消费者带动。

（三）为全球跨境投资注入新活力

近年来，受全球需求萎缩及各国限制外资政策影响，全球外国直接投资持续低迷（见图11）。联合国贸易和发展会议最新发布，2020年全球外国直接投资急剧减少42%，低于2019年的1.54万亿美元，达到近20年来的最低水平，发展中经济体的外国直接投资降幅最大。截至2019年年末，中国“走出去”企业外籍员工超过220万人，部分项目填补了当地产业空白，促进了当地发展。中国企业积极参与国际竞争与合作，更深更广地开展全球投资活动，帮助许多濒临危机的国外企业免于破产倒闭，保留了大量可能被削减的工作岗位，为全球跨境投资注入新活力，为维护世界经济稳定发展做出贡献。境外经贸合作区建设水平不断提高，产业聚集效应和辐射作用明显增强。

（四）为全球物价稳定做出积极贡献

改革开放以来特别是20世纪90年代以来，中国为世界其他国家源源不断地提供物美价廉的商品，既满足了国际市场需求，又减少了

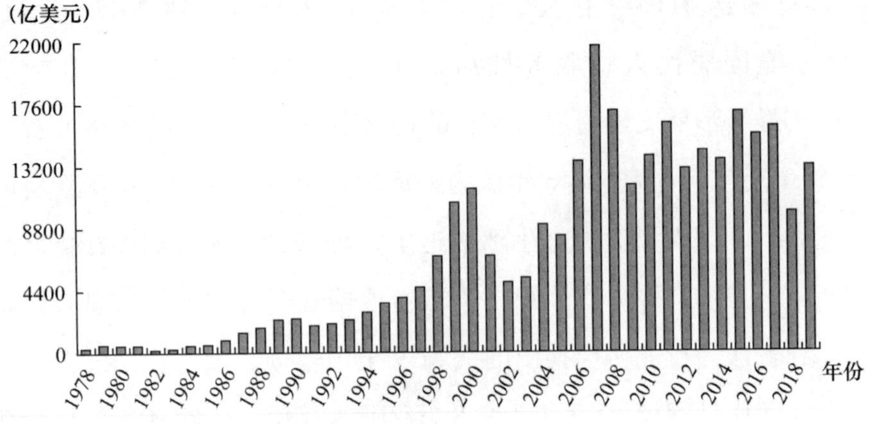

图 11　全球对外投资流量的变化（1978 ~ 2019 年）

资料来源：UNCTAD。

民众支出，降低了通胀压力，是发达国家过去 20 多年“高消费、低通胀”得以持续的重要基础。

（五）促进了全球价值链供应链的深化发展

改革开放以来，中国充分利用人口、资源等禀赋参与国际分工和国际竞争，加速融入全球产业分工体系和贸易体系，通过双向跨境投资与全球产业链供应链紧密联结，促进全球价值链供应链深化。资本双向流动在为中国带来先进技术、经营理念、管理经验和市场机遇的同时，也为世界带去中国的优质产能、装备、技术和服务，推动全球范围内要素有序流动、资源优化配置，促进全球产业链供应链布局更加合理、分工更加高效，推动全球产业形成“你中有我、我中有你、密不可分”的格局。凭借不断增强的国内配套能力、更加完善的产业体系和日益活跃的创新活动，中国推动产业向全球价值链中高端环节攀升。在全球价值链中，中国已经由一个无足轻重的边缘角色发展为与美国和德国并列的三大制造枢纽之一（见图 12）。这是通过融入全球价值链，提高供给侧生产率和国际竞争力的成功范例。

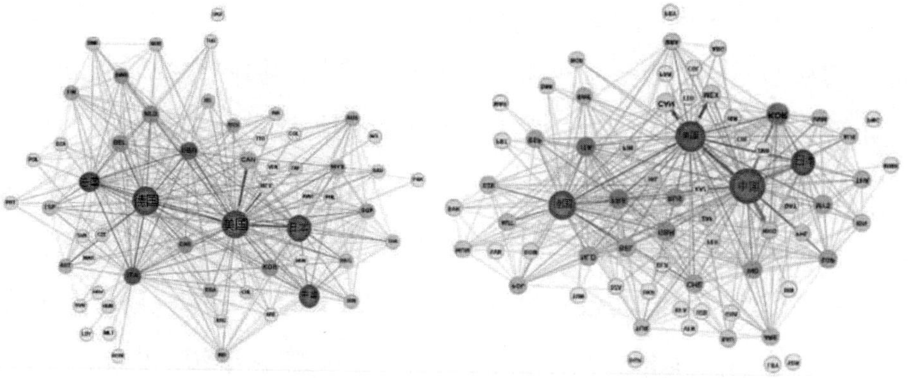

图 12　中间品贸易网络的演化（最小扩散树图法）

资料来源：世界银行集团、国务院发展研究中心：《创新中国：培育中国经济转型中的增长新动能》，中国发展出版社 2019 年版。

（六）推动了全球技术进步与效率提升

中国在提升科技自主创新能力的同时，积极融入全球创新网络，推动科技创新走向世界，使科技创新成果惠及更多国家和人民。改革开放以来，中国在高温超导、纳米材料、古生物考古、生命科学、超级杂交水稻、高性能计算机等关键领域取得重要突破。近年来，又在量子信息、铁基超导、干细胞、合成生物学等方面取得一批重大原创成果，“嫦娥四号”首登月背，北斗导航全球组网，C919 首飞成功，悟空、墨子等系列科学实验卫星成功发射，磁约束核聚变、散裂中子源等设施建设取得突破。高铁、人工智能、移动支付、第五代移动通信网络、金融科技等处于世界领先地位。2019 年中国发明专利授权量居世界首位，国际科学论文被引用数居世界第二位。中国正由“跟跑者”变为“同行者”乃至“领跑者”。

（七）以“一带一路”倡议为核心提供新的公共产品，改善了发展中国家基础设施，拉动了当地产业发展和就业增长

“一带一路”倡议提出以来，已由理念转化为行动，由愿景转化

为现实，由倡议转化为全球广受欢迎的公共产品。政策沟通、设施联通、贸易畅通、资金融通和民心相通扎实推进，国际产能合作和第三方市场合作取得明显成效，重大项目取得积极进展，一批标志性成果逐步形成，参与各国获得实实在在的好处。2013～2019年，中国与沿线国家货物贸易累计超过了7.8万亿美元，直接投资超过1100亿美元，有力促进了互利共赢、共同发展。随着共建“一带一路”不断走深走实，中国已同138个国家和30个国际组织签署200份合作文件，共同开展超过2000个合作项目。根据《2019年度中国对外直接投资统计公报》显示，2019年境外中资企业向东道国缴纳各种税金总额560亿美元，创造就业机会226.6万个，为东道国完善基础设施、加快产业发展、扩大就业机会、改善民生福祉做出贡献。

（八）中国脱贫攻坚为全球减贫事业做出了重要贡献

中国脱贫攻坚为人类消除贫困贡献方案和智慧，中国减贫行动为全球人权治理提供经验与实践，中国减贫合作为构建人类命运共同体注入能量和动力。中国始终把脱贫攻坚摆在治国理政的突出位置，一直是全球减贫与发展事业的倡导者、推动者和践行者。改革开放40多年来，中国7亿多人摆脱贫困，对世界减贫贡献率超过70%。2020年2月25日习近平总书记在全国脱贫攻坚总结表彰大会上宣布，现行标准下9899万农村贫困人口全部脱贫，832个贫困县全部摘帽，12.8万个贫困村全部出列，区域性整体贫困得到解决，完成了消除绝对贫困的艰巨任务。中国提前10年实现联合国2030年可持续发展议程的减贫目标，成为全球首个实现联合国千年发展目标中减贫目标的发展中国家。2018年，第73届联合国大会通过关于消除农村贫困的决议，把中国倡导的“精准扶贫”等理念与实践写入其中。2020年中国发布

《消除绝对贫困——中国的实践》报告，同国际社会全面分享各领域减贫经验和实践。中国在推动自身减贫进程的同时，始终在力所能及范围内向广大发展中国家提供帮助。中国设立中国—联合国和平与发展基金和南南合作援助基金，并在“东亚减贫合作倡议”、中非减贫惠民合作计划框架下扎实推进合作项目。中国在非洲援建 24 个农业技术示范中心，惠及 50 多万名当地民众。中国不断深化共建“一带一路”同 2030 年可持续发展议程对接。中国为加速世界减贫进程贡献力量，为世界减贫事业提供帮助。

（九）维护开放型世界经济并推动全球经济治理变革，促进国际秩序更为公平合理

尽管个别国家逆全球化大势，单边挑起贸易摩擦，实施投资贸易限制政策和行为，阻碍公平贸易，但中国积极参与全球治理体系改革和建设，推动全球治理体系朝着更加公正合理方向发展。中国坚定维护以联合国为核心的全球治理体系，积极支持联合国进行改革，推动联合国在思想理念、机构设置、运行模式等方面更好适应全球治理新要求，更好履行《联合国宪章》赋予的职责，在维护世界和平、促进共同发展中发挥更大作用。中国积极支持世界贸易组织在公平公正基础上进行必要改革，主张世界贸易组织改革要维护世界贸易组织核心价值和基本原则，特别是维护发展中国家的发展利益和政策空间，推动全球贸易自由化和便利化，完善贸易争端解决机制，使全球贸易更加规范、便利、开放，为建设开放包容的世界经济发挥更大作用。中国积极推动国际货币基金组织和世界银行份额与治理改革，切实反映国际格局的变化；积极推动二十国集团国际经济合作主要论坛作用，从危机应对向长效治理机制转型，为促进世界经济增长、完善全球经

济治理做出更大贡献；积极推动亚太经合组织合作取得新进展，使亚太大家庭精神和命运共同体意识深入人心，做开放型世界经济的引领者和推动者；推动金砖国家合作机制行稳致远，在国际平台中发挥更大作用。

四、中国开放发展的主要经验

中国持续创新开放理论，与时俱进调整开放政策，开放制度更加完善，开放实践不断深化，在推动全面建成小康社会与对外开放良性互动方面积累了重要经验。中国始终是全球共同开放的重要推动者、各国拓展商机的活力大市场。未来的中国，将以更加开放包容的姿态拥抱世界，同世界形成更加良性的互动，带来更加进步和繁荣的中国和世界。

（一）坚持扩大开放毫不动摇，开放大门越开越大

以开放促改革、促发展，经济的持续稳定发展是成功减贫的最根本保证。开放是中国基于发展需要作出的战略抉择。中国需要通过扩大开放培育国际合作和竞争新优势；通过扩大开放引进先进要素，提升产业核心竞争力；通过扩大开放增加优质商品进口，满足人民美好生活需要，提升人民群众获得感、幸福感、安全感。中国开放的大门不会关闭，只会越开越大。中国将坚定不移实施对外开放基本国策，实现更大力度、更高水平的对外开放，以更加积极的姿态融入经济全球化进程，实行高水平的贸易和投资自由化便利化政策，与各国构建利益高度融合、彼此相互依存的命运共同体。

（二）与时俱进调整开放政策，促进开放发展持续深化

改革开放以来，中国适应世界经济格局变化并依据自身比较优势变化，与时俱进调整开放重点。

一是推进全方位开放。中国开放布局先后经历了从沿海、沿江，再到内陆的渐进式历程，东部沿海地区率先发展，并带动中西部地区和东北地区不断扩大对外开放。从中西部地区融入“一带一路”，到设立内陆开放型经济试验区、高水平的自贸试验区，中国逐步形成陆海内外联动、东西双向互济的开放格局。

二是推动更宽领域的开放。中国循序渐进扩大开放领域，逐步降低关税水平，减少外资准入限制，提高贸易投资便利化水平。从扩大制造业、服务业、金融业等领域开放，到扩大跨境投资合作，再到拓展资金、人才、科技等领域国际合作，中国加快实施更宽领域开放。

三是推动更深层次的开放。党的十九届四中全会提出，建设更高水平开放型经济新体制，推动规则、规制、管理、标准等制度型开放。围绕制度型开放，中国依据自身国情，借鉴国际经验，完善涉外经贸法律和规则体系，提供高水平制度供给、高质量产品供给、高效率资金供给，营造市场化、法治化、国际化营商环境，推动对外开放向更深层次拓展。

（三）不断加大主动开放力度，赢得经济发展主动

要以对外开放的主动赢得经济发展的主动、赢得国际竞争的主动。主动开放是改革开放以来中国快速发展、融入全球经济的宝贵经验，也是建设更高水平开放型经济新体制的内在要求。中国在 2010 年就已履行完加入 WTO 的降税承诺。近年来又多次自主降税，关税总水平由加入 WTO 时的 15.3% 降至 2018 年 11 月 1 日起的 7.5%。自

2020年7月1日起，中国对176项信息技术产品的最惠国税率实施第五步降税。在世界贸易组织分类的12大类服务部门的160个分部门中，中国承诺开放9大类的100个分部门，目前已不同程度开放到120多个部门，超额完成“入世”承诺。

对标高水平国际经贸规则，积极搭建更高水平的对外开放新平台，探索改革开放新路径、积累新经验。中国已在东西南北中设立21个自贸试验区，赋予自贸试验区更大改革自主权，向全国复制推广260多项制度创新成果。习近平总书记亲自谋划、亲自部署、亲自推动，中央出台《海南自由贸易港建设总体方案》，以贸易投资自由化便利化为重点，加快建设中国特色自由贸易港。推进国家级经济技术开发区开放创新、科技创新、制度创新，提升对外合作水平，提高经济发展质量。出台并全面落实《中华人民共和国外商投资法》及配套法规，大幅缩减外商投资准入负面清单，深化服务贸易创新发展试点等。

（四）勇担大国责任，维护开放型世界经济

尽管近年来经济全球化遭遇倒流逆风，中国坚定不移高举构建人类命运共同体旗帜，坚定不移维护和引领经济全球化，维护和发展开放型世界经济。中国积极扩大进口，以广阔的国内市场为全球经济复苏发展提供有力支撑；中国不断缩减外商投资准入负面清单，持续优化营商环境，让各国企业看到渡过难关的难得机遇；中国稳步推进高质量共建“一带一路”，让新型经济全球化成果惠及更多国家和人民。中国利用本土疫情防控取得的重大战略成果和率先复工复产的契机，致力于发展更高水平的开放型世界经济，加快形成以国内大循环为主体、国内国际双循环相互促进的新发展格局，助力全球经济复苏，为各国发展带来新机遇。

（五）秉持互利共赢原则，促进国际开放合作

中国坚定不移奉行互利共赢的开放战略，既从世界汲取发展动力，也让中国发展更好惠及世界。中国坚持共商共建共享原则，持续深化同沿线国家务实合作，推动共建“一带一路”高质量发展。推进重大项目实施，推进基础设施互联互通，拓展第三方市场合作。加强境外经贸合作区建设，扩大双向贸易和投资，构筑互利共赢的产业链供应链合作体系。中国秉持开放、合作、团结、共赢的信念，坚定不移全面扩大开放，实现内外市场联通、要素资源共享，共同做大全球市场蛋糕，突破增长和发展的瓶颈，在实现自身发展的同时也为各国提供更多市场机遇、投资机遇、增长机遇，让中国市场成为世界的市场、共享的市场、大家的市场，为国际社会注入更多正能量。

（六）注重以人民为中心，提升开放发展的获得感

开放带来进步、封闭导致落后是已经历史实践证实的宝贵经验。中国坚持把满足人民对美好生活的向往作为对外开放的出发点和落脚点，坚持在开放发展中保障和改善民生，着力解决人民群众所需所急所盼。通过推动更高水平对外开放，更好满足消费升级需求、创造更多就业机会、助力脱贫攻坚、促进区域协调发展，给人民群众带来更多获得感和幸福感。美国波士顿咨询公司 2018 年发布的全球民生福祉报告显示，过去 10 年中，中国排名上升 25 位，在受调查的 152 个国家中进步最快。

（七）坚持统筹发展与安全，兼顾开放发展与风险防范

发展是安全的基础，安全是发展的条件。越开放越要重视安全，越要统筹好发展和安全的关系。中国坚持总体国家安全观，坚持独立

自主与扩大开放有机结合，不断健全开放安全保障体系，着力增强风险防控能力和开放监管能力，为发展开放型经济构筑安全防线。增强底线思维和风险意识，坚持管得住才能放得开原则，加强事中事后监管，完善外商投资国家安全审查、反垄断审查等制度。坚持以开放促安全，既要通过开放增强实力，又要提升本领防住风险，在扩大开放中谋求更高层次动态安全。

执笔人：张　琦　刘建颖　吕　刚　赵福军

参考文献

[1] 陈伟宏．伟大抗疫精神彰显中华民族核心价值．社会主义核心价值观研究，2020，6（6）

[2] 国家统计局．波澜壮阔四十载　民族复兴展新篇．中国财政，2018（24）

[3] 姜微，赵超，姜琳，刘红霞，于佳欣，周蕊，王雨萧．海纳百川共扬帆．人民日报，2020-11-04

[4] 李文．习近平外交思想的科学阐释．中国青年报，2019-12-02

[5] 马修文．“十三五”时期辉煌成就盘点．党课参考，2020（21）

[6] 商务部：中国对外贸易形势报告（2020年春季）．商务部网站，2020

[7] 外交部：中国对世界减贫贡献率超过70%．重庆与世界，2020（11）

[8] 王一鸣．领航中国经济巨轮行稳致远——习近平新时代中国特色社会主义经济思想的理论成果和实践意义．人民周刊，2021（8）

[9] 徐麟．新时代的中国与世界．时事报告，2020（1）

[10] 中华人民共和国国务院新闻办公室．中国与世界贸易组织．人民日报，2018-06-29

[11] 钟山．推进更高水平对外开放——深入学习贯彻习近平总书记关于对外开放的重要论述．旗帜，2020（9）

[12] 钟山．我国开放型经济发展取得历史性成就．人民日报，2020-09-29

[13] 钟山．开放的中国与世界共赢．人民日报，2018-07-02

[14] 钟声．拥抱人类命运共同体的光明未来．人民日报，2019-10-07

专题六

全面建成小康社会征程中的民生改善和主要民生诉求

——基于“中国民生调查”数据的分析

在全面建成小康社会的伟大征途中，我国民生工作取得突出成就，2012 年以来人民群众对民生总体满意度维持在高位，并保持向好态势。人民群众对各项民生领域工作的满意度不断提升，尤其是食品安全和环境状况等民生短板得到明显加强。总体来看，城镇居民较农村居民的民生满意度提升幅度更加明显，但不同民生领域存在较大的差异。调查结果表明，城乡居民民生关切点相对集中于收入、医疗、食品安全和环境污染，不同群体的民生关切存在较大差异，如农民工和收入增长较慢的群体更加关切收入水平。下一步需要继续稳步加大投入、聚焦民生关切、围绕重点人群、创新公共服务提供方式，对标开启全面建设社会主义现代化国家新征程目标任务，不断改善民生。

保障和改善民生是全面建成小康社会的重要目标和任务。党的十八大以来，我国坚持以人民为中心的发展思想，坚持“守住底线、突出重点、完善制度、引导舆论”的工作总原则，把“幼有所育、学有所教、劳有所得、病有所医、老有所养、住有所居、弱有所扶”作为民生工作重点，持续加大民生投入，深化民生领域改革，各领域民生工作持续改善，人民群众的民生满意度总体不断提高。国务院发展研究中心“中国民生调查”课题组开展的民生满意度和民生关切点调查结果表明[①]，在全面建成小康社会的征程中，城乡居民生活满意度总体呈现高位向好态势，12 个民生重点领域的满意度均不断普遍上升，食品安全、环境保护等短板得到明显加强。这说明，全面建成小康社会的质量是高的，成色是足的。调查也表明，城乡居民对收入、医疗、教育、养老等领域仍比较关切，这些领域仍是开启全面建设社会主义现代化国家新征程必须补齐的短板。

一、民生工作主要进展

党的十八大以来，我国政府高度重视民生事业建设，坚持以人民为中心的发展思想，把“人民对美好生活的向往”作为奋斗目标，持续加大民生投入，深化民生领域改革，各领域民生工作持续改善。

第一，坚持在经济发展的基础上保障和改善民生。在经济下行压力较大、财政收入增速放缓的宏观背景下，各级政府持续增加对民生领域的财政支出，对教育、社会保障和就业、医疗卫生、环境保护和城乡社区事务的支出逐年增加，民生支出占比逐年提升，基本养老、医疗、低保等保障水平逐步提高。

---

① 国务院发展研究中心“中国民生调查”课题组自 2012 年以来开展 31 个省份民生满意度电话调查，同时连续多年开展每年 8 省份的民生关切点入户调查，编制省域民生指数，并对就业、收入、医疗、教育、住房、环境保护、食品安全、养老保障、政府服务等重点民生领域开展专题研究。

第二，坚持“社会政策要托底”的思路，重点做好弱势群体的民生保障工作。在精准脱贫攻坚战的推进下，2013～2019 年我国农村贫困人口分别减少 1650 万人、1232 万人、1442 万人、1240 万人、1289 万人、1386 万人和 1109 万人，贫困发生率由 2012 年底的 10.2% 降至 2019 年的 0.6%。2021 年 2 月，习近平总书记宣告，我国脱贫攻坚战取得了全面胜利。同时，不断推进养老保险、社会救助制度建设，提升城乡低保标准以及残疾军人、烈属和老复员军人等优抚对象抚恤和生活补助标准，建立重特大疾病医疗救助制度、困难残疾人生活补贴和重度残疾人护理补贴制度，全面建立临时救助制度，建立企业职工基本养老保险基金中央调剂制度，健全和完善社会保障体制机制，基本建立起了世界上最大的社会保障安全网（见表 1）。

表 1　2012～2020 年国家财政在民生领域的支出情况　单位：亿元

年份	国家财政支出	教育支出	社会保障和就业支出	医疗卫生支出	环境保护支出	城乡社区事务支出	涉民生财政支出	
							加总	与总支出比
2012	125952.97	21242.10	12585.52	7245.11	2963.46	9079.12	53115.31	42.17%
2013	140212.10	22001.76	14490.54	8279.90	3435.15	11165.57	59372.92	42.35%
2014	151785.56	23041.70	15968.90	10176.80	3815.60	12959.50	65962.50	43.46%
2015	175877.77	26271.88	19018.69	11953.18	4802.89	15886.36	77933.00	44.31%
2016	187755.21	28072.80	21591.50	13158.80	4734.80	18394.60	85952.50	45.78%
2017	203085.49	30153.18	24611.68	14450.63	5617.33	20585.00	95417.82	46.98%
2018	220904.13	32169.47	27012.09	15623.55	6297.61	22124.13	103226.85	46.73%
2019	238858.37	34796.94	29379.08	16665.34	7390.20	24895.24	113126.80	47.36%
2020	245679.03	36359.94	32568.51	19216.19	6333.40	19945.91	114423.95	46.57%

资料来源：国家统计局国家数据库。

第三，坚持深化民生领域改革。2012 年以来，我国持续推进教育和医疗卫生领域发展和改革，包括启动教育扶贫工程、实施农村义务教育薄弱学校改造计划、加快改善贫困地区义务教育薄弱学校办学条件、深化中小学教师职称制度改革、全面推开县级公立医院综合改革、加快新药审评审批改革、深化医疗医保医药联动改革等一系列改革举措。

总体来看，自党的十八大以来，我国各项民生事业取得突出进展和成效：城镇居民人均可支配收入从 2012 年的 24127 元增至 2020 年的 43834 元，农村居民从 2012 年人均纯收入 8389 元增至 2020 年人均可支配收入 17131 元，2020 年全国居民人均可支配收入达到 32189 元，城乡居民收入比从 2012 年的 2.88 降至 2020 年的 2.56，中国已拥有全球规模最大的中等收入群体，超过 4 亿人；城镇登记失业率稳定在 4.1% 以下，2016～2019 年分别实现城镇新增就业 1314 万人、1351 万人、1361 万人和 1352 万人，调查失业率基本稳定在 5.3% 以下；污染防治得到加强，生态文明建设成效显著，重点城市重污染天数减少一半以上；营养改善计划受益学生达 4060.82 万人，同时不断增加重点高校专项招收农村和贫困地区学生人数；大病保险制度、异地就医住院费用直接结算、分级诊疗和医联体建设等保障了居民医疗需求；文化事业和文化产业持续健康发展。

二、城乡居民民生满意度总体普遍上升

为科学测度民生政策实施效果，国务院发展研究中心自 2011 年起就连续开展“中国民生满意度”电话调查。调查采用计算机辅助电话调查（CATI）方式，范围覆盖全国 31 个省（自治区、直辖市），调查对象为 18～74 周岁的城乡居民，内容包括生活满意度以及对就业状况、交通状况、社会治安、住房状况、食品安全、居住地政府服务、居住地教育状况、医疗服务、生态环境、社会保障、公共服务和司法

公正 12 个民生领域的态度看法，生活满意度和对各民生领域工作的满意度评价包括“非常满意”“比较满意”“一般”“比较不满”“非常不满”5 个选项。2014 ~ 2020 年调研分别获得有效样本 50994 个、51017 个、51092 个、51969 个、51606 个、51609 个和 51896 个。

（一）城乡居民生活满意度总体呈现高位向好态势

生活满意度包括对当前生活状况、对当前生活状况改善和对未来生活改善信心的满意度。从 2012 年到 2020 年的调查结果看（见表 2 和图 1），受访者对当前生活状况、对当前生活状况改善和对未来生活改善信心的总体满意率均维持在高水平，总体呈上升趋势。受访者对未来生活改善的信心常年位列三项之首，表现出居民对美好生活向好发展的希冀。受访者生活满意度虽然略有波动，但是整体上在近年维持了增长势头，意味着在全面建成小康社会的发展进程中，民生工作取得了成效，居民感受到了幸福感、获得感和满足感。

表 2　2012 ~ 2020 年受访者生活满意度　　单位：%

年份	对当前生活状况的总体满意率	对当前生活状况改善的总体满意率	对未来生活改善信心的总体满意率
2012	87.7	89.3	90.6
2013	89.5	90.3	90.4
2014	89.8	86.8	90.7
2015	89.6	84.8	89.7
2016	88.9	82.8	90.1
2017	87.7	88.2	90.0
2018	86.5	86.4	89.8
2019	90.8	87.8	92.3
2020	90.9	73.9	92.7

资料来源：中国民生调查数据（2011 ~ 2021 年）。

注：总体满意率包括“非常满意”“比较满意”和“一般”的选择比例。

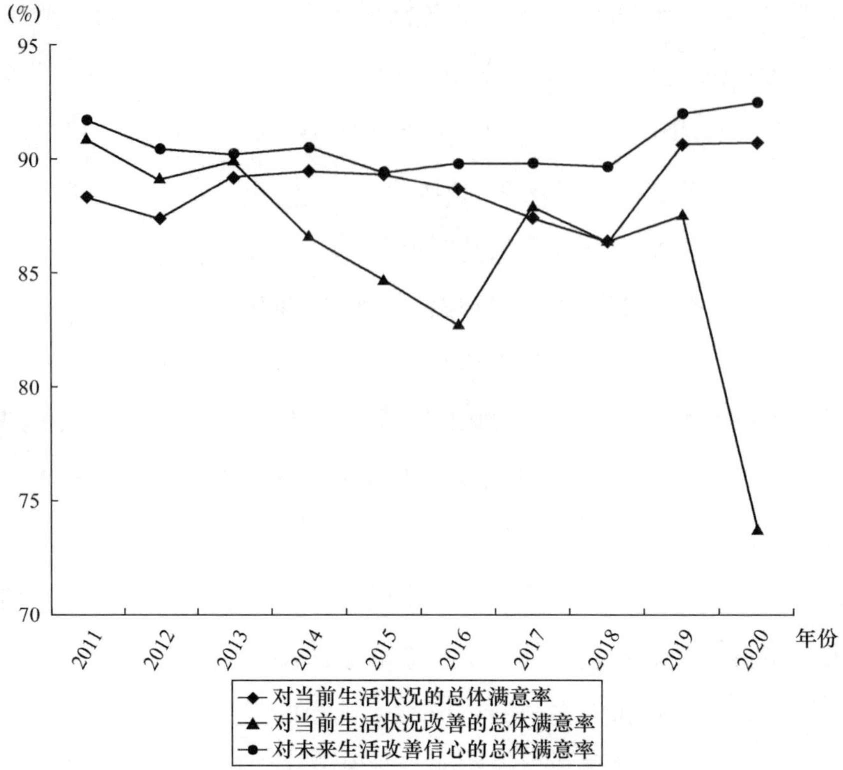

图1　2010~2020 年受访者生活满意度变动

资料来源：中国民生调查数据（2011~2021 年）。

（二）城镇居民生活满意度相对更高、上升更快

调查结果表明，2014 年以来，城镇居民对当前生活、对当前生活状况改善以及未来生活改善信心状况的总体满意率均高于农村居民（见表 3）。除因 2020 年新冠肺炎疫情影响导致城乡居民对生活改善情况的满意度出现明显下降外，我国城镇化的快速发展保证了城镇各领域民生工作的明显改善，城镇居民生活满意程度提升明显。与此同时，也应当关注农村作为全面建成小康社会的短板，农村居民对生活满意度的提升程度低于城镇居民，且城乡间生活满意度差距波动扩大。

表 3　2014～2020 年城乡居民生活满意度对比　单位:%

年　份		2014	2015	2016	2017	2018	2019	2020	增幅
城镇	对当前生活状况的总体满意率	90.7	90.5	89.6	88.9	87.5	91.8	91.8	1.1
	对当前生活状况改善的总体满意率	86.4	85.3	84.4	89.7	87.1	88.2	74.3	-12.1
	对未来生活改善信心的总体满意率	90.9	90.2	90.8	91.8	90.1	93.1	93.2	2.3
农村	对当前生活状况的总体满意率	88.5	88.1	88.0	86.5	84.6	88.9	89.4	0.9
	对当前生活状况改善的总体满意率	87.4	84.0	80.3	87.0	85.1	87.2	73.1	-14.3
	对未来生活改善信心的总体满意率	90.5	89.0	90.2	90.3	88.9	91.3	92.0	1.5

资料来源：中国民生调查数据（2011～2021 年）。

注：总体满意率包括“非常满意”“比较满意”和“一般”的选择比例。

（三）12 个民生重点领域的满意度普遍上升，食品安全、环境保护等短板得到明显加强

调查结果表明，社会治安等 12 个主要民生领域总体满意率总体上均得到提升（见表 4），表明各领域的民生工作成效均是显著的。纵向对比看，过去 6 年间，受访者对 12 个主要民生领域的总体满意率上升明显，其中尤以居住地食品安全状况、就业状况、交通状况和环境状况上升幅度最高，总体满意率增加均超过 10%：食品安全状况的总体满意率逐年上升，从连续多年的 12 个民生领域满意度排名最低提高至第 6 位，反映了食品安全工作和民众对该领域工作认同感的向好局面；民众对就业状况的总体满意率不断改善，排名从 2014 年和 2015 年的第 9 位、第 10 位上升至 2019 年的第 3 位，反映了就业工作的成效；交通状况的总体满意率稳步上升，反映了交通基础设施的建设、

升级和完善，保障了居民出行的便利；民众对环境状况的总体满意率大幅上升，反映了各地近年加大对环境污染的整治力度取得明显成效。

表 4　　2014 ~ 2020 年主要民生领域总体满意率变化情况　　单位:%

年　份	2014	2015	2016	2017	2018	2019	2020	增幅
食品安全状况	69.3	72.0	79.7	82.3	82.5	88.5	91.8	22.5
就业状况	79.3	80.6	86.7	86.1	85.2	91.5	91.9	12.6
交通状况	78.7	81.3	81.0	83.0	83.0	87.7	90.5	11.8
环境状况	81.2	80.7	84.7	87.0	88.0	90.5	91.9	10.7
司法机关公正执法	82.7	84.0	87.2	84.5	85.8	91.0	92.3	9.6
住房状况	81.8	85.4	88.1	85.7	85.4	89.3	90.4	8.6
医疗服务	78.9	78.4	80.1	78.8	77.9	83.5	86.8	7.9
社区公共服务	83.5	81.8	86.7	88.2	87.3	89.2	90.9	7.4
社会治安环境	90.2	90.7	93.0	93.1	93.9	96.4	97.3	7.1
政府部门服务	85.4	83.1	86.5	84.2	84.1	90.1	91.9	6.5
社会保障状况	84.1	83.0	85.3	83.9	84.3	88.5	90.3	6.2
教育状况	83.6	83.7	83.5	81.9	80.5	86.1	88.4	4.8

资料来源：中国民生调查数据（2011 ~ 2021 年）。

注：总体满意率包括“非常满意”“比较满意”和“一般”的选择比例。

（四）城乡居民对各领域民生总体满意率存在差异

如表 5 所示，城乡居民对 12 个民生领域的总体满意率存在一定差异。总体来看，虽然经过多年民生事业发展，城乡居民对各民生领域的总体满意率均得到提升，但城镇居民对各项民生工作的总体满意率较农村居民更高，其中对就业和政府部门服务的总体满意率在城乡间有更为明显的差距。且从 2020 年较 2014 年各民生领域的总体满意率变化幅度来看，城镇居民满意水平的提升幅度更为明显。

表5 城乡居民对各民生领域的总体满意率变化情况

单位:%

	2014年		2015年		2016年		2017年		2018年		2019年		2020年	
	城镇	农村	城镇	农村	城镇	农村	城镇	农村	城镇	农村	城镇	农村	城镇	农村
食品安全状况	65.5	75.6	69.5	77.0	78.0	82.4	81.0	84.3	81.6	84.2	88.6	88.4	92.0	91.3
医疗服务	77.8	80.6	77.8	79.2	79.5	81.3	79.2	78.0	78.1	77.6	84.3	82.4	87.9	85.0
交通状况	78.0	79.5	81.5	81.0	80.5	82.0	82.8	83.0	82.9	82.7	88.2	86.7	91.3	89.3
教育状况	84.0	82.8	84.3	82.8	83.5	83.4	82.2	81.9	80.5	80.8	86.6	85.3	88.8	87.9
社区公共服务	83.3	83.6	82.3	80.9	86.6	86.6	88.7	87.0	87.6	86.7	89.9	88.0	91.2	90.4
司法机关公正执法	82.9	82.3	84.5	83.2	87.4	86.7	85.5	83.0	86.2	85.4	91.7	89.8	92.5	92.0
社会治安环境	90.5	89.6	91.2	89.5	93.5	92.2	93.8	91.7	94.7	92.4	96.9	95.2	97.7	96.6
环境状况	81.7	80.2	81.1	80.0	85.3	83.6	88.0	85.9	88.9	86.2	91.4	88.9	92.7	90.6
住房状况	81.6	82.3	85.7	84.8	88.5	87.7	86.8	83.7	86.6	83.2	90.6	87.1	91.4	88.7
社会保障状况	84.0	84.1	84.0	81.4	85.4	85.2	84.9	82.0	85.4	82.6	89.8	86.1	91.8	87.9
政府部门服务	87.1	82.5	85.0	79.3	88.5	83.0	86.6	80.2	86.4	80.2	92.0	86.7	93.5	89.3
就业状况	80.0	78.4	83.0	76.5	88.9	82.1	88.3	82.2	87.7	80.3	93.7	87.6	93.9	88.5

资料来源：中国民生调查数据（2011～2021年）。

三、城乡居民民生关切点主要是收入、医疗、养老和子女教育

“中国民生调查”连续多年以入户方式每年赴8～9省份[①]就城乡居民家庭生活和生活环境中最关心和最感到焦虑的方面进行调查。入户调查抽样采用多阶段分层设计、PPS系统抽样技术。第一，将调查省份各区县划分为贫困县和非贫困县，保证每个省份抽选一个贫困县，其他区县在综合考虑区县GDP、平均受教育程度、流动人口比例、城市人口比例等9个社会经济发展指标的基础上，按照社会经济综合指数得分因子的高低排序进行选取。第二，在获得调查区（县）居（村）委会基本社会经济信息后，按照相似的方法，采用与各居（村）委会人口规模成比例的系统PPS抽样方式，各自独立抽取2个居（村）委会。第三，在每个居（村）委会内，按某个特定规则（如门牌号或户主名单等）对家庭户进行排序，采取等概率系统抽样抽出50户家庭作为最终调查单元，并且为保证调查入户的可行性，按同样的方法抽取一套备用调查户。入户后，为了保证对家庭信息掌握的准确性，请家庭的户主或家里最熟悉情况的人来配合完成调查。

---

① 各年入户省份和获得的有效样本量如下：2014年调查上海、安徽、浙江、广东、黑龙江、陕西、四川、河北8省（市）9768户；2015年调查上海、安徽、浙江、广东、黑龙江、陕西、四川、河北8省（市）12714户；2016年调查安徽、浙江、广东、河北、黑龙江、陕西、四川、江苏8省9744户；2017年调查黑龙江、安徽、江苏、陕西、四川、河北、浙江、福建8省9896户；2018年调查河北、黑龙江、江苏、浙江、安徽、福建、广西、陕西8省（区）10134户；2019年调查河北、黑龙江、江苏、浙江、安徽、福建、广西、陕西8省（区）10026户；2020年调查云南、安徽、广西、江苏、河北、浙江、甘肃、福建、陕西9省（区）11314户。

（一）城乡居民最主要的民生关切点

总体来看，收入、医疗、养老、子女教育是城乡居民最为关切的民生领域。民生关切点入户调查将关切领域区分为家庭生活因素和生活环境因素，调查结果表明，城乡居民最不满意家庭生活因素长期以来是收入水平和医疗，对养老的关切逐步增强。2014～2020 年选择收入水平作为最不满意三项内容之一的总体选择加权比例分别为 33.80%、43.01%、28.13%、29.2%、31.16%、20.32%和21.80%，选择医疗作为最不满意三项内容之一的总体选择加权比例分别为 28.36%、17.56%、14.09%、12.2%、38.51%、21.68%和 19.95%（见表6）。

表 6　2014～2020 年城乡居民最不满意家庭生活因素排序变化

年　份	2014	2015	2016	2017	2018	2019	2020
第一位	收入	收入	收入	收入	医疗	医疗	收入
第二位	医疗	医疗	医疗	医疗	收入	收入	医疗
第三位	住房	住房	住房	养老	教育	养老	教育
第四位	教育	就业	教育	住房	养老	教育	养老
第五位	就业	教育	养老	教育	住房	食品安全	就业
第六位	养老	养老	就业	就业	就业	住房	住房

资料来源：中国民生调查数据（2011～2021 年）。

城乡居民最不满意生活环境因素，主要是食品安全和环境污染。虽然民众对食品安全和环境污染的总体满意率上升明显，但环境污染、食品安全等问题依然是民众担忧的重点问题。从 2014～2018 年，居民将食品安全作为最不满意三项内容之一的总体选择加权比例分别为 21.70%、19.09%、26.46%、25.83%和 35.85%，将环境污染和生态破坏作为最不满意三项内容之一的总体选择加权比例分别为 12.70%、24.19%、31.59%、24.95%和21.24%（见表7）。

表 7　　城乡居民最不满意生活环境因素排序变化

年　份	2014	2015	2016	2017	2018	2019
第一位	食品安全	环境污染	环境污染	食品安全	食品安全	交通出行
第二位	生活环境	食品安全	食品安全	环境污染	环境污染	社会治安
第三位	贫富差距	贫富差距	交通出行	交通出行	交通出行	政府服务
第四位	社会治安	交通出行	政府办事效率	社区服务	社会治安	文体生活
第五位	群众利益	生活配套	社会治安	政府服务	社区服务	社区服务
第六位	交通出行	社会治安	社区服务	社会治安	政府服务	绿化
第七位	物价水平	政府服务	文体生活	文体生活	司法公正	司法公正

资料来源：中国民生调查数据（2011～2021 年）。

（二）受访者关于各领域的主要民生诉求

从家庭支出压力来看，城乡居民的家庭压力主要源于医疗和教育等。汇总分析“感觉家庭支出压力最大的一项”结果发现，医疗是近年家庭支出压力最大的一项，其次为子女教育/培养、食品支出和住房。最主要支出压力在年度间存在一定变化，比如子女教育/培养在 2013 年和 2019 年是受访居民感受到的最大支出压力来源，但是医疗在 2014～2018 年都是受访者最大支出压力的来源，2020 年受新冠肺炎疫情等因素影响，食品支出成为家庭支出压力最大来源。如何让城乡居民真正看得起病、上得起学、住得起房是民生工作切实需要关注的焦点问题。

从教育看，城乡居民对不同学段教育的关切各有侧重。入园贵和入园难是受访者对学前教育最关切的教育问题；义务教育阶段，城乡居民的关切集中在课业负担重（加权比例 12.2%）、学校之间办学条件差距大（加权比例 11.0%）、教学质量不够好（加权比例 8.9%）；职业教育和高等教育阶段，主要是毕业后就业问题（加权比例分别为 15.4% 和 19.1%），此外职业教育中学校风气问题（加权比例

11.5%)、实践实训不足(加权比例11.1%),高等教育学费贵(加权比例9.4%)、校园安全存在隐患(加权比例8.5%)也是受访者关切的主要方面。

从医疗服务看,主要诉求集中在看病太贵、大医院看病难和医保报销比例低等问题,其中尤以看病贵问题最为突出,2016~2018年选择这一选项的受访者比例分别达到42.65%、41.34%和44.68%,反映了民众对医疗资源特别是优质医疗资源短缺和分配不均等问题的关注。

从养老看,城乡居民最关心的是经济和健康保障。2019年受访者中有49.59%担忧养老的钱不够,2020年调研中有61.34%受访者对将来自己没有足够的钱养老表示"非常担心""比较担心"和"有点担心"。养老经济保障特别是养老金的保障能力成为制约民众养老信心的重要方面。除经济保障外,2019年也有23.64%和14.91%的受访者担心身体不好和生活上没人照顾,2020年调研中48.36%的受访者对自己年老时没有人进行生活照顾表示"非常担心""比较担心"和"有点担心",反映了民众对养老服务的需求。从2020年调查结果看,根据选择比例排序,当前养老服务亟须完善上门为老年人提供打针、问诊、康复护理等医疗服务(选择比例为38.56%),做好居家老年人的日常健康监测和紧急救助(选择比例为30.04%),多办一些适合老年人参加的文化娱乐活动(选择比例为29.37%)等。

从住房看,受访者集中关注住房面积小、房价高、住房质量不高等问题。2016年、2017年、2018年和2020年分别有13.34%、14.07%、15.55%和16.86%的受访者表示住房面积太小,希望扩大住房面积;同时,2016~2018年分别有11.83%、17.89%和17.15%的受访者表示房价太高、住房支出压力大,希望降低房价和房租。另外,因年代久远等产生的住房质量问题，包括改造污水排放设施、加装电梯和改造安全用电设施也是受访者比较集中的住房关切。分城乡来看，城镇居民对居住条件的不满集中在房屋面积小、设施老化、房屋质量不好和不安全、缺少公共活动空间，农村居民对居住条件改善的诉求集中在设施老化、房屋质量不好和不安全、房屋面积小、交通出行不方便。

从生态环境看，关切点集中在周边水体问题。根据2020年调查结果，受访者对空气质量、生活饮用水质量、居住地周围水体质量、生活垃圾处理情况的满意程度略有差异，总体满意率分别为94.53%、93.13%、71.70%和93.53%，其中总体满意率表示选择“非常满意”“比较满意”和“一般”三个选项的受访者占比。

从食品安全看，主要关切点在添加剂和药物重金属残留问题。2017~2020年民众选择最担心的食品安全问题集中在食品添加和残留两方面，特别是2019年和2020年民众对食品安全的关切点集中于农药兽药、抗生素、重金属等高残留问题，非法添加的非食用物质及合法食品添加剂问题。

从政府服务看，受访者在回答“在办事过程中，你遇到的问题和最不满意的是什么”时，更多人感觉政府服务存在程序复杂、部门间相互推诿及来回跑开具烦琐证明等问题，这些方面直接反映了民众对政府服务低效率的关切。

（三）城镇居民和农村居民民生关切点的差异

城乡居民的民生关切点存在一定差异，其中家庭生活因素的差异不是很大，而对生活环境的关切点差异较大。城乡居民对家庭生活最为担忧方面主要都在收入水平和医疗两大方面，另外养老和子女教育压力占比在逐渐上升；城乡接合部居民长期将收入水平视作家庭生活因素的首要关切点，将医疗作为次要关切点。

城乡居民对生活环境因素的关切点存在明显差异。城镇居民长期将食品安全作为生活环境因素的首要关切，而城乡接合部居民和农村居民更多将环境视作首要关切。

四、生活不满意群体的主要特征及民生诉求

总结各年对全国31个省份5万余居民所做民生满意度电话调查结果可以发现，每年总有10%左右的受访者对当前生活状况、当前生活状况改善和未来生活改善信心表示不太满意或很不满意。具体而言：如图2至图4所示，2011~2020年，对当前生活状况表示不满意的群体占比分别为11.3%、12.3%、10.1%、9.7%、10.3%、11.0%、12.0%、13.4%、9.3%和9.2%；对当前生活状况改善表示不满意的群体占比分别为8.8%、10.7%、9.2%、12.8%、15.3%、17.0%、11.2%、13.5%、12.2%和26.2%；对未来生活改善信心表示不足的群体占比分别为8.0%、9.5%、8.5%、9.2%、10.2%、9.3%、8.6%、10.2%、7.6%和7.3%。

（一）生活不满意群体的基本特征

2014~2020年连续7年共360183受访人次中有约10.91%、15.70%和9.69%对生活总体状况、生活改善状况和未来信心表示不太满意或不满意。我们从城乡、年龄、受教育水平、户口状况、就业状况和收入特征等多个维度进行了分析。总体来说，农村居民、农民

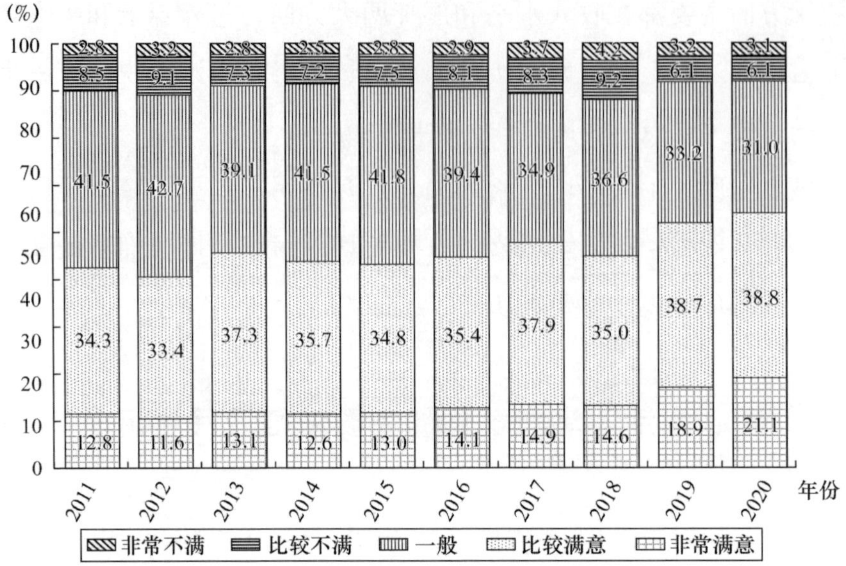

图 2　2011～2020 年居民对当前生活状况的满意度

资料来源：中国民生调查数据（2011～2021 年）。

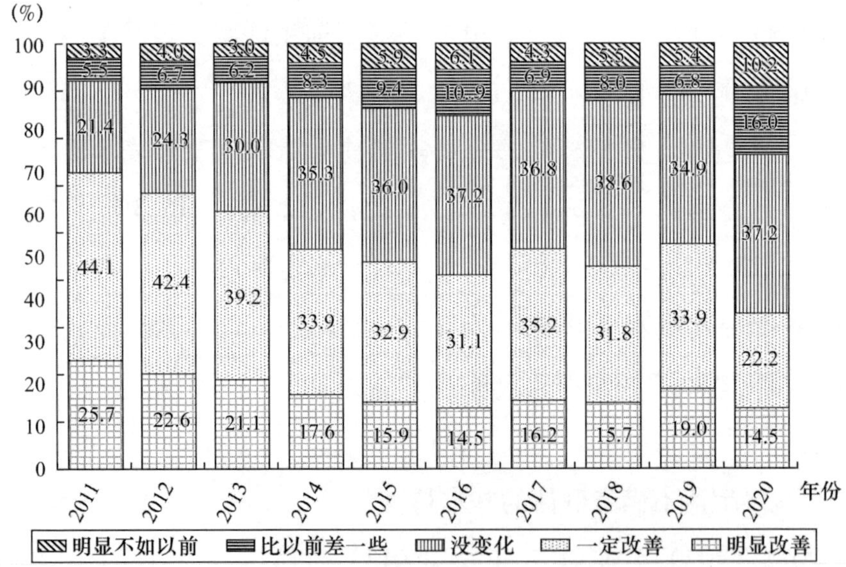

图 3　2011～2020 年居民对当前生活改善状况的满意度

资料来源：中国民生调查数据（2011～2021 年）。

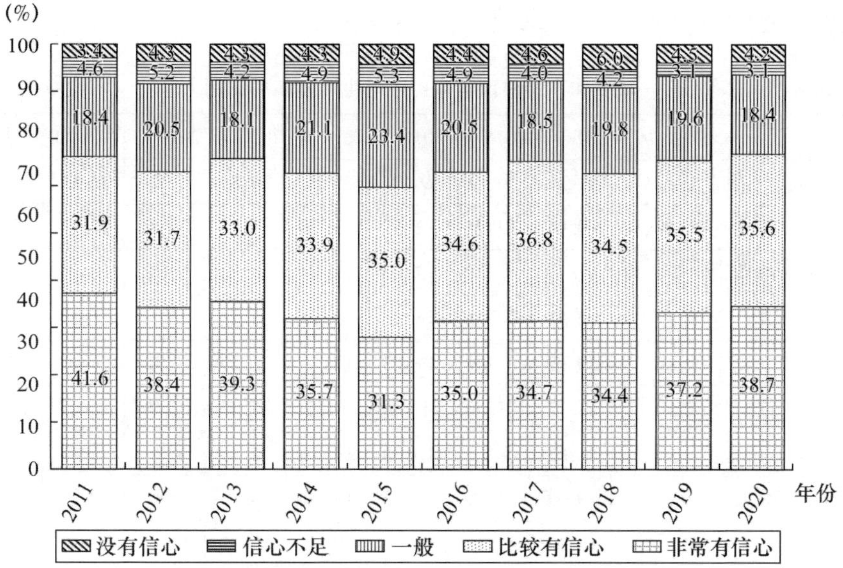

图4　2011～2020年居民对未来生活信心的评价

资料来源：中国民生调查数据（2011～2021年）。

工、低收入群体、无工作群体、较低受教育程度和中青年群体对当前生活表示不满的比例更高。

农村居民、流动人口和农民工对生活不满比例明显更高。结合户口登记地和城乡户籍来看，农业户籍和非居住地户口的受访者对当前生活不满意的比例更高。分城乡居民来看，农村居民对生活现状、生活改善情况不满意和对未来生活改善缺乏信心的比例分别为12.11%、16.5%和9.52%，均高于城镇居民9.88%、14.86%和8.52%的不满比例。以户口登记地是否为居住地本地判断流动人口与否，可以发现流动人口对生活现状、生活改善情况不满意和对未来生活改善缺乏信心的比例分别为12.56%、17.95%和9.19%；以目前从事非农工作、居住在城市、户口为非居住地农业户籍区分农民工来看，农民工对生活现状、生活改善情况不满意和对未来生活改善缺乏信心的比例分别为13.35%、19.41%和8.63%，较其他群体对目前生活和生活改善情况更不满意，但对未来更具信心（见表8）。

表8　　　城乡和不同户口群体对当前生活不满的比例　　　单位：%

	2014年	2015年	2016年	2017年	2018年	2019年	2020年	总体
本市县非农业户口	8.56	8.49	9.25	9.75	10.88	7.30	6.98	8.76
本市县农业户口	10.66	12.26	12.32	13.58	15.08	10.89	10.44	12.17
省内非本市县非农业户口	11.13	11.42	12.03	12.64	14.73	7.79	7.68	11.08
省内非本市县农业户口	12.75	14.46	15.23	15.15	16.54	12.11	11.54	13.90
外省非农业户口	10.39	9.78	11.23	12.47	15.57	7.32	9.89	10.98
外省农业户口	11.77	11.77	13.1	14.2	16.55	12.96	13.07	13.45
城镇居民	9.12	9.43	10.38	11.13	12.49	8.26	8.23	9.88
农村居民	10.81	11.92	11.93	13.41	15.25	11.08	10.60	12.11
流动人口	11.61	11.99	13.21	13.61	15.98	10.49	10.87	12.56
农民工	11.42	12.74	14.28	14.05	15.79	12.25	12.45	13.35

资料来源：中国民生调查数据（2011～2021年）。

对生活不满群体中农村和流动人口的比例也更高。较样本总体而言，对当前生活不满意群体中有更高比例的农村居民、流动人口和农民工，流动人口中具有农业户籍的农村转移人口在对当前生活不满意人群中的比例也更高。其中，2014～2020年对当前生活不满群体中农村居民比重较样本总体中农村居民比重分别高出4.13%、5.53%、3.26%、4.45%、4.71%、6.97%和6.07%，对当前生活不满群体中流动人口比重较样本总体中流动人口比重分别高出2.53%、2.25%、3.11%、2.53%、3.40%、2.48%和3.49%，对当前生活不满群体中农民工比重较样本总体中农民工比重分别高出0.80%、1.18%、1.70%、1.27%、1.13%、2.27%和2.48%，对生活不满群体中非居住地户口和农业户籍群体占比也较在总体中的占比更高，这种居住地和户籍结构的差异反映出包括农村居民、农民工在内的农村转移人口对当前生活更为不满，是提升民生满意度所需要重点关注的群体。

无工作和较低收入群体不满程度更高。从目前受访者工作和收入情况来看，目前没有工作的受访者对当前生活、生活改善情况不满意和对未来信心不足的比例更高，分别为 12.27%、15.57% 和 10.75%，而有工作群体中不满意比例分别为 10.08%、15.42% 和 8.15%。以年收入是否大于 10 万元区分较高收入和较低收入人群来看，较低收入人群对当前生活、生活改善情况不满意和对未来信心不足的比例分别为 13.02%、15.86% 和 10.86%，较高收入群体则为 6.76%、10.32% 和 6.19%，其中较高收入群体占样本的比重约 23.54%（见表 9）。

表 9　按工作和收入分群体对当前生活不满的比例　单位：%

	2014 年	2015 年	2016 年	2017 年	2018 年	2019 年	2020 年	总体
有工作群体	8.94	9.93	10.56	11.47	12.93	8.58	8.19	10.08
无工作群体	11.57	11.24	12.19	13.06	14.76	11.31	11.64	12.27
年收入大于 10 万元群体	5.29	6.01	6.72	6.32	8.12			6.76
年收入小于 10 万元群体	10.69	11.38	12.62	14.98	16.78			13.02

资料来源：中国民生调查数据（2011～2021 年）。

当前无工作群体对当前生活不满意的比例高于有工作群体对当前生活不满意的比例，2014 年至 2020 年分别高出 2.63 个、1.31 个、1.63 个、1.59 个、1.83 个、2.73 个和 3.45 个百分点。按年收入是否大于 10 万元区分较高收入和较低收入人群来看，较低收入群体对当前生活不满意的比例也明显高于较高收入群体的比例，2014 年至 2018 年分别高出 5.4 个、5.37 个、5.90 个、8.66 个和 8.66 个百分点。这反映出受访者对当前生活的满意度收到年收入水平的影响，收入水平高，对当前生活的满意度也会相对更高。

中青年和较低受教育水平群体不满程度更高。区分受访者年龄和受教育程度，从多年调研情况来看，总体呈现出 25～54 周岁中青年群体对当前生活不满意比例更高的特征；且除研究生学历外，随着受教育水平的提升，对生活不满意的比例有逐渐下降的趋势（见表10、表11）。

表10　　不同年龄段群体对当前生活不满的比例　　单位：%

年龄段	2014年	2015年	2016年	2017年	2018年	2019年	2020年	总体
18~19周岁	9.06	7.95	8.09	6.52	7.20	5.38	4.22	6.71
20~24周岁	9.53	9.82	10.76	11.20	11.48	8.28	7.64	9.83
25~29周岁	10.67	11.23	12.41	12.87	14.02	9.74	9.68	11.60
30~34周岁	10.93	11.70	12.70	12.87	15.32	10.08	9.89	11.94
35~39周岁	10.27	11.98	12.14	11.62	15.02	9.23	9.72	11.41
40~44周岁	10.88	12.35	11.67	13.01	14.90	10.17	10.09	11.86
45~49周岁	10.67	11.01	12.03	15.24	15.49	10.55	10.24	12.14
50~54周岁	9.97	10.87	9.81	13.85	14.22	10.71	10.16	11.34
55~59周岁	10.16	9.72	8.96	10.80	11.37	8.51	8.14	9.55
60~64周岁	8.03	7.38	8.75	8.54	9.66	8.43	7.36	8.26
65~69周岁	5.27	5.71	6.70	7.76	9.80	6.80	7.42	6.84
70~74周岁	3.54	4.63	3.79	6.28	6.45	5.86	6.97	5.06

资料来源：中国民生调查数据（2011~2021年）。

表11　　不同受教育水平群体对当前生活不满的比例　　单位：%

受教育水平	2014年	2015年	2016年	2017年	2018年	2019年	2020年	总体
不识字或识字很少	12.80	13.82	15.25	19.41	17.53	18.68	16.34	15.94
小学	11.39	12.76	13.74	15.19	17.88	14.38	13.82	14.13
初中	10.91	12.11	12.61	13.94	16.09	12.35	12.06	12.80
高中、中专或技校	10.49	10.99	12.36	12.51	14.05	9.27	9.49	11.32
大学专科	7.82	9.12	9.65	10.58	11.99	7.47	7.60	9.18
大学本科	7.09	7.10	7.79	8.05	9.83	5.56	5.23	7.22
硕士或博士研究生	8.17	7.63	8.76	7.05	9.53	7.09	5.50	7.64

资料来源：中国民生调查数据（2011~2021年）。

筛选样本中对当前生活状况表示“非常不满意”和“很不满意”的群体后也可以发现，中青年群体占生活不满群体的比例更高；大专以下学历所占比例更高。同受访者总体相比，对当前生活表示不满意群体的年龄结构差异。总体来看，对当前生活表示不满意的受访者中 25～54 周岁的比例大于受访者总体中 25～54 周岁受访者的比例，意味着这一年龄段的受访者对于当前生活状况的不满程度更高，进一步凸显中青年群体对当期生活不满程度明显。总体上对当前生活表示不满意的受访者中受教育水平在大学专科以下的比例大于受访者总体中受教育水平为大学专科以下的比例，意味着受教育水平低于大学专科的受访者对于当前生活状况的不满程度更高，大学专科以下学历群体为对当前生活表示不满的重点群体。

（二）生活不满意群体对各项民生工作的满意度

通过分析不同特征群体对当前生活的满意度，以及对当前生活不满群体的特征进行分析，可以发现：对当前生活不满群体集中在农村居民和农村转移人口、低收入群体、较低受教育水平群体、中青年群体和无工作人群。综合以上特征，分析发现低收入、低受教育水平、中青年无工作群体中对当前生活不满的比例更高，意味着低人力资本和低收入无业中青年对生活的满意度更低。

比较不同户籍和户口登记情况群体的差异（见图 5），发现城镇本地非农户口的低人力资本、低收入无业中青年群体的生活不满比例相对更高，其次为流动人口和农村居民。

从上文对比分析可以发现，对生活不满群体主要为低收入、低学历、无工作的中青年群体。为进一步分析对当前生活不满意群体的民生诉求，不妨比较该群体对各项民生工作的评价，以及同样本总体评价之间的区别，帮助发现对生活现状不满群体的民生诉求点。总体上说，社会保障、就业、住房是生活不满群体的关注重点，且对当前生

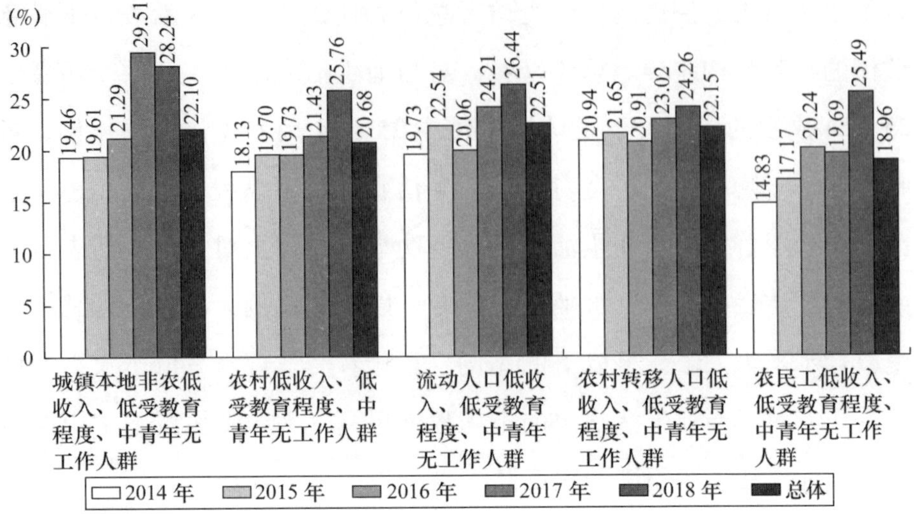

图 5　几类群体中对当前生活不满意的比例

资料来源：中国民生调查数据（2011 ~2021 年）。

活表示不满群体在生活改善情况和未来信心方面也表现得更为消极。

具体从 12 项民生领域总体满意率来看，对当前生活不满群体最关注也就是总体满意率最低的民生领域为就业、社会保障、司法机关公正执法、医疗服务方面；从与样本总体比较来看，对当前生活不满群体对社会保障和就业的关注排名明显更高，对食品安全和教育的关注排名更低。社会保障、就业和住房状况是对当前生活不满群体同样本总体在总体满意率方面差距最大的领域，且保持多年的基本稳定。这反映出对当前生活不满群体在社会保障、就业和住房方面的突出诉求。

（三）生活不满意群体的民生关切与诉求

为提升人民群众的满足感和获得感，需重点关注对生活不满群体的民生关切点，针对其不满领域精准发力，切实提升群众生活满足度。依据 2020 年在 9 个省级行政区进行的民生关切点入户调查所获得的 11314 户家庭数据，结合前文分析生活不满群体集中体现出的家庭年收入低于5万元、受教育水平低于大学专科、目前无工作、实际年龄大于等于25周岁且小于等于54周岁等特征，筛选出入户调查样本符合这些特征的个体进行具体分析，发现其民生关切点和对各民生领域内的重点关切。

1. 教育、收入、就业和医疗为主要关切点

在分析过程中，根据随机抽样的抽样权重，分析样本所代表的人口总体情况。如表12所示，同整体比较，低收入低学历无工作中青年重点群体在回答“在家庭生活中，目前最让您焦虑（操心、担忧、忧虑）的是什么”时，重点群体有更高的综合比例对子女教育、收入水平、就业状况和医疗表示焦虑。

表12　民生关切点综合选择比例　单位：%

关切点	整体	重点群体	城镇整体	城镇重点群体	农村整体	农村重点群体
就业状况	6.75	7.82	6.64	8.84	6.81	7.26
收入水平	21.57	25.77	18.38	22.67	23.65	27.48
子女教育	19.15	24.40	18.92	25.67	19.30	23.71
医疗	20.28	20.84	19.19	21.01	20.97	20.75
养老	12.14	10.82	12.03	10.45	12.22	11.02
住房	5.10	3.54	5.78	4.08	4.66	3.24
食品安全	4.12	1.85	6.77	2.83	2.42	1.30
环境污染	2.04	0.89	3.28	0.66	1.25	1.02
交通出行	1.15	0.48	1.30	0.00	1.05	0.75
政府服务	0.49	0.32	0.53	0.18	0.46	0.39
其他	0.94	0.86	0.75	0.93	0.72	0.81
没有	12.56	4.83	12.89	5.35	12.34	4.55

资料来源：中国民生调查数据（2011~2021年）。

注：对受访者按关心或焦虑的程度排序的3个选项，分别按照1选3、2选2、3选1的权重赋权后计算得到。

分城乡居民来看，其中城镇低收入低学历无工作中青年重点群体

对子女教育、收入水平、就业状况和医疗表示焦虑的综合比例也显著高于城镇总体情况，而农村重点群体仅对子女教育、收入水平和就业状况的焦虑比例高于农村整体，且城镇重点群体同城镇整体居民的差距较农村重点群体同农村整体居民的差距更大，反映出城镇重点群体在子女教育、收入、就业和医疗方面承受更为明显的压力。

2. 教育支出压力大，同整体相比存在差异性诉求

对于城乡低收入低学历无工作中青年这一重点群体而言，子女教育是其生活最焦虑的方面，其中一方面原因在于重点群体家庭中的儿童抚养负担更重。如从家庭成员结构来看，家庭中平均孩子占户人数比例整体为21.06%，重点群体这一比例为24.66%，略高于整体；分城乡来看，城镇整体平均孩子数量占户人数比例为19.41%、城镇重点群体为25.25%，农村整体孩子数量占户人数比例为22.11%、农村重点群体为24.34%，重点群体家中孩子数量平均较多，且在城镇居民中更为明显。从教育支出方面来看，上一年度有教育支出的家庭平均为12682.57元，其中非重点群体的平均教育支出为12900.25元、重点群体平均教育支出为8145.937元；但是从教育支出占家庭总支出比重来看，有教育支出家庭的平均比重为27.00%，其中非重点群体为26.66%、重点群体为34.09%；从主观感受来看，有教育支出家庭中分别有15.75%、35.17%、34.87%、10.59%和3.62%表示教育支出压力非常大、比较大、一般、比较小和非常小，其中非重点群体表示压力非常大和比较大的比例分别为14.94%和35.27%，远低于重点群体的32.89%和33.08%。

进一步分析重点群体对各学段最需改进方面的认识可以发现如下特征。对于学前（幼儿园）教育，重点群体相对于整体而言，有更高的比例认为目前存在入园难的问题；农村地区重点群体相对于农村整体在老师数量过少、入园贵、学不了什么东西方面也更为担心；城镇地区重点群体相较于城镇整体更为担心幼儿园园所安全、幼儿教育小学化等问题。对于义务教育阶段，重点群体对于班均人数、课业负担的担忧较整体略高，其中城镇地区重点群体较城镇整体更为关注乱收费、学生课业负担重和因寄宿费用和“小饭桌”等带来的孩子生活消费压力，农村地区重点群体较农村整体，对于班均人数更为关注，显然城镇重点群体对于中小学教育最忧虑或最关注的方面在于因教育产生的支出压力和孩子的课业负担。重点群体对职业教育的学校风气和招生虚假宣传更为关切，其中农村地区重点群体对于教师能力水平更为关心；重点群体对高等教育更为关注就业难和学费贵问题，其中城镇重点群体对就业难问题关注程度更高，也尤为关注校园安全问题，农村重点群体对高等教育学费贵问题则尤为关注。

3. 对转移性收入更为依赖、支出压力集中在教育和医疗

低收入低学历无工作中青年重点群体家庭收入更大比例依赖于政府援助收入和子女赡养、亲友资助供养收入，即更加依赖转移性收入。重点群体的消费开支中用于子女教育、医疗和赡养老人的比例大于整体情况，其中农村重点群体在子女教育和医疗两民生领域的消费开支比例更高。

4. 家庭就业比例低，主要原因是健康等个人原因

从目前无工作原因来看，低收入低学历无工作中青年群体当前无工作的原因集中在辞职、健康、深造和照顾家庭等个人原因，因为个人原因导致目前没有工作的情况在农村重点群体中更为明显。此外，因无劳动能力导致目前没有工作的比例在农村整体中更高。

分析重点群体家庭中成员就业情况可以发现，有工作人数占户人数比例在整体中为56.72%，其中城镇家庭中有工作人数占户人数比例平均为53.35%、农村家庭平均为58.88%。重点群体家庭有工作人数比例明显较低，其中重点群体总体为31.48%，其中城镇重点群体家庭为28.85%、农村重点群体家庭为32.90%。

另外，从需抚养、赡养、照料的成员结构来看，城乡重点群体家庭中60岁以上老年人比例相对整体较低，但是家中需照料的残疾人和慢性病人比例相对较高，且需抚养的孩子比例也相对较高，承担抚养和照料压力。

5. 对医疗支出压力更为担忧

从家庭成员就医情况来看，不同于整体有28.28%的家庭过去一年有人因病住院（城镇25.13%、农村30.33%），重点群体中有39.68%家庭过去一年有人因病住院，其中城镇重点群体为39.26%，农村重点群体为39.92%。

从医疗费用压力来看，整体上有50.62%表示非常担心或比较担心自己及家人生病后没钱看病，而重点群体的这一比例高达70.99%；城镇居民整体非常或比较担心自己和家人生病后没钱看病的比例为48.53%，但城镇重点群体有70.46%表示非常或比较担心；农村居民整体有51.97%表示非常或比较担心，农村重点群体则有71.27%表示非常或比较担心。

6. 对养老资金、照料和身心健康问题更为忧虑

整体上有60.04%的人群对将来自己没有足够的钱养老这一问题表示担心，而重点群体则有72.89%对此表示担心；分城乡来看，城镇整体和农村整体分别有58.50%和61.03%对将来没有足够的钱养老表示担心，而城乡重点群体对此担心的比例分别达到76.80%和70.77%。

与此同时，整体上有46.76%的人对自己年老时没有人进行生活照顾表示担心，其中城镇整体有 47.30% 表示担心，农村整体有 46.43% 表示担心；而重点群体对自己年老时没有人进行生活照顾表示担心的比例为 59.95%，其中城镇重点群体有 61.67% 表示担心，农村重点群体有 59.01% 表示担心。这进一步体现出重点群体特别是城镇重点群体对未来养老照料者的担忧。

7. 对所居住条件更为不满

从对目前住房的满意程度来看，整体上对自己当前的居住条件表示不满的比例为 7.41%，其中城镇居民比例为 6.87%，农村居民为 7.76%；重点群体对自己居住条件不满的比例为 12.28%，其中城镇重点群体不满的比例为 7.12%，农村重点群体不满的比例为 15.08%。

从最希望以何种方式改善自家居住条件来看，城乡重点群体较整体而言均有更高比例希望能够对目前居住条件进行改善，但更少会选择通过购买商品住房来改善居住条件，城乡重点群体更多希望通过租住市场租赁房、申请公共租赁房、等待拆迁安置或农村集中居住来改善居住条件。

8. 对食品安全和政府服务的满意度较高

从对食品安全和政府服务的关切与担忧来看，重点群体对两大民生领域工作的满意程度较高，同整体无太明显的差异。重点群体和整体对于新冠肺炎疫情期间政府服务和本地干部服务意识、干群关系的评价都很高，整体体现出对疫情期间政府服务的较高满意度。

五、对标全面建设现代化新目标，进一步改善民生工作的政策建议

我国已进入新发展阶段，已经开启全面建设社会主义现代化国家

新征程，新时期要全面贯彻落实党的十九届五中全会的要求，继续深化民生领域改革，在经济发展的基础上持续保障和改善民生。

（一）稳步加大民生投入，坚持在发展中改善民生

坚持把保障和改善民生作为各项工作的出发点和落脚点。坚持在发展中保障和改善民生，既要着力解决一些领域保障不足问题，也要合理引导预期，防范过度福利化。利用信息化手段及时掌握民众反映的现实问题和急切期待，以民生为目标导向踏实做好各项工作，让民众切实感受到民生工作的成效与成色。同时在宣传工作中把握基调和节奏，不吊高胃口，不过度承诺，掌握和引导人民群众的民生诉求。

在工作部署上，要把惠民生与稳增长、促改革、调结构、防风险有机结合，把扩大就业作为经济社会发展的优先目标，将保就业作为经济运行合理区间的下限，把握好结构调整的节奏与风险释放的速度，实现就业优先战略与宏观经济政策的协调配合，切实打好就业这一民生基础。以保就业促增收，切实解决人民群众对收入水平的关切。

在推进改革上，要突出民生导向，注重各领域协调统筹，遇到“复杂问题”要先算民生大账。真正做到在遇到关系复杂、牵涉面广、矛盾突出的改革时，及时深入了解群众实际生活情况、群众诉求，算明白、讲清楚改革能给群众带来的利益，一切工作首先从人民群众的利益出发，谋划思路、制定举措、推进落实。

在投入保障上，要通过减少一般性政府支出、提高资金使用效率等手段，持续加大对民生工作的投入。健全资金保障机制，善于整合分散的资金资源，确保民生领域工作投入不留缺口，严格拨付审核程序，坚持专款专用、重点使用，同时完善民生资金使用监管审核体制机制，真正做到把钱用在民生工作的刀刃上。

（二）聚焦民生关切点，深化重点领域改革

坚持就业优先战略，完善新就业形态支持政策。强化对中小微企业的政策支持，鼓励新产业新业态的有序发展，多元化吸引就业。在新冠肺炎疫情常态化防控背景下，密切关注重点行业重点领域的新情况、新问题，提前预判复杂国际局势对国内就业可能产生的不利影响，对就业和收入增长的影响，继续坚持从提升人力资本水平、健全就业服务体系、实施稳岗补贴等多方面研究制定有针对性的措施。落实职业培训行动，特别是强化对农民工、应届毕业生、退伍军人、大龄劳动者、失业者等重点人群就业能力的提升，并保障低收入人群基本生活。

多措并举保障居民基本收入，缩小收入差距。收入是民众最为关切的民生领域之一，需千方百计保障居民收入。在乡村振兴战略推进实施、脱贫攻坚即将取得胜利的有利环境下，切实提升农民收入水平；通过稳就业确保农民工收入的稳定，保障劳动者合法权益；完善失业保险等社会保障机制，切实保障低收入群体基本生活保障。

深化医疗领域改革，降低家庭负担。深化医疗服务体系改革，强化基层医疗卫生机构，“关口前移”建立民众接受的高质量初级医疗体系；深化公立医院改革，强调公益属性，同时稳妥推进社会资源参与医疗服务提供；不断深化医疗保障制度改革，以提升筹资开源，以改革支付方式、瞄准群众医疗需求节流，让人民群众切实因医疗保障缓解看病难、看病贵问题。多途径增加医疗资源供给，强化医学生培养、先进医疗技术研发推广，深化药品供应保障机制改革，促进药业健康发展。

进一步提升教育质量，增强公平性。继续深化标准化建设，推动义务教育朝向优质均衡发展，着力解决“择校热”问题。规范义务教

育阶段课外辅导，制约“学校减负、课外增负”现象。规范管理网络课程，引导学生健康使用互联网。针对农村地区留守儿童和农民工随迁子女上学，提供稳定教学资源，让教育普惠每一位适龄受教育者。

健全城乡多层次养老服务体系，重视老年贫困问题。政府引导多方力量参与养老服务机构建设，解决多元化老年养老需求，同时政府财政兜底解决好贫困、失独等特殊老人的福利性养老服务。加强对农村、老旧城区等地区老年人生活的支持，推进适老化改造工程。

（三）围绕重点人群，做好民生保障兜底工作

落实“社会政策要托底”的要求，充分发挥社会保障等政策对生活不满意群体的托底功能。关注收入不稳定、失业群体和农民工等重点群体，鼓励其创新创业，针对其所需提供针对性政策帮扶和支持，解决好重点群体子女教育和养老等保障性问题。在新冠肺炎疫情冲击和国际经济形势波动大背景下，想方设法保障低收入群体基本生活。

坚持全覆盖，突出保基本，完善以社会保险、社会救助政策为重点的民生保障“安全网”，注重普惠性、基础性、兜底性民生建设，做好关键时点、困难人群的基本生活保障。

完善监测预警机制，着力防范和化解重大风险。坚持底线思维，增强忧患意识，提高防控能力，着力防范化解重大风险，保持经济持续健康发展和社会大局稳定。

（四）注重创新公共服务提供方式，多渠道增加供给

在基本公共服务领域政府要有作为，在非基本服务领域市场要有活力。行政部门要分清有形的手和无形的手应当在什么时机如何发挥作用，在保底性、公平性民生保障方面，政府财政需要发挥主导作用；

在满足人民群众不断升级的个性化需求时，政府要善于引导和支持市场力量以市场化手段满足人民群众的美好生活需要。

强化基本民生保障领域各级政府的规划、投入与监管责任，提升服务质量，突出公益性。在部分民生领域特别是非基本领域放宽社会资本进入限制，扩大服务供给，在促进民生改善的同时，推进经济增长。积极培育社会组织，通过政府购买学位、床位等形式向社会组织购买公共服务，既满足百姓需求，又为社会组织的发展创造空间。

执笔人：金三林　朱贤强　丁志超

专题七

全面建成小康社会的乡村发展与变迁

改革开放以来我国农村全面建成小康社会取得巨大成就，到2020年农村全面建成小康社会任务已经全面完成。农村全面建成小康社会积累了重要经验。2020年后乡村发展既面临重要机遇，也面临突出问题，但机遇和问题都有新的发展变化。在新阶段促进乡村发展，新对策是要实施乡村振兴战略，总方针是坚持农业农村优先发展，总要求是推进农业农村现代化。在农村全面建成小康社会过程中，我国扶贫开发工作经历伟大历程，实现重大转变，政策实践不断调整，充分彰显体制优势，创造了中国经验。

一、我国农村全面建成小康社会取得的重要成果

（一）农村小康社会发展和建设取得巨大成就

农村全面建成小康社会主要任务进展顺利，对标国家统计局《全面建成小康社会统计监测指标体系》，到2020年农村全面建成小康社会的目标已经全面完成。从领域看，农业综合生产能力、农民增收、消除绝对贫困等任务进展顺利，圆满完成既定目标。从地域看，东部省份、大城市周边农村各项任务得到超额完成，中西部省份虽然一些

市县进展较慢，但也在期限前完成了既定目标。

1. 农村经济持续快速发展

全国农业综合生产能力稳步提升，生产力基础进一步巩固，现代化水平不断提高，农业经营体系进一步完善。21 世纪以来农村居民人均可支配收入年均增长 10. 6%，其中 2010 ~ 2020 年年均增长 11. 3%，超过同期城镇居民收入增速 2. 4 个百分点，至 2020 年农村居民人均可支配收入达到 17131 元，完成全国农村经济发展“十三五”规划目标，按不变价计算，提前一年完成比 2010 年翻一番的小康任务。至 2020 年，我国第一产业增加值占 GDP 的比重下降到 7. 7%，就业比重下降到 23. 6%，常住人口城镇化率达到 63. 89%，均提前完成了全面小康建设任务指标①。

2. 农村居民生活显著改善

全国农民物质生活不断丰富，至 2020 年农村居民恩格尔系数下降到 32. 7%。农村居民家庭在彩电、空调、洗衣机等耐用电器拥有量正趋于饱和，汽车拥有量快速上升，至 2020 年达到每百户拥有 26. 4 辆。在满足温饱条件之后，农民对文化生活产生更多需求，至 2020 年教育文化娱乐支出占农民消费支出的比值提高到 9. 5%②。农村基础设施不断完善，农村自来水普及率达到 83%③，建制村通硬化路、光纤网络的比例接近 100%，农民生活舒适、便利程度大大提高。农村脱贫攻坚成就举世瞩目。按 2010 年人均年收入不变价 2300 元计算，2012 年我国有农村贫困人口 9899 万人。随着我国开展脱贫攻坚，贯彻实施“五个一批”的精准扶贫方略，连续 7 年每年减贫 1000 万人以上。至 2020 年底，我国如期完成了新时代脱贫攻坚目标任务，近 1 亿农村贫

①② 国家统计局：《中国统计摘要（2021）》。

③ 水利部：《全国农村自来水普及率超八成》，中国政府网，2021 年 3 月。

困人口全部实现脱贫，832 个国家贫困县全部摘帽，消除了绝对贫困和区域性整体贫困。随着脱贫攻坚战取得全面胜利，我国在历史上首次消灭绝对贫困问题，提前 10 年实现联合国 2030 年可持续发展议程的减贫目标。

3. 农村社会发展显著提升

全国农村社会事业发展和公共服务水平明显提升，农村基本公共服务取得明显进展。随着教育、卫生等社会事业的持续发展，我国人口素质快速提升。根据第七次全国人口普查数据，至 2020 年文盲率下降至 2.67%，平均受教育年限提高到 9.91 年，超额完成 2020 年小康目标。在 2000 年，农村地区 3～5 岁幼儿整体上接受学前教育的机会，19 年间从无到有，至 2019 年入园率达到 70%。农村居民健康水平提高迅速，至 2020 年我国农村婴儿死亡率降低到 6.2‰、农村 5 岁以下儿童死亡率降低到 8.9‰、农村孕产妇死亡率降低到 18.5/10 万[①]，提前实现联合国千年发展目标，达到中高收入国家水平。2019 年我国居民平均预期寿命达到 77.3 岁，超过 2020 年全面小康目标 2 年以上。农村社保制度不断健全，兜底保障能力显著增强。2009 年我国开始新型农村合作医疗全国试点，此后参保面不断扩大，筹资水平、保障水平也持续提高，2018 年新农合与城镇居民医疗保险并轨，至 2020 年我国基本医疗保险参保人数达到 13.61 亿人，近年来年参保率稳定在 95% 以上[②]。新型农村养老保险与城镇居民养老保险并轨，基本实现农村居民全覆盖。农村最低生活保障的覆盖面不断扩大，至 2020 年有

① 国家卫生健康委规划发展与信息化司：《中国卫生健康事业发展统计公报（2020）》，国家卫生健康委网站，2021 年 7 月。

② 国家医疗保障局：《全国医疗保障事业发展统计公报（2020）》，国家医疗保障局网站，2021 年 6 月。

1985. 0 万户、3620. 8 万农村居民享受最低生活保障[①]。21 世纪后尤其是 2010 年以来，我国织就世界规模最大的农村社会保障网，为保障 5. 5 亿农民基本生活发挥重要作用。

4. 农村管理治理不断完善

全国农村政治建设和乡村治理体系不断健全和完善，党的领导、政府负责、自治、德治和法治相结合的治理体系得到广泛运用，推进了乡村治理能力的提升和乡风文明建设的进步。改革开放后，我国坚持和完善党的领导，实行党建引领，加强基层政权建设，推进放管服改革，对乡镇机构及其职能多次进行改革和转变。特别是 2000 年后，全国推进农村税费体制改革，乡镇治理单元趋于合理化，乡镇冗员状况有所缓解，乡镇政府职能转变初见成效，乡镇领导干部的工作作风和管理服务方式明显改变。随着《中华人民共和国村民委员会组织法》的立法、修改和完善，以村民自治为核心的群众性自治机制建立成型，依法规范运行，并在实践中发挥重要作用。近年来，国家通过加强和完善城乡社区治理，深入推进移风易俗，建设文明乡风，深入推进乡村治理体系的完善和治理能力的提升。2017 年，中共中央、国务院专门印发《关于加强和完善城乡社区治理的意见》。2019 年，中共中央办公厅、国务院办公厅专门印发《关于加强和改进乡村治理的指导意见》，中央农村工作领导小组办公室等多部门联合印发《关于进一步推进移风易俗建设文明乡风的指导意见》。

5. 农村环境建设明显改善

全国农业生态环境明显改善，农业生产方式向生态友好方向转变，农村人居环境整治取得成效。21 世纪以后尤其是党的十八大以

---

① 民政部：《民政事业发展统计公报（2020）》，民政部网站，2021 年 9 月。

来，随着生态文明思想的提出和全面贯彻，农村绿色发展展现新的面貌。耕地得到强力保护，耕地保有量平稳保持在18.65亿亩以上。我国农业生产化肥、农药使用实现零增长、减量化，受污染耕地逐步得到修复改善。在退耕还林还草、生态扶贫等政策推动下，2020年我国森林覆盖率达到23.04%。深入开展农村“三大革命”，农村生活垃圾处理率达到90%，无害化卫生厕所普及率达到68%[①]，农村生活污水处理从零起步、进展迅速，污染恶化的势头得到全面遏制，农村人居环境得到显著改善。

（二）农村全面建成小康社会积累重要经验

我国农村全面建成小康社会来之不易，是具有历史性、开创性和全局性的伟大成就，在建设工作中积累了重要经验。

1. 党的领导提供根本保证

坚持党管农村工作，把解决“三农”问题作为全党工作的重中之重，加强党中央对农村改革发展建设工作的统一领导和统筹协调。党管农村工作是我们党的优良传统。在我国推进农村全面小康建设进程中，始终加强党对“三农”工作的全面领导，在战略部署上重视加强农业基础地位，在政策取向上坚持强农惠农富农，在组织保障上坚持加强农村工作干部配备和基层组织建设，党的全面有力领导是农村全面建成小康社会的根本保证（尹成杰，2019）。

2. 深化改革激发强大动力

坚持保护和调动农民积极性，尊重农民的意愿、选择和首创精神，允许和鼓励农民大胆探索、勇于实践，发挥市场机制在资源配置中的

---

① 农业农村部：《我国农村厕所改造取得积极进展》，农业农村部网站，2021年7月。

重要作用，推动工农城乡关系合理化，适时推进家庭承包经营、市场化改革、农业科技体制改革和城乡统筹改革等，不断深化农业农村改革和城乡统筹改革，为加快农业农村发展提供强大动力。在农村全面小康建设过程中，始终重视以改革推进农村工作，建立和完善农村基本经营制度，深化农村土地制度和集体产权制度改革等，进一步解放和发展农村生产力，促进农村经济繁荣发展。特别是加快农村综合改革步伐，增强各类改革的前瞻性、协调性和集成性，实现了各项改革综合发力、紧密配合、整体推进，为全面小康建设注入不竭的发展动力（尹成杰，2019）。

3. 强化科技加大重点投入

坚持推进农业现代化，以发展为核心，加大国家对农业发展的支持和保护力度，多渠道促进农民增收，推进农业农村发展环境条件不断改善。在推进全面小康建设进程中，始终坚持扭住农业农村现代化建设不放松，发展农村科技教育事业，加强农业科技队伍建设，加快农业科技创新与应用步伐，加大现代农业科学技术研发和攻关力度，促进农业科技成果转化，构建现代农业产业、生产、经营体系，为农村全面建成小康社会提供了有力科技支撑（尹成杰，2019）。同时，把促进农民增收是“三农”工作的中心任务，围绕增加农民收入、拓展就业增收门路、促进农村人口转移和城乡共同发展繁荣，制定了一系列的强农惠农富农政策措施，促进农民收入持续增长，逐年缩小城乡收入差距，增强了农民的获得感和幸福感，提高了农村小康建设质量，夯实了农村全面小康基础（尹成杰，2019）。

4. 方法创新破解瓶颈难题

坚持以人为本，解放思想、实事求是，正视问题、解决问题，一切从实际出发、理论联系实际，不断完善和创新农村政策，努力完成农村全面小康建设任务。全面建设小康社会重点在农村，难点在农村贫困人口。习近平总书记指出，小康不小康，关键看老乡。党的十八大以后，中央针对农村小康社会建设突出问题，采取超常举措，作出打赢脱贫攻坚战的战略部署，通过精准对象瞄准“扶持谁”、全社会动员明确“谁来扶”、综合施策解决“怎么扶”，啃下农村全面小康“硬骨头”，打赢精准扶贫脱贫“攻坚战”，全国形成专项扶贫、行业扶贫、社会扶贫等多方力量有机结合的大扶贫格局，汇聚贫困人口自力更生和全社会积极参与的脱贫攻坚合力，确保打赢脱贫攻坚战，支持和推动了农村全面建成小康社会（尹成杰，2019）。

二、2020 年后乡村发展面临的机遇、问题和对策

随着我国全面建成小康社会任务完成，2020 年以后的乡村发展既面临重要机遇，也面临突出问题，但机遇和问题都有新的发展变化。新阶段促进乡村发展，要深入贯彻党的十九大和十九届四中、五中会议精神，全面实施乡村振兴战略，坚持农业农村优先发展，推进农业农村现代化。

（一）新机遇：城市化率超 60%，乡村发展环境改善

2020 年以后，我国经济社会发展进入新阶段，工业化、信息化、城市化和农业现代化发展会提高到新水平，乡村人口数量和结构将进一步变化。全国农业人口向非农产业和城镇大规模转移，乡村人口持续减少，城镇化率大幅提高，为优化农村土地等资源使用提供契机。我国乡村人地矛盾突出，在改革开放初期由于农户家庭只能以农业为生，普遍实行了以按类均分为主的资源配置方式，对解决生存问题和

实现社会公平是有利的，但对提高经济效率和实现规模经营是不利。我国非农产业的大发展、乡村人口的大变化和国家加大对乡村发展的支持扶持，为缓解人地矛盾、调整优化布局和转变发展方式提供契机。

（二）新问题：城乡之间和乡村之间发展不平衡不充分，农业现代化、农村改革和乡村建设还存在缺陷

尽管到2020年我国已经全面建成小康社会，但各地城乡之间和乡村之间发展是不平衡不充分的，农业农村现代化水平还不高。与城镇小康社会建设相比，与新时代乡村发展需求相比，与发达国家乡村发展相比，我国乡村经济社会发展还存在漏洞、短板和弱项等问题，不少地区生态环境脆弱、基础设施薄弱、公共服务不足、社会事业欠账。乡村发展有特殊性。与城市发展有集约性及规模效益不同，乡村发展有分散性和复杂性，建设发展需要的投入量大，投资回收期长，收益风险及不确定性大。同时，乡村地域广阔，乡村发展是分化的。目前我国乡村发展和管理的体制、政策和方式还不适应这些变化，必须在新征程中切实解决制约乡村发展的相关漏洞、短板和弱项等问题。

（三）新对策：实施乡村振兴战略，坚持农业农村优先发展，推进农业农村现代化

促进2020年以后我国乡村发展，新政策是实行乡村振兴战略，总方针是坚持农业农村优先发展，总要求是推进农业农村现代化。要继续把解决好“三农”问题作为全党工作重中之重，在解决“三农”问题的重大政策和方式方法上有所完善和创新，走中国特色乡村振兴道路，提高农业质量效益和竞争力，实施乡村建设行动，深化农村改革，实现巩固拓展脱贫攻坚成果同乡村振兴有效衔接。最重要的是着眼全

局和长远，对农村布局结构进行调整优化，推进城乡融合发展，促进农业高质量发展，促进乡村功能分类和组团建设，实行工农互促、城乡互补、创新驱动、共享发展，加强对欠发达乡村地区的政策扶持，加强基础设施建设和公共服务支持，加强资源环境保护，加强民主政治建设。

三、中国扶贫开发工作的历程、政策和经验

消除贫困是全面建成小康社会的底线目标和标志性任务。经过40多年的减贫历程，我国破解了瓶颈制约，形成了具有中国特色的减贫政策体系，为全世界减贫工作提供了中国经验。

（一）中国扶贫开发的伟大历程和重大转变

改革开放40多年来，在经济体制改革、工业化城镇化发展和系统化扶贫政策的共同推动下，我国农村绝大部分农户逐步摆脱绝对贫困。整个扶贫开发历程，可以划分为三个阶段。

1. 农村改革初期（1978～1985年）

1978年，我国农村处于较严重的贫困状态。随着农村改革揭开序幕，一系列农村经济制度创新激发了农村经济活力，推动了农业快速发展，使大量农村贫困人口摆脱贫困。国家推行家庭联产承包经营制度、赋予农民土地使用权和经营决策权，改革农产品流通体制，提高农产品的国家收购价格，调整放活农村工商业，发展乡镇企业，解放和发展了农村生产力，扩宽了农民就业和增收渠道（叶兴庆等，2019）。这些措施破除了农村经济发展的体制障碍，促进了农业的快速发展，为大规模减贫建立了强有力的制度和经济基础。1979～1985年

全国粮食产量年均增长 3.2%，第一产业增加值年均增长 6.5%、农民人均收入年均增长 15.2%（李小云等，2018）。与此同时，我国开始认定了一批经济不发达的贫困地区，对其安排专项资金给予扶持。国家从 1980 年起设立“支援经济不发达地区发展资金”，1983 年起设立“‘三西’地区（甘肃定西、河西和宁夏西海固）农业建设专项补助资金”，1984 年发布《中共中央国务院关于帮助贫困地区尽快改变面貌的通知》，1984 年起实施“以工代赈”计划支持贫困地区小型基础设施建设（汪三贵等，2017）。农村改革和针对贫困地区的扶持政策发挥了明显的减贫作用。按我国 1978 年贫困标准，全国农村贫困人口数从 1978 年的 25000 万人减少到 1985 年的 12500 万人，贫困发生率从 30.7%下降到 14.8%；按我国 2010 年贫困标准，全国农村贫困人口数从 1978 年的 77039 万人减少到 1985 年的 66101 万人，贫困发生率从 97.5%下降到 78.3%（叶兴庆等，2019）。

2. 开发式扶贫阶段（1986～2012 年）

我国从 1986 年开始，采用政府主导的专项扶贫规划，帮助经济增长和包容性政策难以覆盖的特殊群体摆脱贫困（叶兴庆，2017）。一是建立系统化的扶贫体制机制。成立国务院贫困地区经济开发领导小组（1993 年改称国务院扶贫开发领导小组）。在 1994 年出台第一个具有明确目标任务和措施的纲领性文件，即《国家八七扶贫攻坚计划（1994—2000 年）》[①]。随后陆续颁布了《中国农村扶贫开发纲要（2001—2010 年）》和《中国农村扶贫开发纲要（2011—2020 年）》。二是实行以贫困县、贫困村为瞄准单元的区域开发式扶贫策略。1986 年开始划定贫困县，确定了 18 个集中连片贫困区域（李小云等，

① “八七扶贫攻坚计划”中的“八”是指按当时贫困标准计算全国还有农村贫困人口 8000 万人，“七”是指 1994～2000 年的 7 年时间，即用 7 年时间消除 8000 万贫困人口。

2018）和331个贫困县，1994年确定了592个国家扶贫开发工作重点县，2011年确定了680个集中连片特殊困难地区县，扣除两者重叠的数字后，贫困县总数为832个[①]，覆盖了贫困人口总数的71%（汪三贵等，2018）。中央对这些贫困县在资源开发、扶贫资金和物资投入等方面实行倾斜性的区域政策。同时，为了让扶贫资源能够覆盖到更多的贫困人口。2001年，全国确定了14.8万个重点贫困村，覆盖了80%的贫困人口（杨宜勇等，2016），并以“整村推进”的形式对其进行综合开发。2011年重新确定12.8万个贫困村为区域重点。三是突出开发式扶贫和多维保障。我国的专项扶贫一直突出开发式导向，以增强贫困人口自我发展能力为政策目标，主要措施包括以工代赈、产业扶贫、劳动力转移培训、教育扶贫、移民搬迁、科技扶贫等（汪三贵，2008）。开发式扶贫政策不仅意图改变贫困地区的基础设施、教育、医疗卫生、文化、生态等，也关注个体福利的多维度改善，通过把“两不愁、三保障”（不愁吃、不愁穿，保障义务教育、基本医疗和住房安全）作为贫困标准，为贫困群体提供必要的且多方面的生活保障。在这一阶段，按我国2010年贫困标准，全国农村贫困人口从1985年的66101万人减少到2012年的9899万人，贫困发生率从78.3%下降到10.2%（叶兴庆等，2019）。

3. 精准扶贫阶段（2013~2020年）

为实现到2020年全面建成小康社会的目标，从2013年起，我国制定了精准扶贫、精准脱贫的新方略。一是在继续采用区域瞄准的基础上，更加重视到户到人的个体瞄准。以14个集中连片特困地区、

① 原国务院扶贫办：《贫困县数量历史首次净减少》，中国发展门户网，2017年11月1日，http：//cn.chinagate.cn/news/2017-11/01/content_50049917.htm。

832 个贫困县和 12.8 万个贫困村为区域[①]重点，通过建档立卡精准识别贫困人口（汪三贵等，2017）。2014 年，全国共识别出 2948 万户贫困家庭、8962 万人贫困人口，随后 4 年间通过“回头看”和动态调整，补录了 1656 万贫困人口，剔除识别不准人口 1341 万（刘永富，2019）。二是根据贫困人口致贫原因和脱贫需求，量身定制扶持措施。总体思路是实施“五个一批”，即：发展生产脱贫一批、易地扶贫搬迁脱贫一批、生态补偿脱贫一批、发展教育脱贫一批、社会保障兜底一批。三是建立健全精准扶贫体制机制。建立脱贫攻坚责任体系以及监督考核制度，强化扶贫治理能力和各项政策的落实；建立多渠道的资源投入体系，保障脱贫攻坚的资金需求。完善全社会共同参与扶贫的动员体系，撬动大量资源用于脱贫攻坚。精准扶贫、精准脱贫新方略取得了明显成效（叶兴庆等，2019）。贫困县已经全部实现脱贫摘帽，2012 年年底的 9899 万农村贫困人口全部脱贫。

（二）中国扶贫开发的主要政策和重要创新

中国的扶贫开发政策是一个完整体系，在实践中是逐步建立健全和不断调整完善的。一方面，以区域扶贫开发为抓手，促进贫困地区快速发展，包括改善基础设施、公共服务、经济发展条件等。另一方面，以精准扶贫为抓手，直接帮助贫困人口，以“五个一批”精准帮扶措施为主，提高贫困群体的发展能力。

1. 倾斜性区域扶持政策

针对贫困地区的区域扶持政策主要包括倾斜性财力保障和专项投入，特殊的税收、金融、土地政策等。在财力保障方面，中央逐年增

① 从 2018 年开始，脱贫攻坚的重点转向 334 个深度贫困县和 3 万个深度贫困村。

加财政转移支付，弥补了贫困地区财力不足的短板。在专项资金投入方面，2013 年以来，中央、省、市县财政专项扶贫资金累计投入近 1.6 万亿元，其中中央财政累计投入 6601 亿元，从 2016 年开始每年新增 200 亿元[①]。开展贫困县涉农资金整合，统筹安排各级财政资金和帮扶资金助力脱贫攻坚，累计整合各级财政涉农资金超过 1.5 万亿元[②]。在金融方面，开展多渠道融资，发行地方政府债券，新增地方政府一般债务限额 3849 亿元。完善金融扶贫政策体系，引导金融资源投向贫困地区。累计发放扶贫小额信贷 7100 多亿元，扶贫再贷款累计发放 6688 亿元，金融精准扶贫贷款发放 9.2 万亿元[③]。特别是对深度贫困地区，中央财政进一步增加财政投入倾斜力度。2018 ~ 2020 年县级基本财力保障机制奖补资金安排深度贫困地区目标增量规模 300 亿元[④]。在土地政策上给予深度贫困地区更多的权限，允许深度贫困地区城乡建设用地增减挂钩节余指标跨省域调剂使用，土地增减挂指标跨省域调剂和省域内流转资金达到 4400 多亿元[⑤]。在行业参与方面，要求农业、教育、医疗、交通、水利、电力、生态等行业的资金项目向贫困地区倾斜，补齐贫困地区基础设施和公共服务短板。党的十八大以来，交通运输部安排贫困地区公路建设的车购税资金超过 11570 亿元，贫困地区实现了具备条件的建制村 100% 通硬化路[⑥]。水利部累计投入农村饮水资金 265 亿元，解决饮水安全问题，全国农村集中供水率达 87%，自来水普及率达 82%[⑦]。

---

①②④ 国务院新闻办公室：《国务院新闻办发布会：介绍财税支持脱贫攻坚有关情况》，中国政府网，2020 年 12 月 2 日。

③ 国务院新闻办公室：《2021 年上半年金融统计数据情况发布会》，中国政府网，2021 年 7 月 13 日。

⑤ 《习近平总书记在全国脱贫攻坚总结表彰大会上的讲话》，新华网，2021 年 2 月 25 日，http：//www. qstheory. cn/dukan/qs/2020 -05/31/c_ 1126055020. htm。

⑥⑦ 原国务院扶贫办：《脱贫攻坚网络展——交通扶贫》。

2. 产业扶贫政策

产业扶贫是一种建立在产业发展基础上的开发式扶贫手段，是实现稳定脱贫的根本之策，也是覆盖面最广、带动贫困人口最多的扶贫措施。脱贫攻坚以来，各地把培育产业作为推进脱贫攻坚的主要出路，建立了覆盖98.9%建档立卡贫困人口的扶贫产业体系[①]，形成了良好的扶贫产业发展态势，贫困地区林果、蔬菜、畜禽、加工、手工等特色产业快速发展，成为贫困人口增收和赋能的基础。各地积极培育龙头企业、合作社、家庭农场等新型农业经营主体，通过不断完善新型农业经营主体与贫困户之间的利益联结机制，让贫困户真正参与产业发展。目前，全国832个贫困县已培育市级以上龙头企业1.44万家、发展农民合作社71.9万家，新型经营主体共带动1076.5万户建档立卡贫困户[②]。开展电子商务进农村综合示范项目，实现对832个国家级贫困县全覆盖[③]。

3. 就业扶贫政策

增加就业是最有效的脱贫方式。从20世纪90年代开始，我国开始实施贫困劳动力的技能培训，促进贫困劳动力转移就业。党的十八大以来，就业扶贫的工作力度得到不断加强，外出务工已涉及2/3的贫困家庭。就业扶贫的减贫效果日益凸显，务工收入在家庭收入中占比逐年上升，外出务工家庭2/3左右的收入来自务工[④]。一方面，继续强化技能培训，开展劳务协作，推进贫困劳动力外出就业；另一方

---

① 国家统计局、国家脱贫攻坚普查领导小组办公室：《国家脱贫攻坚普查公报（第三号）——国家贫困县建档立卡户享受帮扶政策情况》，国家统计局网站，2021年2月25日。

② 国务院新闻办公室：《国务院新闻办就产业扶贫进展成效举行发布会》，中国政府网，2020年12月16日。

③ 原国务院扶贫办：《脱贫攻坚网络展——产业扶贫》。

④ 国务院新闻办公室：《国新办举行就业扶贫实施有关工作情况和主要成效发布会》，国务院新闻办公室网站，2020年11月19日。

面，扶持发展扶贫车间，开发公益性岗位，建立了就近就业兜底机制。脱贫攻坚以来，有家庭成员享受过就业帮扶政策的建档立卡户1390.6万户[①]。2016～2020年，贫困劳动力外出务工人数增加了1000多万人，跨省务工贫困劳动力增加了400多万人，且外出务工时间大幅增加[②]。党的十八大以来，各地鼓励引导经营主体、返乡农民工，组建合作社以及创办小微企业等，为贫困劳动力提供更多就业创业机会。扶贫龙头企业吸纳贫困人口就业86万人；累计建设扶贫车间32688个，吸纳贫困人口43.7万人；培育致富带头人41万多人，带动406万贫困人口增收；开发护林员、护路员、保洁员、护水员、护理员、村务管理员等乡村公益性岗位，兜底安置496.3万贫困人口[③]。

4. 易地扶贫搬迁政策

易地扶贫搬迁主要针对生活在"一方水土养活不了一方人"地区的贫困人口。实施易地扶贫搬迁，被人们形象地称为"挪穷窝"，是帮助他们脱贫的根本举措。这项政策是由地方政府牵头负责，根据当地资源禀赋，以集中安置和分散安置的方式选择安置区（点），为搬迁户建设安置住房，提高就业岗位和公共服务。截至2019年年底，全国共搬迁约960万建档立卡贫困人口[④]，为其解决"两不愁三保障"问题，还通过提供后续扶持政策，实现换穷业、拔穷根，从根本上阻断了自然环境条件造成的贫困代际传递。各地为约90%的搬迁群众落实后续扶持措施，已有900多万建档立卡贫困搬迁群众实现脱贫[⑤]。搬迁过程中，通过多渠道筹集资金，中央预算内投资和地方政府债、

---

① 国家统计局、国家脱贫攻坚普查领导小组办公室：《国家脱贫攻坚普查公报（第三号）——国家贫困县建档立卡户享受帮扶政策情况》，国家统计局网站，2021年2月25日。

②③ 国务院新闻办公室：《国新办举行就业扶贫实施有关工作情况和主要成效发布会》，国务院新闻办公室网站，2020年11月19日。

④⑤ 国务院新闻办公室：《国新办举行易地扶贫搬迁工作新闻发布会》，国务院新闻办公室网站，2020年12月3日。

贴息贷款、专项建设基金等各类融资资金下达总额超过 6000 亿元，切实减轻了搬迁户的安置负担。其中累计下达易地扶贫搬迁中央预算内投资约 800 亿元，中央财政贴息贷款规模 2000 多亿元，安排地方政府债务规模约 3200 亿元[①]。

5. 生态扶贫政策

生态扶贫主要针对特定生态区域的贫困人口。我国林地、草原、湿地、荒漠化土地占国土面积 70% 以上，分布着全国 60% 的贫困人口[②]，这些地区是生态建设的主战场，也是脱贫攻坚的主战场。近年来，通过将生态保护与扶贫开发相结合，牢固树立和践行绿水青山就是金山银山的理念，形成以生态补偿、国土绿化、生态产业和生态环保等为核心的生态扶贫工作体系，享受过生态扶贫政策的建档立卡户有 1111.3 万户[③]。一是开展生态补偿扶贫。提高国家级公益林补偿标准，扩大全面保护天然林政策覆盖面，对实施禁牧和草畜平衡的牧户给予禁牧补助和草畜平衡奖励，农牧民人均增收 700 元左右[④]。160 多万贫困户享受退耕还林还草补助政策，户均得到补助资金 2500 元[⑤]。二是优先将生态工程向贫困地区倾斜，开拓公益性岗位。在生态恶劣的贫困地区开展大规模造林绿化，全国 2/3 以上的造林绿化任务安排到贫困地区，80% 新增退耕还林还草任务安排到贫困县[⑥]，建立 2.3 万个扶贫造林（种草）专业合作社（队），选聘 110 万名生态护林员[⑦]。推动生态功能重要、生态环境敏感脆弱的贫困地区的山水林田

---

① 国务院新闻办公室：《国新办举行易地扶贫搬迁工作新闻发布会》，国务院新闻办公室网站，2020 年 12 月 3 日。

②④⑤⑥ 原国务院扶贫办：《脱贫攻坚网络展——生态扶贫》。

③ 国家统计局、国家脱贫攻坚普查领导小组办公室：《国家脱贫攻坚普查公报（第三号）——国家贫困县建档立卡户享受帮扶政策情况》，国家统计局网站，2021 年 2 月 25 日。

⑦ 国务院新闻办公室：《人类减贫的中国实践》（白皮书），中国政府网，2021 年 4 月 6 日。

湖草生态保护修复，在18.8万个村庄开展农村环境综合整治[①]。三是发展生态产业，带动贫困户增收。通过引导培育经营主体，发展木本油料、林下经济、森林旅游、特色种养等产业，并与贫困农户建立利益联结机制，实现生态产业脱贫。据统计，绿色富民产业现已带动5200多万人就业，山区贫困人口纯收入20%左右来自林业，重点地区超过50%[②]。

6. 教育扶贫政策

教育扶贫是阻断贫困代际传递的根本之策。多年来，我国已形成涵盖学前教育、基础教育、职业教育、特殊教育等类型的综合性教育扶贫体系。一是改善办学条件，强化贫困地区师资队伍建设。通过实施“全面改薄”工程，改善贫困地区义务教育薄弱学校基本办学条件。党的十八大以来，教育部累计投入中央“全面改薄”专项补助资金1699亿元，新建、改扩建校舍2.6亿平方米[③]，10.8万所义务教育薄弱学校办学条件得到改善，全国99.8%的义务教育学校办学条件达到基本要求[④]。56人以上的大班额已经降至3.98%，超过66人的超大班额基本上消除[⑤]。加强乡村教师队伍建设，安排“特岗计划”教师95万名，覆盖3万所学校，招募3120名退休教师到农村开展教育支援[⑥]。中西部22个省份725个集中连片特困地区县，全部实施了乡村教师生活补助政策[⑦]。二是抓好义务教育控辍保学。建立政府、学校、家庭共同参与的联保联控的机制，定期开展摸排、复核、劝返等工作。

①② 原国务院扶贫办：《脱贫攻坚网络展——生态扶贫》。

③ 教育部：《关于政协十三届全国委员会第三次会议第1272号（教育类116号）提案答复的函》。

④ 国务院新闻办公室：《人类减贫的中国实践》（白皮书），中国政府网，2021年4月6日。

⑤⑥⑦ 国务院新闻办公室：《国新办举行决战决胜教育脱贫攻坚 实现义务教育有保障新闻发布会》，中国政府网，2020年9月23日。

截至2020年9月，全国辍学的学生降至2419人[①]。三是完善困难学生资助救助政策，降低贫困家庭就学负担。扩大“两免一补”覆盖面，对所有学生免除学杂费、免费提供教科书，为家庭经济困难学生提供生活补助，基本上解决了因贫辍学的问题。在所有的贫困县实行营养改善计划，每年约有4000万名农村孩子享受营养餐的补助[②]。四是强化职业教育。实施“雨露计划”职业教育助学补助政策，资助了160.7万户贫困家庭“两后生”就读职业院校[③]。加强贫困地区职业院校建设，建立近700个实用职教专业[④]，东部地区选派专业技术人员支援西部，共同设立实训基地培养学生。支持建档立卡贫困家庭学生到省外经济较发达地区接受优质中职教育。

7. 健康扶贫政策

健康扶贫是对人的医疗卫生保险保障进行投资。为防止因病致贫、因病返贫，我国以提升农村贫困人口医疗保障水平和贫困地区医疗卫生服务能力为目标，深入实施健康扶贫工程，努力让农村贫困人口“看得起病、方便看病、看得好病、少生病”。一是建立基本医疗保险、大病保险、医疗救助三重保障制度。通过居民基本医疗保险解决基本医疗保障问题，在贫困地区全面推行门诊统筹，提高贫困人口的住院费用报销比例，贫困人口的参保率稳定在99.9%以上，2000多万贫困人口得到基本救治和健康服务[⑤]。推进慢性病门诊用药保障机制，加大对贫困人口大病保险的支持力度，逐步降低大病保险起付线、提高大病保险报销比例，并取消封顶线。通过三重保障兜底，贫困人

① 国务院新闻办公室：《国新办举行决战决胜教育脱贫攻坚 实现义务教育有保障新闻发布会》，中国政府网，2020年9月23日。

②③④ 原国务院扶贫办：《脱贫攻坚网络展——教育扶贫》。

⑤ 国务院新闻办公室：《全面建成小康社会：中国人权事业发展的光辉篇章》（白皮书），中国政府网，2021年8月12日。

口住院总体报销水平达到80%，938.1万户建档立卡贫困户享受了县域内住院“一站式”结算服务[①]。2018年以来，医保扶贫政策累计惠及贫困人口4.8亿人次，帮助减轻医疗负担近3300亿元，助力近1000万户因病致贫群众精准脱贫[②]。二是改善贫困地区医疗卫生机构设施条件。加强贫困地区县级医院、乡镇卫生院、村卫生室标准化建设，提升贫困地区基层服务能力。开展三级医院对口帮扶，从全国遴选实力较强的三级医院，与贫困县县级医院签订一对一帮扶责任书。建立“县乡一体、乡村一体”机制，通过定向医学生免费培养、“县聘县管乡用”、“乡聘村用”、全科医生特岗计划聘用、从上级医疗卫生机构选派医生、开展远程医疗等方式推动优质医疗资源向贫困地区倾斜并逐级下沉，解决乡村卫生院医生不足问题，实现每个乡镇和每个行政村都有一个卫生院和卫生室并配备了合格医生，贫困地区县医院收治病种中位数已达到全国县级医院整体水平的90%，贫困人口县域内就诊率达到90%以上[③]。

8. 社会保障扶贫政策

“低保政策兜底一批”是脱贫攻坚“五个一批”重要内容。社会保障兜底扶贫涉及社会救助、社会保险、社会福利三个重要内容。一是发挥最低生活保障和救助供养制度的兜底作用，对于符合条件纳入低保范围的贫困家庭，做到应保尽保，对重度残疾人、重病患者参照“单人户”纳入低保。及时将符合条件的贫困人口纳入救助供养范围，提升贫困地区农村特困供养服务机构托底保障能力和服务质量。截至2020年9月底，全国共有1182.9万户建档立卡贫困人口纳入低保或特

①②③ 国务院新闻办公室：《国务院新闻办就推进健康扶贫和医保扶贫、确保贫困人口基本医疗有保障有关情况举行发布会》，中国政府网，2020年11月21日。

困人员救助供养范围[①]。二是不断提高临时救助标准和时效性，加强临时救助和其他社会保障政策衔接。三是完善社会福利制度，不断健全农村留守儿童、留守妇女、留守老人以及残疾人关爱服务体系，积极发展残疾人事业，完善困难残疾人生活补贴和重度残疾人护理补贴制度，深入开展贫困残疾人照护服务工作。建档立卡以来，享受过残疾人帮扶政策的建档立卡户有338.3万户。其中，困难残疾人生活补贴覆盖261.0万户，重度残疾人护理补贴覆盖171.3万户，其他残疾人补贴覆盖82.0万户[②]。四是完善社会保险制度，将贫困人口全部纳入城乡居民基本医疗保险保障范围，提高城乡居民基本养老保险待遇水平，为贫困人口代缴城乡居民养老保险费和基本医疗保险费。参加城乡居民基本养老保险的贫困人口有3844.7万人，领取基本养老金的贫困人口有1017.0万人[③]。

（三）中国扶贫开发的基本经验和鲜明特色

中国40年来的扶贫开发实践，积累了一套卓有成效的基本经验，走出了一条中国特色减贫道路。这些经验不仅可以为发展中国家实施减贫提供"中国方案"，而且可以为缓解相对贫困、实现共同富裕提供基本遵循。

1. 坚持党的领导，发挥制度优势

中国共产党的领导为脱贫攻坚提供了组织保障。特别是党的十八大以来，将脱贫攻坚工作摆在了更加突出的战略地位，把脱贫攻坚纳入"五位一体"总体布局、"四个全面"战略布局，统筹谋划，强力推进。建立中央统筹、省负总责、市县抓落实的工作机制，落实脱贫

---

①②③ 国家统计局、国家脱贫攻坚普查领导小组办公室：《国家脱贫攻坚普查公报（第三号）——国家贫困县建档立卡户享受帮扶政策情况》，国家统计局网站，2021年2月25日。

攻坚一把手负责制，省市县乡村五级书记一起抓扶贫，通过层层签订脱贫攻坚责任书，层层落实责任制，为脱贫攻坚提供坚强政治保证。

2. 坚持改革开放，推动包容性增长

经济增长是减贫的最大推动力量（世界银行，2018）。改革开放以来，我国以经济建设为中心，保持经济长期持续增长，通过工业化城镇化的快速发展，吸纳了大量农业剩余劳动力，提高了农民的工资性收入，加上促进农业的快速发展使农民的收入得以明显增长，直接推动贫困人口的大量减少。包容性发展战略如区域协调发展和城乡统筹发展战略，使贫困地区和农村获得更多的发展机会。如西部大开发战略，加大西部地区的扶持力度，促进了区域的协调发展；逐步在农村建立起低保、医疗、养老等各种社会保障制度，促进了基本公共服务均等化；推进农村税费改革，全面取消农业税，降低了农民的税费负担；实施粮食直补、良种补贴、农资综合补贴、农机具购置补贴等多项惠农补贴政策来增加农民收入，为大规模减贫战略的实施奠定了基础。

3. 坚持精准扶贫方略，确保帮扶到村到户

党的十八大以来，中央把精准扶贫作为基本方略，围绕扶持谁、谁来扶、怎么扶、如何退等问题，对扶贫对象实行精细化管理，对扶贫资源实行精确化配置。实行扶持对象、项目安排、资金使用、措施到户、因村派人、脱贫成效“六个精准”。建立全国建档立卡信息系统，精准识别扶贫对象，查明致贫原因，因村因户因人施策，对扶贫对象实行精准化扶持，确保扶贫资源真正用在扶贫对象上、真正用在贫困地区。建立精准退出制度，分批分阶段推动贫困县、贫困村脱贫出列，彻底解决区域性整体贫困问题。

4. 坚持全社会动员，构建大扶贫格局

构建专项扶贫、行业扶贫、社会扶贫互为补充的大扶贫格局，实现全社会的广泛参与，是中国减贫事业取得显著成效的重要力量。我国在扶贫开发中历来重视发挥政府和社会两方面力量作用，引领市场与社会协同发力，形成跨地区、跨部门、跨单位、全社会共同参与的社会扶贫体系。坚持发挥政府投入主体和主导作用，不断增加专项资金投入，并建立了包括财政、金融、土地等领域的立体脱贫攻坚投入体系。组织开展定点扶贫和东西部扶贫协作，推动省市县各层面结对帮扶，动员个人、企业、其他团体广泛参与脱贫攻坚。各行各业发挥专业优势，在产业扶贫、教育扶贫、健康扶贫、消费扶贫、志愿服务等多个扶贫领域均发挥了显著作用。

5. 坚持群众主体，激发内生动力

中国的扶贫开发更强调增强贫困人口的脱贫能力，始终坚持依靠人民群众，尊重人民群众主体地位和首创精神，充分调动贫困群众积极性、主动性、创造性，注重扶贫和扶志、扶智相结合，培育贫困群众依靠自力更生实现脱贫致富意识，引导贫困群众树立“宁愿苦干、不愿苦熬”的观念，注重提高贫困群众发展生产能力和就业技能，不断提高人民群众自力更生、艰苦奋斗的内生动力。

执笔人：秦中春　殷浩栋　赵俊超

参考文献

[1] 世界银行．中国系统性国别诊断：推进更加包容、更可持续的发展，2018
[2] 李小云，徐进，于乐荣．中国减贫四十年：基于历史与社会学的尝试性解释．社会学研究，2018（6）
[3] 刘永富．以习近平总书记扶贫重要论述为指导坚决打赢脱贫攻坚战．行政管理改革，2019（5）
[4] 汪三贵，殷浩栋，王瑜．中国扶贫开发的实践、挑战与政策展望．华南师范大学学报（社会科学版），2017（4）
[5] 汪三贵，曾小溪．从区域扶贫开发到精准扶贫——改革开放40年中国扶贫政策的演进及脱贫攻坚的难点和对策．农业经济问题，2018（8）

[6] 汪三贵. 在发展中战胜贫困——对中国30年大规模减贫经验的总结与评价. 管理世界，2008（11）
[7] 杨宜勇，吴香雪. 中国扶贫问题的过去、现在和未来. 中国人口科学，2016（5）
[8] 叶兴庆，殷浩栋. 从消除绝对贫困到缓解相对贫困：中国减贫历程与2020年后的减贫战略. 改革，2019（12）
[9] 叶兴庆. 精准扶贫是促进共享发展的关键. 农村工作通讯，2017（13）
[10] 尹成杰. 关于农村全面建成小康社会的几点思考. 农业经济问题，2019（10）

专题八

从现代化建设的经验、规律认识全面建成小康社会的重要意义

“小康社会”是在我国改革开放之初，党中央在规划国家经济社会发展蓝图时提出的战略构想，随着中国特色社会主义建设事业的深入，其内涵和意义不断地得到丰富和发展。2012 年，随着世情、国情和民情发生了重要变化，党的十八大从国家长远发展和战略全局出发，提出了到 2020 年全面建成小康社会的重大部署。按照世界银行收入分类标准，我国于 2010 年进入上中等收入经济体行列（人均国民收入高于 3975 美元），而到 2020 年已接近高收入经济体门槛线（12535 美元）。如果从 2012 年起算，到 2020 年为止，我国全面建成小康社会的 8 年时间基本对应着我国跨越上中等收入区间的发展历程。从国际经验来看，后发经济体进入上中等收入区间后，常会处于各类挑战易发多发的局面，能否有效解决这些问题，保持经济社会平稳发展，对于顺利迈入高收入经济体行列具有决定性意义。同时，高收入阶段的发展要求、增长模式与中等收入阶段有着显著区别，因而上中等收入阶段也是后发经济体解决既有结构性矛盾、推动发展转型的关键窗口期，发展不平衡问题如在这一阶段不能较好解决，其在进入高收入阶段后还会进一步积累、演化最终对发展形成长期难解的制约。通过与

其他经济体的现代化发展经验对比，能够更好认识全面建成小康社会在我国现代化进程中的历史方位和重要意义。

一、战后发展中国家现代化建设的经验、规律

（一）中等收入区间是长期发展陷阱的易发期，高收入发展瓶颈也往往在此“伏笔”

第二次世界大战结束以后，人类迎来了宝贵的相对和平时期，亚非拉地区广大后发国家先后独立，开启了现代化建设进程。从全球范围看，发展中国家建设现代化的典型代表包括东北亚、东南亚和南亚等新兴国家的工业化，阿根廷、巴西、秘鲁、智利等拉丁美洲国家试图摆脱原先依附性发展路径的探索，以及中东、西亚、北非等伊斯兰世界的世俗化进步努力。这些国家利用自然资源和地缘优势，通过有计划地学习引进、技术改造，试图在短时期内获得高速度跳跃式经济发展，同时也带动广泛的社会变革，适应现代世界的发展潮流。与发达国家早先的现代化进程相比较，发展中国家的现代化是高速度、不平衡的，在低收入阶段往往能够实现较快发展，但是在进入中等收入区间后，经济增长与民生改善、社会发展、法治建设等不同领域的不协调不平衡问题就会日益凸显，引发一系列社会矛盾，许多国家因此陷入了社会长期动荡、经济增长长期低迷的窘境，遭遇了“中等收入陷阱”。

在中等收入区间发展曲折的典型代表是包括巴西、阿根廷、墨西哥等在内的拉丁美洲国家。巴西在20世纪中期曾经出现过GDP年均增长率超过10%的“巴西奇迹”，20世纪70年代正式步入中等收入国家行列，但一直无法跻身高收入经济体。巴西虽然在2008年人均国民

收入首次突破10000美元，但从2013年开始其经济持续萎缩，人均国民收入大幅度回落，同时国家债务高达GDP的70%，使其距离成为发达国家的目标依然遥远。阿根廷拥有优越的地理条件和丰富的自然资源，在20世纪初曾是排名全球前10的经济强国，而如今在世界收入分布中仅居于中间位置。墨西哥在20世纪70年代初步建立起较为完备的工业体系，人均国民收入达到中等收入水平，但此后经济陷入了长期的停滞之中，近50年后人均国民收入仍未超越高收入水平。

东南亚地区的许多国家近几十年来经济发展飞速，由低收入国家步入了中等收入国家之列，但其中一些国家也陷入了“中等收入陷阱”，较为典型的是泰国、菲律宾、马来西亚等国。1995年泰国就已跨入中等收入行列，但此后其陷入了严重的经济停滞之中，直至2017年人均国民收入仍为6289美元。菲律宾在20世纪50年代就被纳入世界资本主义市场经济体系，经过10余年的发展，成为亚洲地区仅次于日本的经济体。1982年，菲律宾成为中等收入国家，人均国民收入为1670美元。然而在经历了30余年的发展后，菲律宾人均国民收入仍不到4000美元，始终难以缩小与高收入国家的差距。马来西亚自1957年实现国家独立后，便开始了对发达国家的经济赶超，1992年成功步入中等收入国家行列。然而此后的25年，特别是1998年亚洲金融危机以后，马来西亚的经济发展遭遇巨大的困难，人均国民总收入一直都难以突破高收入门槛线。

中等收入区间的发展在后发国家现代化进程中之所以重要，不仅在于其本身充满挑战，也在于这一阶段的发展还是后续高收入发展的基础。如果在中等收入阶段不能建立较好的产业结构、技术能力、社会基础，进入高收入阶段后也往往遭遇发展瓶颈。一类如以沙特阿拉伯、科威特等为典型的资源输出国。这些国家主要依靠丰富的自然资源来提升人均收入水平，这种高收入受国际经济波动的影响较大，经常呈现收入剧烈波动、忽高忽低的局面，难以长期稳定在高收入阶段。另一类是没有建立强大产业基础和平衡经济结构的国家，如西班牙、葡萄牙、希腊等国。这几个国家在 20 世纪 90 年代人均国民收入达到高收入水平。至 2008 年国际经济危机前，这几个国家的人均国民收入都呈现波动上升的趋势，但在危机之后这些国家陷入债务危机，人均国民收入也明显下降，经济发展进入长期低迷，现代化面临严峻挑战。

（二）后发经济体在中等收入区间需要应对的突出挑战

传统要素禀赋优势逐步丧失，追赶效应衰减。良好的资源禀赋是工业化起步的基础和经济增长的重要引擎，但在进入中等收入阶段后，随着原材料、工资等成本持续上升，后发经济体会逐渐丧失在劳动密集型产业中的比较优势，同时又由于无法开拓以服务和高附加值产品为主的高成长市场，被卡在成本优势明显的穷国与富于创新的富国之间，很容易落入比较优势的真空。对自然资源丰富的国家而言尤是如此。对于那些依靠资源立国的国家，包括拉美国家、部分南亚和中东欧国家，由于过度依赖资源红利，忽视技术积累和人力资本的提升，导致产业结构一直处于价值链的底端。随着资源环境约束逐渐加紧，以资源消耗和环境成本换取增长速度的老路难以为继，也会陷入“资源诅咒”中。1970～1998 年，全球 60 多个资源型经济体中，只有 4 个经济体人均收入年均增速超过 4%。

忽视科技创新和技术进步，长期依赖“比较优势”导致技术锁定。按照传统的发展经济学逻辑，发展中国家凭借低成本优势承接发达国家成熟产业的产能转移，是后发国家经济增长的基本模式。基于“雁阵模式”的产业转移虽然能够在经济起飞阶段帮助发展中国家实现高速增长，但长期看，由于跨国公司始终将核心技术保留在母国，仅将成熟技术向发展中东道国转移，在发展中东道国的技术开发基本上是出于满足东道国本国市场需求的适应性改进，因此跨国公司在发展中市场开展的创新多是“利用型”的微小改进。这也意味着，一旦成熟技术转移的红利被收割完毕，而发展中国家本土的企业又不能成功打开技术赶超的空间，其经济增长就会进入长期相对停滞的状态。巴西、智利等拉美国家面临的“中等收入陷阱”问题，在微观上就表现为跨国公司的成熟技术转移完成后，这些国家本土企业的自主创新能力没有形成和跟进，因而进入了技术能力和经济增长的平台期。可以说，“中等收入陷阱”很大程度上是发展中国家的“技术能力陷阱”。

对国际市场和国际资本的过度依赖难以摆脱，经济增长有较大脆弱性。从发展中国家的实践来看，对外开放是一把双刃剑：封闭的代价是长期处于落后状态；而开放的代价往往可能是丧失独立自主的发展能力。一些西方国家以银行贷款、直接投资、经济援助为诱饵，使众多发展中国家向国际资本敞开大门，按照西方游戏规则行事，成为资本主义全球链条上的被动一环，从而导致在财政政策、货币政策以及关系国计民生的重大决策上难以自主决定，事实上丧失了经济主权和政策主权。一些拉美国家经济长期依赖外资，一旦外资撤走，本国经济就面临坍塌崩溃，就是这方面比较典型的例证。对于国际市场过度依赖也不利于国内需求和国内产业培育。如墨西哥在1985年之后实行出口导向的发展模式，于1994年和美国、加拿大签署了北美自由贸易区协定（NAFTA）。自那时起墨西哥对美出口增长非常快，但出口过度依赖美国市场，出口部门与其他国内部门脱节，出口的收益并没有传递到其他部门。20世纪90年代中期到国际金融危机之前的全球经济繁荣期，墨西哥经济年均增长率只有3%左右，墨西哥的人均收入和美国的差距不是缩小，而是扩大了。

城乡区域发展不平衡，社会趋向分化。“二元结构”是发展中国家普遍存在的经济社会状态。在传统农业社会结构下启动的现代化，往往是从某些条件相对较好的地区首先开始。城市中的现代经济系统首先并不是与本国农村的传统经济部门发生联系，而是与国际市场、与发达国家的经济系统直接发生联系。传统的农业生产部门被甩在现代经济系统之外，城市和农村成为两个不同的世界，一些地区具备现代化社会的特征，另一些地区则可能还处于农业社会阶段。现代化的地区和部门同传统地区和部门之间可能形成互相封闭和排斥的关系，社会成员贫富差距也在这一过程中不断扩大。这就要求后发国家的政府对不同利益群体进行妥善协调，否则将会埋下社会动荡的种子。对社会发展和财富分配的公平性处理不当，是导致拉美国家等落入发展陷阱的重要原因。这些国家由于未能及时遏制市场竞争中出现的收入分化趋势，导致只有少数高收入阶层成为经济改革的受益者，而广大低收入群体却几乎没有从中受益。20世纪70年代，拉美国家的基尼系数基本在0.44~0.66的高位徘徊，巴西的基尼系数到20世纪90年代还处于0.64的高位。

生态环境恶化，经济发展付出沉重代价。在工业化前期和中期，经济社会发展对物质投入依赖度高，经济增长的能源消耗度高，大规模的工业化很容易对生态环境造成严重破坏，如土地侵蚀、水体污染、森林破坏、空气恶化等。与此同时，发达国家还会利用产业结构调整与升级，把污染严重的产业和生产环节转移到发展中国家，使其环境问题进一步恶化。在许多发展中国家，产业转移不仅没有带来明显的现代化水平的提升，反而加剧了其生态环境问题。中低收入阶段“先污染”、中高收入阶段“后治理”的发展方式在现实中往往导致十分高昂的经济代价，这种代价如果在中等收入阶段集中体现，就会成为中等收入国家向更高收入水平迈进的制约。

二、全面建成小康社会的历史进程与我国现代化面临的挑战

我国是世界上最大的发展中国家，在现代化进程中也面临许多挑战。中华人民共和国成立后，在党的领导下，全国人民经过长期艰苦奋斗，实现了从积贫积弱到中等收入的跨越，人民生活水平和综合国力有了显著提高。2010 年我国进入上中等收入经济体行列，迈向高收入经济体行列的征程达到关键窗口期。经过持续 40 年的高速经济增长，我国现代化的基础明显增强，但与此同时也积累了不少矛盾和问题。党的十八大报告指出，我国发展中的不平衡、不协调、不可持续问题依然较为突出，包括：科技创新能力不强，产业结构不合理，农业基础依然薄弱，资源环境约束加剧，制约科学发展的体制机制障碍较多，深化改革开放和转变经济发展方式任务艰巨；城乡区域发展差距和居民收入分配差距依然较大；社会矛盾明显增多，关系群众切身利益的问题较多，部分群众生活比较困难。与此同时，我国发展的外

部环境也出现新的转折性变化。党的十八大提出到2020年全面建成小康社会，就是通过10年左右的发展，着力解决一系列发展不平衡不充分问题，积极适应外部环境变化带来的挑战。

（一）传统劳动力低成本优势弱化，亟须培育新的生产要素增长支撑

随着经济的发展，人口结构老龄化是一条普遍的规律。与发达国家在发展水平较高阶段进入老龄化社会不同，由于采取了严格的计划生育政策，我国人口结构转变更为迅速，人口红利期也更为短暂，在中等收入阶段就出现劳动力供求关系的转折性变化，就面临人口老龄化的严峻挑战。从总量上看，我国劳动年龄人口总量2012年开始出现比上年净减少的状况，到2014年累计减少约960万人。从劳动力转移情况看，自2010年起，我国农民工的增速已连续4年出现下滑，新增农民工数量从2010年的1245万人下降到2014年的501万人。劳动年龄人口数量的下降，影响了劳动力市场上的供求关系，抬升了企业用工成本。以农民工工资为例，扣除价格水平的影响，2004～2014年农民工实际工资增长2.74倍，年均增长率为10.6%，明显高于同期GDP的年均增长率。劳动力成本的大幅提高会影响我国制造业的国际竞争力和对外商投资的吸引力，进而制约我国的经济增长。与此相伴随的还有我国老龄化程度日趋严重，2014年底60岁以上的老龄人口达2.12亿人，占总人口的15.5%；其中，65岁以上的达1.38亿人，占总人口的10.1%；“未富先老”，老龄化总量大、速度快，是我国在人口结构方面面临的最严峻的长期性挑战。这些已足以说明我国劳动力“绝对剩余”的状态已经基本终结，人口红利的加快消失已成为不

争的事实。要保持经济继续平稳增长，我国必须加快培育新的要素支撑，核心是通过加快科技创新和教育、健康等社会事业的发展来强化生产率和人力资本在经济增长中的支撑作用。

（二）产业发展前后端挤压加剧，需要加快推动产业结构调整，打造新的产业竞争力

在改革开放初期，与许多采用出口导向战略的国家一样，我国充分利用成本优势承接了发达国家大量产业转移。这个过程中，我国几亿低成本劳动力与国外资本相结合，推动实现了30多年的高速增长。进入中等收入阶段后，我国基于这一国际分工和国际循环的经济增长模式面临着来自外部市场和内部生产的双重制约。国际金融危机引发主要发达国家纷纷采取“再工业化”战略等，加强了产业技术转移限制，国际贸易保护主义抬头，部分制造业重新回流到欧美各国。同时，随着我国劳动力成本明显上升，大量劳动密集型产业和生产环节纷纷向成本更低的国家转移。过去，我国长期处在国际产业链“微笑曲线”的底端，与前端的研发设计和后端的服务营销等相比，中间制造不仅收益少、风险大，而且还要承受整个产业链绝大部分的成本和负效应。而要进入高附加值环节，我国又面临多重困难，特别是创新驱动的机制与环境尚未形成，如果不及时调整产业发展思路，加快发展方式转型与产业结构调整，就很可能在国际竞争中面临两头挤压，出现比较优势“真空”，经济增长陷入困局。

（三）城乡区域发展的不平衡性对增长潜力释放形成明显制约，需要尽快从不平衡增长向相对均衡的现代化转变

改革开放后，我国实行渐进式市场化改革，同时不断扩大对外开放。在经济快速增长的同时，发展不平衡问题日益突出。一是城乡二元结构没有根本改变，城乡人均收入和社会发展差距不断扩大。改革开放初期，我国城乡居民人均收入比约为2倍，2002年后扩大到3倍以上，而从世界范围来看，发达国家城乡收入差距平均为1.2倍左右，发展中国家平均为1.5倍左右。二是东中西部区域经济社会发展不平衡。从经济总量看，东部、中部和西部地区占全国经济总量的比重，分别从1980年的50%、30%和20%变为2003年的59%、24.5%和16.5%；从人均GDP看，东部与中部、西部地区分别由1980年的1.5∶1和1.9∶1扩大为2002年的2∶1和2.6∶1。从人均一般公共服务支出来看，各地的差距也相当明显。以京津冀为例，2014年，北京市人均一般公共服务支出为1265元，天津为1042元，而河北只有645元，仅相当于北京的51%和天津的62%。三是社会各阶层收入差距加大。从城镇居民分组收入的情况来看，2014年收入最高的20%人口人均可支配收入是6.16万元，收入最低的20%人口人均可支配收入是1.12万元，前者是后者的5.5倍。四是绝对贫困问题仍然突出。按照我国贫困线标准，2012年底我国仍有近1亿规模的贫困人口，贫困发生率在80%左右，特别是还有大量的人口具有深度贫困问题。我国要顺利迈入高收入社会，防范各类社会矛盾，就要着力解决这些发展不平衡问题。

（四）发展的外部环境显著变化，外部约束明显增强

世界各国现代化过程中，发展的道路不尽相同，有的是依靠本国的资源，有的是依靠外部的资本和市场，而有的是凭借自己的科技创新。我国特殊的国情和需求，决定了我们不可能选择资源型和依附型发展模式，而必须走科技创新之路。当今世界经济全球化的步伐加快并没有改变竞争的实质，却使竞争的形式大大改变。以往的竞争变成了人才的竞争，经济、军事的竞争变成了科技创新的竞争，科技自主创新能力已成为国家竞争力的核心因素，世界上许多国家都把科技创新作为国家的基本战略。科学技术引进的后发优势在改革开放 30 年中得到了极大的发挥，但是它的副作用也随之暴露。核心技术无法从国外购买，极大地限制了我国新兴产业群的发展和综合国力的提升。随着我国经济快速发展，西方国家对我国发展遏制、技术封锁的趋向日益明显，我国要在国际竞争中不受制于别国，必须实现发展战略调整。此外，2008 年金融危机以后，全球需求环境也发生了重大变化。尽管主要经济体采取了一系列刺激经济复苏的措施，但由于各国经济长期积累的结构性矛盾没有得到根本解决，全要素生产率普遍下降的趋势没有扭转。在各国经济增长普遍面临下行压力的背景下，发达国家日益注重通过发展制造业来恢复失去的竞争力，再造曾经流失的就业岗位。另外，南亚、东南亚一些发展中的人口大国，进入快速工业化阶段，在全球产业链分工中的地位逐步提升。这些都使得国际市场竞争日渐激烈。在各国竞争日渐激烈的情况下，全球化进程出现了较大波折：WTO 框架下多边贸易谈判迟迟未能取得突破性、实质性进展，同时却有不少区域性的贸易安排频繁推出。这些区域性贸易安排不可避免地会使全球市场呈现“碎片化”。面对世界经济格局和产业分工新一轮大变革、大调整，作为出口依存度较高的经济体，我国也要加快从外源型向内源型现代化发展道路过渡。

（五）生态环境治理历史欠账多，环境承载力减弱，可能制约进一步发展

我国人口众多，适应于人类生存的空间相对不足，生态环境对于

人口和经济活动的初始承载力不够强。多年来，虽然在理念层面上社会各界都比较重视生态环境的保护，但在实践层面上生态环境的保护往往让位于 GDP 的增长。这进一步减弱了生态环境的承载力。在中等收入早期阶段，我国对资源的消耗伴随经济增长而急剧增长，资源投入“大投大放”，环境利用“大手大脚”。这种高能耗、高污染的发展方式虽然带来了 GDP 的增长，却使我国在低获益中承受了不对称的资源环境损耗。进入上中等收入行列后，我国仍将处于工业化、城镇化快速推进时期，能源重化工产业还会以较快的速度发展；同时，受资源禀赋空间结构所决定，中西部地区生态相对脆弱地区的能源重化工产业将会以更快的速度发展。虽然这些产业的技术水平已非昔日可比，但是由于产业总规模的扩大及生产企业布点的增多，控制污染事故发生的难度势必增大，出现重大污染事故的可能性也会增加。某些突发环境污染事件可能会引发社会群体性事件，也可能会成为部分社会群体不满情绪爆发的导火索。国外经验也表明，一旦出现重大污染事故，其对经济社会发展将产生不可低估的影响。据估计，2010 年，我国环境污染和生态恶化成本合计 1.55 万亿元，约占当年 GDP 的 3.5%。如果扣除环境和生态问题造成的经济损失，我国的经济增长无疑要大打折扣。尽管根据环境库兹涅茨曲线，环境污染状况在时间上呈现一定的变化轨迹，但这并不意味着我们可以坐等收入水平的提高，重走一遍发达国家“先污染、后治理”的老路。发达国家虽然最终摆脱了经济发展和环境污染之间的恶性循环，但是这条老路代价高昂。我国如果继续以环境污染为代价发展经济，极有可能会陷入经济发展停滞的泥潭。

三、全面建成小康社会的重要意义

（一）经济实力、综合国力大幅跃升，为全面建设社会主义现代化国家、迈入高收入经济体行列奠定了坚实基础

面对严峻复杂的国内外环境，我国以供给侧结构性改革为主线，坚持深化改革开放，推动经济发展稳健前行。2019 年，我国 GDP 达到 990865 亿元，按年平均汇率折算达到 14.4 万亿美元，稳居世界第二位；人均 GDP 达到 10276 美元，稳居上中等收入国家行列。社会生产力水平进一步增强，粮食总产量连续 5 年稳定在 6.5 亿吨以上，制造业增加值连续 10 年居世界首位。强大国内市场加快形成，2019 年我国社会消费品零售总额达 41.2 万亿元，已成为世界第一大市场，最终消费支出对经济增长的贡献率保持在 60% 左右。重点领域有效投资合理扩大，现代基础设施网络持续完善。产业结构持续优化，粮食产量连续多年保持在 1.3 万亿斤以上，制造业增加值多年位居世界首位，2019 年规模以上高技术产业增加值占比为 14.4%，服务业增加值占 GDP 比重达 53.9%，比 2015 年提高 3.4 个百分点，信息传输、软件和信息技术服务业等新兴服务业近 4 年年均增速高达 19.4%，成为助推服务业持续增长的新动能。

（二）创新能力显著提升，更好地统筹了发展和安全，发展自主性增强

党的十八大以来，我国大力优化创新生态，调动各类创新主体积极性，深化科技管理体制改革，推进关键核心技术攻关，加强重大科技基础设施、科技创新中心等建设，创新产出持续提升，创新型国家

建设成果丰硕。2019 年，我国研究与试验发展（R&D）经费支出比上年增长 10.5%，与 GDP 之比为 2.19%，研发经费投入总量居世界第二，发明专利申请量 140.1 万件，每万人口发明专利拥有量达 13.3 件，全员劳动生产率和科技进步贡献率稳步提高，通过《专利合作条约》（PCT）提交国际专利申请量跃居世界第一位，载人航天、探月工程、超级计算、量子通信等领域取得一大批重大科技成果。2019 年我国位列全球创新指数排名第 14 位，比上年上升 3 位。

（三）彻底解决了绝对贫困问题，巩固了党与人民的血肉联系，夯实了现代化建设的政治基础

城乡区域协调发展成效明显。新型城镇化稳步推进。2019 年年末，常住人口城镇化率为 60.60%，比上年年末提高 1.02 个百分点；户籍人口城镇化率为 44.38%，提高 1.01 个百分点。重大区域发展战略统筹推进，京津冀协同发展、长江经济带发展、粤港澳大湾区建设、长三角一体化发展按下快进键，黄河流域生态保护和高质量发展上升为国家战略，区域协同发展格局进一步优化。2019 年，中部、西部地区生产总值分别比上年增长 7.3% 和 6.7%，快于全国 1.2 个和 0.6 个百分点；京津冀地区生产总值增长 6.1%，长江经济带地区生产总值增长 6.9%，长江三角洲地区生产总值增长 6.4%。人民生活水平全面提高。居民生活质量显著提升，2019 年全国居民恩格尔系数降至 28.2%，比 2015 年下降 2.4 个百分点，家电全面普及，每百户家用汽车拥有量达 35.3 辆。初步构建起覆盖全民的基本公共服务体系，基本公共服务均等化水平稳步提高。2016 ~ 2019 年城镇新增就业累计达 5378 万人，劳动参与率和就业率在主要经济体中始终处于较高水平。

多层次社会保障体系加快构建，养老、医疗、失业、工伤、生育保险参保人数持续增加，教育现代化取得积极进展，劳动年龄人口平均受教育年限为10.7年。人民健康和医疗卫生水平不断提高，居民平均预期寿命2019年达77.3岁，比世界平均预期寿命高近5岁。脱贫攻坚取得决定性成就，2016～2019年超过5000万农村贫困人口脱贫，全国建档立卡贫困户人均纯收入由2015年的3416元增加到2019年的9808元，年均增幅30.2%。到2020年年末，现行标准下农村贫困人口全部脱贫、贫困县全部摘帽的目标任务可以如期实现，困扰中华民族几千年的绝对贫困问题将历史性得到解决。按照联合国开发计划署编制的人类发展指数，2018年我国发展指数已上升至0.758，成为1990年引入该指数以来，世界上唯一一个从“低人类发展水平”跃升到“高人类发展水平”的国家。

（四）有效应对百年变局挑战，有力抵御外部环境不利变化，推动新型全球化的积极作用更加彰显

党的十八大以来，面对全球贸易保护主义、单边主义抬头，全球化遭遇“逆风”，我国坚定维护多边贸易体制，实行更加积极主动的开放战略，提升贸易便利化水平，持续优化营商环境，以开放促改革、促发展，全方位开放水平不断提高，对外经贸发展取得新成绩。对外贸易稳中提质。贸易规模再创新高。2019年我国货物进出口总额31.6万亿元，比上年增长3.4%，连续两年超过30万亿元，蝉联世界第一。贸易结构继续优化。2019年一般贸易进出口占货物进出口总额比重达59.0%。服务贸易规模稳步扩张。2019年服务进出口总额比上年增长2.8%，服务贸易逆差收窄10.5%。其中，服务出口总额在服务

进出口总额中的比重达36.1%。利用外资继续扩大。广阔的市场空间和不断优化的营商环境，使我国持续成为外商投资的热土。在全球跨境投资大幅下降的情况下，2019年我国实际使用外商直接投资金额9415亿元。自贸试验区引资作用增强，2019年自贸区落地外资企业6242家、利用外资1436亿元，占全国比重均超过15%。共建“一带一路”成果丰硕。共建“一带一路”不断走深走实，成功举办两届“一带一路”国际合作高峰论坛，累计与138个国家和30个国际组织签署200份共建“一带一路”合作文件，雅万高铁、中老铁路、瓜达尔港等重大项目取得积极进展，到2020年8月底中欧班列累计开行近2.9万列。2019年，我国对“一带一路”沿线国家进出口总额达92690亿元，对“一带一路”沿线国家非金融类直接投资额达150亿美元，“一带一路”沿线国家对华直接投资金额达84亿美元。

（五）生态文明建设实现新进步，发展可持续性显著增强

党的十八大以来，全国上下深入贯彻绿色发展理念，加大生态环境保护和污染防治力度，坚决打好蓝天、碧水、净土保卫战，持续提高资源利用效率，神州大地的“颜值”和“气质”持续提升，绿色低碳环保的生产生活方式加快形成。资源利用效率不断提升。节能降耗减排成效显现。全国万元GDP能耗、万元GDP二氧化碳排放、万元GDP用水量持续下降，清洁能源使用更加广泛，2019年煤炭消费量占能源消费总量的57.7%，天然气、水电、核电、风电等清洁能源消费量占能源消费总量的23.4%。生态保护改善加强。生态系统保护和修复力度加大，水土流失综合治理扎实推进。截至2019年年底，国家级自然保护区474个。环境质量总体改善。人民群众享受到更多蓝天碧水。全国337个地级及以上城市空气质量平均优良天数比例为82%，近岸海域1257个海水水质监测点中，达到国家一、二类海水水质标准的监测点占76.6%，在开展城市区域声环境监测的322个城市中，声环境质量好的城市占2.5%，较好的占66.8%。

执笔人：贾　珅

专题九

全面建成小康社会的历史经验和制度文明建设成果

我国即将全面建成小康社会，开启全面建设社会主义现代化国家新征程。我国在全面建设小康社会的过程中，积累了丰富而宝贵的历史经验，形成了一系列具有长远意义的制度成果，这些经验和成果对于顺利推进未来的现代化进程，对于广大发展中国家的发展，都具有重要参考价值。

一、全面建成小康社会的历史经验

全面建成小康社会的征程，是一个根据国情和实践发展抢抓机遇、化解风险和挑战的过程。在这个过程中，我们积累了一系列宝贵的经验。

（一）进行超前的战略谋划，并一以贯之地加以落实

中国共产党作为长期执政党，具有远大的理想，从中华人民共和国成立起，就把推动国家的工业化、现代化作为重要目标。经过改革开放前的曲折探索，建立起了一个初步的国民经济体系，积累了一定

的技术能力，消灭了许多传染病，人口预期寿命、识字率等达到了发展中国家的较高水平。

改革开放后，邓小平同志高瞻远瞩，提出了到21世纪中叶的“三步走”战略，其中，到20世纪末达到小康水平是第二步战略目标。在如期实现这个奋斗目标的基础上，2012年召开的党的十六大提出，当时达到的小康状态还是低水平的、不全面的、发展很不平衡的小康。为此，在分析国内外环境条件的基础上，提出了21世纪头20年全面建设小康社会的奋斗目标。围绕这个目标，全国上下继续奋斗。党的十七大、十八大根据实践的发展又对全面建成小康社会提出了新的更高要求。经过21世纪头20年的努力，特别是“十三五”期间围绕防范和化解重大风险、脱贫和生态环境治理展开的三大攻坚战的推进，全面建成小康社会取得了决定性成就。

（二）审时度势科学决策，营造良好外部环境，并紧紧抓住战略机遇期努力推动发展

早在改革开放初期，邓小平同志洞悉世界大势，把握时代特征，明确提出和平与发展是时代主题，世界大战打不起来，中国应该抓住时机发展自己，并作出了把党和国家工作重心转移到经济建设上来、实行改革开放的伟大历史性决策，及时调整了内外政策，开启了建设中国特色社会主义的新时期。全面发展同世界各国的友好关系，创造了良好外部环境。

2002年召开的党的十六大准确分析国内外发展的形势，富有远见地提出，21世纪头20年对我国来说，是一个必须紧紧抓住并且可以大有作为的重要战略机遇期。基于这个重大战略判断，我们提出了全面建设小康社会的战略目标。从党的十六大以来，我们既坚持关于我国处于重要战略机遇期的战略判断，也着力维护和延长战略机遇期，为我国全面建设小康社会，推进经济社会全面发展，创造了良好外部环境。

（三）坚持解放和发展生产力，通过深化改革激活企业活力和激发劳动者的积极性，提高资源配置效率

党的十一届三中全会决定把全党工作的重点转移到社会主义现代化建设上来，开始进行改革开放，全面推行联产承包责任制，并确定了计划经济为主、市场调节为辅的改革方向。党的十二届三中全会通过《中共中央关于经济体制改革的决定》，明确提出了社会主义有计划的商品经济的论断，改革从农村走向城市，以增强企业特别是增强全民所有制大、中型企业活力为突破口，从“放权让利”入手，通过扩大企业自主权调动企业积极性，推动城市经济体制改革全面展开。

1987 年党的十三大报告进一步明确，我国的经济体制是社会主义有计划的商品经济体制，应该是计划与市场内在统一的体制，进而提出国家调节市场，市场引导企业。宏观经济管理体制的改革也开始启动，市场在资源配置中的作用日益突出。1992 年邓小平同志南方谈话发表后，党的十四届三中全会确立了建设社会主义市场经济体制的改革目标，包括以公有制为主体、多种经济成分共同发展这个基础，和现代企业制度、统一市场体系、宏观调控体系、收入分配制度和社会保障制度等五大支柱。1997 年党的十五大针对国有企业改革提出“抓大放小”的部署，对国有企业开始实施战略性改组，国有经济有进有退，有所为，有所不为，国有企业改革进入了新阶段，民营经济发展也蓬勃发展。之后围绕完善宏观经济管理体制机制，不断深化改革。

总结起来，我国的经济体制改革首先从微观放活入手，激发了城乡微观主体的活力，之后逐步改革宏观资源配置机制，提高资源在城乡、部门和产业之间的配置效率，平稳地实现了经济起飞，推动经济结构不断升级，生产力水平不断提升。

（四）是推动工业化和城市化，并统筹城乡发展

以工业化和城镇化带动广大农村和农业部门劳动力流入非农部门，流入城镇，流入到更高生产率的地方。这也提高了进入非农部门就业人口的收入水平。在农村家庭联产承包责任制取得进展、农业生产率快速提高之后，城市经济体制改革起步，并首先推动轻工业快速发展，矫正计划经济时代重工业优先发展战略造成的结构失衡。之后，伴随着居民消费热点转向耐用消费品和产业结构升级，重化工业开始发展，尤其是进入21世纪之后，基础设施快速发展，重化工业得到快速发展。

在工业化带动之下，城镇化也快速发展，一开始是离土不离乡的就地工业化为主的模式，之后以城市为主的工业生产活动迅速发展，并吸引人口向城市迁徙。历经撤乡设镇、撤县设市和撤行署设市，大规模建设开发区、新城区和撤县市设区，大力发展都市圈、城市群、城市带等过程，城镇常住人口城镇化率不断提高，我国城镇人口从改革开放初期的1.7亿增长到目前的超过8亿，常住人口城镇化率超过了60%，实现了人类历史上最大规模的从乡村到城镇的人口转移。

城镇化的发展也带动了服务业的发展。人口离开农村、离开农业，进入城镇、进入高生产率部门，整个社会的收入水平相应提升，有支付能力的需求也相应提升，供需协调增长，带动了整个经济发展。

（五）全面融入世界，扩大了市场，拓宽了供给，学习了技术和经营管理经验

党的十一届三中全会打开对外开放的大门，1979 年初设立蛇口工业区，1980 年设立深圳、珠海、汕头、厦门经济特区，作为对外开放的窗口。之后，1984 年大连等 14 个沿海港口城市进一步对外开放，1990 年实施浦东开发开放。1992 年邓小平南方谈话之后，对外开放步伐和力度进一步扩大，由沿海地区迅速向内陆腹地拓展。2001 年年底，我国加入世界贸易组织，对外开放进入一个新阶段，吸收利用外资实现新发展，规模和质量全面提升。党的十八大以来，对外开放水平进一步提升，中国经济不仅仅局限于“引进来”，更提升了“走出去”的高度，提出了共建“一带一路”倡议、设立亚投行，提出了共建人类命运共同体，我国在国际经贸体系中的地位越来越突出，已经逐渐成为全球化的重要推动者。

（六）不断深化对经济发展规律、社会发展规律、生态环境规律的认识，不断创新提升发展理念，不断优化经济增长方式和经济发展方式，增强发展动力

国与国之间的竞争，不同社会制度之间的竞争，从一定意义上说就是发展理念、增长方式、发展方式的竞争。成功走向现代化的国家的基本经验是，经济增长方式从粗放型增长到集约型增长转变，经济发展方式从单纯经济增长到各方面相对平衡协调的发展转变。党中央自觉探索、把握和顺应发展规律，推动经济增长方式和发展方式转变。1995 年党的十四届五中全会通过的《中共中央关于制定国民经济和社会发展“九五”计划和 2010 年远景目标的建议》中提出要推动两个具有全局意义的根本性转变，其一是经济体制从传统的计划经济体制向社会主义市场经济体制转变，其二是经济增长方式从粗放型向集约型转变。围绕两个转变的要求，我国积极推进经济结构战略性调整，增强科技进步和创新的支撑作用。党的十七大进一步提出要“加快转变经济发展方式，推动产业结构优化升级”，围绕实施创新驱动发展战略、推进经济结构战略性调整、推动城乡发展一体化、全面提高开放型经济水平、全面深化经济体制改革等作出了部署。经过进一步的实践探索，党的十八届五中全会提出了创新发展、协调发展、绿色发展、开放发展和共享发展的新发展理念。党的十九大进一步提出要推动质量变革、效率变革、动力变革，实现更高质量、更有效率、更加公平、更可持续的发展；与时俱进地提出新的发展理念，自觉推动经济增长方式和发展方式转变，有力地增强了我国发展的动力。

（七）强调以人民为中心的发展思想，注重公平正义，促进城乡、区域和人群之间公平发展

通过完善制度、出台倾斜性政策、实施特定项目等，使得城乡、区域和人群之间的差距保持在合理范围内。改革开放初期农村家庭联产承包责任制极大促进了农业生产率提升和农民收入提高，长期工农价格剪刀差所导致的城乡差距得以缩小。城市经济体制改革逐步展开之后，城镇居民收入水平快速提高，城乡收入差距随之扩大。之后，随着农业劳动力跨地区流动和异地就业限制的放松，农业富余劳动力得以流动到城镇非农就业岗位。国家也开始实施工业反哺农业和城乡一体化发展政策，加大对农村的基础设施和公共服务投入，持续减轻农民负担，城乡差距又得以缩小。

改革开放以来，东部地区充分发挥沿海的区位优势率先发展。国家先后在沿海地区设立经济特区、经济技术开发区和沿海经济开放区。东部沿海地区依靠本身的区位优势和改革开放的先发优势，长期在全国经济发展中处于引领地位。面对区域差距扩大的问题，21 世纪初国家先后实施了西部大开发、东北振兴和中部崛起等区域发展战略，通过加大基础设施投入和转移支付力度，通过不同地区的对口帮扶，通过持续实施的扶贫政策，区域差距得以控制在一定范围之内。

党的十六大以来我国开始建设全面小康社会后，党中央把民生问题提高到了前所未有的高度。党的十六届三中全会将“以人为本”作为一个新的任务提出。党的十六大提出“初次分配效率优先、再次分配注重公平”，党的十七大调整为“初次分配和再分配都要处理好效率和公平的关系”。关注民生，关注公平，围绕实现人的全面发展，呼应人民群众的关切，不断改善民生。我国建立起了世界上覆盖人口规模最大的“广覆盖、保基本、多层次、可持续”的社会保障网。高度关注促进就业，提高发展的包容性，让人民群众充分参与到发展进程中。国家普及了九年制义务教育，彻底免除了农业税，并实施了粮食直补。在城镇推出了廉租房、经济适用房政策。这些政策让人民群众共享了发展成果，有效提高了发展的包容性。

（八）大力弥补突出短板，集中动员全社会力量，解决发展中的突出问题

集中力量办大事是我国体制的鲜明特点。在发展的不同阶段，针对不同的突出问题，上上下下劲往一处使，妥善应对发展过程中出现的自然灾害、外部经济冲击、内部经济社会问题。我国先后建设了三峡大坝、青藏铁路、南水北调等重大工程，先后妥善应对了 1998 年南方洪水、2008 年汶川地震等重大自然灾害。“十三五”期间围绕绝对贫困问题，我国进行了人类历史上最大规模的扶贫攻坚战，5500 万农

村绝对贫困人口实现脱贫。2020 年暴发的新冠肺炎疫情，是百年来全球发生的最严重的传染病，是新中国成立以来我国遭遇的传播速度最快、感染范围最广、防控难度最大的重大突发公共卫生事件。我们发挥体制优势，率先取得了抗击疫情的胜利，率先恢复了经济社会秩序，率先实现了经济正增长。

（九）处理好改革、发展和稳定的关系

改革、发展和稳定三者相互依存、互为条件、互相制约。改革是发展的动力，是实现长期稳定的基础，但改革的根本目的是发展，是更大更长远的稳定。改革不是无的放矢，不是为改革而改革，而是根据发展的需要实施改革。为此，在价格改革、国有企业改革过程中，既兼顾社会的承受能力掌握改革的节奏和力度，也出台配套政策缓解改革带来的冲击。发展是改革的目的，是判断改革成效的尺度，是稳定最可靠的保证，是衡量稳定之内涵质量的尺度。快速的发展也是各种风险和不稳定因素的重要的缓冲器。稳定则是改革、发展的前提条件，也是发展的内在要求，没有一个安全稳定的政治环境、经济环境和社会环境，就谈不上改革和发展，就不能保证正常的生活秩序和生产秩序，从而不利于改革和发展。应正确处理改革、发展和稳定三者之间的辨证关系，不能为了其中某一方面而置其他方面于不顾。

二、全面建成小康社会的制度文明建设成果

全面建设小康社会的过程，也是对制度建设的认识不断深化的过程。改革开放初期邓小平同志就高度重视制度建设的重大意义，他在

1992 年南方谈话中，都强调了制度的重要性。党的十四大提出到 20 世纪 90 年代要初步建立起新的经济体制，实现达到小康水平的第二步发展目标。再经过 20 年的努力，到建党 100 周年时在各方面形成一整套更加成熟更加定型的制度。党的十五大、十六大、十七大都对制度建设作出了部署。

党的十八大以来，我们把制度建设摆到更加突出的位置，更加注重制度建设的顶层设计，强调必须以更大的政治勇气和智慧，不失时机地深化重要领域改革，构建系统完备、科学规范、运行有效的制度体系，使各方面制度更加成熟更加定型。党的十八届三中全会首次提出“推进国家治理体系和治理能力现代化”这个重大命题，并把“完善和发展中国特色社会主义制度、推进国家治理体系和治理能力现代化”确定为全面深化改革的总目标。党的十八届五中全会进一步强调，“十三五”时期要使“各方面制度更加成熟更加定型，国家治理体系和治理能力现代化取得重大进展，各领域基础性制度体系基本形成”。

党的十九大作出到 21 世纪中叶把我国建成富强民主文明和谐美丽的社会主义现代化强国的战略安排，其中制度建设和治理能力建设的目标是：到 2035 年各方面制度更加完善，国家治理体系和治理能力现代化基本实现；到 21 世纪中叶实现国家治理体系和治理能力现代化。党的十九届二中、三中、四中全会分别就修改宪法、深化党和国家机构改革、推进国家治理体系和治理能力现代化作出部署。

在这些安排和部署之下，我们围绕经济建设、政治建设、文化建设、社会建设和生态文明建设等“五位一体”总体布局，协调推进制度建设，探索形成了一系列重要的根本制度、基本制度和重要制度，国家治理体系和治理能力现代化不断迈上新台阶。

（一）形成了有利于保障社会主义制度自我完善的政治制度成果

一是健全和完善党的集中统一领导这一根本领导制度。党的十一届五中全会通过了《关于党内政治生活的若干准则》，恢复了中央书记处，以加强和改善党的集体领导和民主集中制。1982 年制定的《中华人民共和国宪法》恢复设立国家主席和副主席；赋予国务院行政法规制定权；国家设立中央军事委员会；改变人民公社政社合一体制，恢复设立乡镇政权机关。党的十二大通过的党章规定，党中央只设总书记，不再设主席、副主席。党的十八大以来，围绕党的根本领导制度，进一步完善了落实“两个维护”的制度。健全了党中央对重大工作的领导体制，强化了党中央对各项重大工作的统一领导。完善了推动党中央重大决策落实机制，确保党中央政令畅通、令行禁止。健全了维护党的集中统一的组织制度，确保把党的领导落实到基层，确保全党团结统一、行动一致。

二是健全和完善人民代表大会制度这一根本政治制度。1982 年《中华人民共和国宪法》规定我国在县以上地方各级人民代表大会设立常务委员会，赋予省、自治区、直辖市人民代表大会及其常委会制定和颁布地方性法规权，并且实行各级人大代表由等额选举改为差额选举，把直接选举人大代表的范围扩大到县一级等措施。党的十四大提出加强人民代表大会及其常委会立法和监督等职能。党的十七大提出逐步实行城乡按相同人口比例选举人大代表。

三是健全和完善我国基本政治制度。中国共产党领导的多党合作和政治协商制度，作为我国基本政治制度，在实践中不断完善。基层群众自治制度广泛实施，城市居民委员会和农村村民委员会被一起写进宪法，并颁布了相应的专门法律。党的十四大首次把我国基层民主制度形式确定为农村村民委员会、城市居民委员会和企业职工代表大会。民族区域自治制度作为我国的一项基本政治制度，也在改革开放中也得到不断丰富和发展。

（二）形成了有利于解放和发展生产力的经济制度成果

改革开放以来，个体私营经济、外资经济、股份合作制经济等非公有制经济快速发展，多种分配方式也在发展。1999 年《中华人民共和国宪法修正案》确立了“国家在社会主义初级阶段，坚持公有制为主体、多种所有制经济共同发展的基本经济制度”。党的十九届四中全会进一步明确地将公有制为主体、多种所有制经济共同发展，按劳分配为主体、多种分配方式并存，社会主义市场经济体制等作为社会主义基本经济制度。在基本经济制度之下，完善了公司法、劳动法、破产法、证券法、反垄断法、知识产权法、外商投资法等法律法规体系。这些制度成果既体现了社会主义制度优越性，又同我国社会主义初级阶段社会生产力发展水平相适应，是被实践证明拥有巨大优越性的制度成果。

（三）形成了有利于弘扬社会主义先进文化的制度成果

文化是国家综合国力的重要组成部分。党的十六大报告指出，发展社会主义文化，建设社会主义精神文明，是全面建设小康社会的重要标志。马克思主义是我国社会主义意识形态的根本遵循。党的十八大以来，在以习近平同志为核心的党中央高度重视和推动部署下，马克思主义在我国意识形态领域的指导地位更加鲜明，作为我国一项根本制度得到了巩固。马克思主义学习研究取得实效，马克思主义世界观方法论得到切实贯彻，马克思主义中国化时代化大众化取得显著成绩，党的创新理论深入人心。

形成了社会主义核心价值体系。在经济体制深刻变革、社会结构深刻变动、利益格局深刻调整、思想观念深刻变化的背景下，党提出并强调建设社会主义核心价值体系，以明确思想道德规范，推动构建诚信社会，强化广大人民群众对我国传统文化的归属感，坚定走社会主义道路的信念。

（四）形成了有利于实现以人民为中心的体现公平正义的社会建设制度成果

健全了公共就业服务制度，完善了城乡均等的公共就业服务体系。健全了终身职业技能培训制度，完善了重点群体就业支持体系和就业援助，对高校毕业生、贫困劳动者、去产能导致的失业职工等群体进行就业帮扶。健全劳动关系协调机制，完善政府、工会、企业共同参与的协商协调机制，保障劳动者合法权益，构建和谐劳动关系。普及九年制义务教育，颁布了义务教育法，实现城乡义务教育一体化发展，缩小城乡义务教育差距。在城镇实施低保制度，在农村实施精准扶贫。形成了覆盖全民的社会保障体系，健全了基本养老保险制度和基本医疗保险制度，形成了失业、工伤、生育保险制度。同时也发展了多层次社会保障体系，满足群众不同层次需求。形成了比较完善的社会救助、社会福利、慈善事业、优抚安置等制度，健全了退役军人工作体系和保障制度。完善了残疾人帮扶制度。在农村实施精准扶贫制度，所有农村贫困人口摆脱绝对贫困。构建了多主体供给、多渠道保障、租购并举的住房制度，改善了人民居住条件。

（五）形成了有利于人与自然和谐共生的生态文明制度成果

改革开放以来我们对发展可持续的认识不断深化，根据实践需要制定了一系列相关法律法规，如水法、环境保护法、大气污染防治法、草原法、海洋法等。党的十八大以来，以习近平同志为核心的党中央高度重视生态文明，加快推进生态文明制度顶层设计和制度体系建设，相继出台《中共中央国务院关于加快推进生态文明建设的意见》《生态文明体制改革总体方案》，制定了40多项涉及生态文明建设的改革方案，修订环境保护法，从总体目标、主要原则、重点任务、制度保障等方面对生态文明建设进行全面系统部署，建立起生态文明制度的“四梁八柱”，生态文明体制中源头严防、过程严管、损害赔偿、后果严惩等基础性制度框架初步建立。重大基础性改革迈出重要步伐，积极推进自然资源资产产权制度改革，制定了自然资源统一确权登记，实施了自然生态空间用途管制。环境治理体系不断健全，建立了中央环境保护督察制度，全面实行河长制、湖长制。建立了控制污染物排放许可制，排污许可、禁止洋垃圾入境等环境治理制度。不断强化资源总量管理和全面节约制度。持续推进资源有偿使用和生态补偿制度和生态环境损害赔偿制度。制定和实施环境保护税、绿色金融、碳排放交易等环保经济政策体系。初步建立起生态文明绩效评价考核和责任追究制度。开始编制自然资源资产负债表，实行领导干部自然资源离任审计，严格执行生态环境损害责任终身追究制，落实环境保护“党政同责”“一岗双责”，推行生态环境保护公益诉讼。

三、全面建成小康社会经验的普遍意义

全面建成小康社会，是建设社会主义现代化国家中进程中的重大的里程碑式成就。全面建成小康社会所积累的经验和形成的制度文明成果，对于未来的现代化建设，对于其他发展中国家的发展，都具有

重要借鉴和启发意义。

（一）为国家治理体系和治理能力现代化打下坚实基础，积累了宝贵经验

国家治理体系和治理能力现代化，既是建成社会主义现代化国家的重要内容，也是推动社会主义现代化国家建设顺利推进的重要条件。全面建成小康社会的历程中所形成的制度文明成果，将成为今后30年乃至更长时期国家“五位一体”总体布局不断发展的制度基础。全面建成小康社会的历程中所积累起来的经验，解决方方面面问题所形成的方法论，对于未来国家进入高收入国家行列并进一步迈向更高发展阶段，将提供重要的借鉴。

（二）增强中国式现代化道路的自信

全面建成小康社会的历史经验和所形成的制度文明成果，是在立足国情、借鉴广泛国际经验基础上摸索出来的。当代中国的伟大社会变革，不是我国历史文化的简单延续，不是对马克思主义经典作家的设想的简单套用，不是对其他国家社会主义实践的简单照搬，也不是对国外现代化发展的简单复制。只有把科学社会主义基本原则同本国具体实际、历史文化传统、时代要求紧密结合起来，在实践中不断学习借鉴、探索总结、创新开拓，才能实现国家的现代化。近代以来，中国在西方工业文明的冲击下被动卷入现代化潮流。经历了洋务运动、戊戌变法、庚子新政、辛亥革命、新文化运动等诸多艰难探索的失败之后，在中国共产党领导下，将马克思主义普遍真理与中国国情结合，走自己的路，找到了符合中国实际的道路，开创了具有中国特色和风格的现代化道路。沿着这条道路，我们走到了全面建成小康社

会的重要历史方位，所积累的经验和制度文明成果，有力地表明这条道路是正确的，未来的现代化前景是可以实现的。

（三）为后发国家和地区提供了摆脱贫困、实现起飞、推动工业化和现代化的可资借鉴的经验

我国的小康社会，是在发展水平很低的起点上进行的。作为一个人口规模超大，内部自然、地理、人文、发展水平差距大的发展中国家，我国的发展需要协调和处理的因素是其他小国家所无法比拟的，驾驭和统领发展进程的难度也是其他小国家所无法比拟的。中国全面建成的小康社会，是惠及全体十几亿人口、收入差距缩小、人民生活水平和质量普遍提高的小康社会，是城乡区域协调发展、生态文明建设、社会公平正义等取得显著进步的小康社会，是消除了绝对贫困、全体人民共享的小康社会。这是人类历史上空前的壮举。中国全面建成小康社会过程中所积累的经验和所形成的制度文明成果，充分表明广大发展中国家摆脱贫穷、实现现代化的前景是美好的；我国处理发展进程中的具体问题的方法、经验、时机把握等，都可以为发展中国家提供直接的借鉴。

执笔人：刘培林[①]

---

① 浙江大学区域协调发展研究中心研究员，浙江大学共享与发展研究院副院长。

专题十

顺利开启和成功实现第二个百年奋斗目标的战略路径

我国已经全面建成小康社会，实现了第一个百年奋斗目标。站在“两个一百年”历史的交汇点上，我国正在转向高质量发展阶段，经济社会发展依然处于战略机遇期。但我们也要清醒地意识到，国内外环境正在发生深刻复杂的变化，我国发展不平衡、不充分问题仍然突出，重点领域关键环节改革任务仍然艰巨。本文分析了我国在当前和中长期发展面临的机遇和挑战，提出了顺利开启和成功实现第二个百年奋斗目标的战略思路，并探讨了未来发展的战略路径。

一、开启和实现第二个百年奋斗目标面临的机遇和挑战

在实现全面建成小康社会的第一个百年奋斗目标之后，我国经济社会发展环境面临复杂而深刻的变化。党的十九届五中全会指出，“当前和今后一个时期，我国发展仍然处于重要战略机遇期，但机遇和挑战都有新的发展变化”。在开启第二个百年奋斗目标的新征程中，面对错综复杂的国内外形势，我们要深刻认识国际国内格局发展变化所带来的新机遇和新挑战。

（一）中国比历史上任何时期都更接近实现中华民族伟大复兴的目标

自近代以来，以自立自强的面貌屹立于世界民族之林，始终是中华民族的梦想。自成立之初，中国共产党就始终肩负着实现中华民族伟大复兴的使命。建党一百年以来，党带领全国各族人民筚路蓝缕、艰苦奋斗，相继完成了新民主主义革命和社会主义革命，推动体制改革和对外开放。当前，中国已经建立了完整的工业体系，跃升为世界第二大经济体，小康社会全面建成，居民预期寿命大幅提高，实现了从站起来、富起来到强起来的拾级而上的发展。

站在当前这一历史交汇点上，中国更有信心且更有能力实现中华民族伟大复兴的目标。在习近平新时代中国特色社会主义思想的指引下，中国特色社会主义在党的十八大以来进入了新时代，党和国家事业发生历史性变革，取得历史性成就，完成了全面建成小康社会这一中国梦的第一步。党的十九大对实现第二个百年奋斗目标作出分两个阶段推进的战略安排，到 2035 年基本实现社会主义现代化，到 21 世纪中叶把我国建成富强、民主、文明、和谐、美丽的社会主义现代化强国①。党的十九届五中全会又更细致地展望了 2035 年远景目标，指出届时我国经济实力、科技实力、综合国力将大幅跃升，基本实现新型工业化、信息化、城镇化、农业现代化，基本实现国家治理体系和治理能力现代化，人均 GDP 达到中等发达国家水平，人的全面发展、全体人民共同富裕取得更为明显的实质性进展②。这一目标高瞻远瞩

---

① 习近平：《决胜全面建成小康社会 夺取新时代中国特色社会主义伟大胜利》，中国共产党第十九次全国代表大会报告，中国政府网，http：//www. gov. cn/zhuanti/2017 – 10/27/content_ 5234876. htm。

② 《中国共产党第十九届中央委员会第五次全体会议公报》，中国政府网，http：//www. gov. cn/xinwen/2020 – 10/29/content_ 5555877. htm。

且务实可操作，不仅表明了我国实现中华民族伟大复兴是具有坚实物质基础和制度基础的，同时也将更加坚定全国人民对中国特色社会主义的道路自信、理论自信、制度自信和文化自信。

（二）全球科技革命和产业革命改变了我国发展的条件①

我国具有全球最完整、规模最大的工业体系，是世界第一制造业大国，产业链供应链与全球生产网络高度融合，进出口贸易占全球贸易比重约12%。通过全面参与全球化分工，我国制造业形成了难以复制的规模经济效应、产业集群优势和物流网络体系，各类产业链都演化出了独特的竞争优势。观察全球产业分工的位势变化，我国已从制造品装配的“世界工厂”发展成为全球生产网络的区域性枢纽，是新技术商业化、新产品产业化、新模式扩散化的有力推动者。

创新能力决定了新一轮科技革命和产业变革中的国际格局变动。在人类创新史上，新技术革命和产业变革总是会重新诠释劳动者、生产资料和基础设施的内涵和外延，带来经济结构、发展动力和生产生活方式的重大变化，重塑全球价值链的分工关系，是改变国际力量对比的分水岭。我国只有抓住技术革命和产业变革的先行优势，才能抓住重塑国家地位的机遇，并在全球“大分流”中占得先机。当前，关键通用技术和使能技术已开始转入成规模商业化应用阶段，无论是先发国家还是后发国家，都面临“技术—经济”范式的根本性调整。我国一旦在5G、人工智能、量子科技、海陆空天一体化等关键领域率先突破，就能给国家带来长达数十年的跨代主导权优势，从而开启大规

---

① 第一节第（二）和第（三）的主要观点，综合自本章作者卓贤：《中国制造保链根本在强链》，《财经》2020年第14期；卓贤：《实施制造业驱动创新战略是提升国家创新能力的关键》，《经济社会体制比较》2020年第6期。

模商业化应用的产业“蓝海”，为我国经济增长提供了强大动力。

我国提升国家创新能力的战略支撑在于科技自立自强。先发国家正在通过国家科技和产业战略调整，加大对新技术、新产业、新模式的研发投入，力图进一步巩固其在全球生产网络中的核心地位。同时，在上一轮全球分工中逐渐形成一定工业基础和创新能力的后发国家，不仅在新兴产业领域获得并跑的机遇，在传统产业领域因新技术路径的快速升级也迎来赶超的窗口期。正是因为科技创新领域的国际竞争空前激烈，个别国家摒弃了多边主义和公平竞争原则，采取关税壁垒、企业制裁、出口管制等手段，全面打压我国在新技术和新产业领域的创新活动，试图遏制我国新一轮科技革命和产业变革中的上升势头。这充分警示我们，关键核心技术是要不来、买不来、讨不来的，作为一个大国，我国如果没有科技上的自立自强，就无法真正成为强国。

（三）新冠肺炎疫情冲击下全球化格局出现新动向

在当今世界，和平与发展仍然是时代主题，人类命运共同体理念深入人心，但国际环境日趋复杂，不稳定性、不确定性明显增加，新冠肺炎疫情加剧了全球化逆流，单边主义、保护主义、霸权主义对世界和平与发展构成威胁。在全球化的进程中，各国产业链已经形成了上下游交织、供需两侧交错、产学研交融的复杂分工格局，有力提高了全球生产网络的专业化水平和生产效率。但我们也要意识到，一旦遭遇公共卫生危机等冲击，全球产业链供应链的主要参与者也会面临严峻挑战。新冠肺炎疫情全球大流行，不仅近中期给世界经济造成严重冲击，也会进一步凸显产业链供应链安全在我国发展中的重要地位。

从近中期来看，我国要防范产业链供应链的“断链”风险。全球生产网络环环相扣，少数关键零部件的缺失或将导致特定产业链的停摆。我国既是世界第一制造业大国，也是全球最大的中间品和资本品进口国。今年以来，全球前十大制造业国家接连受到疫情冲击，加上国际运输网络梗阻，全球供应链出现大量断点。值得注意的是，疫情在全球的传播并不同步，全球供应链的不同环节有可能在未来不同时期出现新的情况和问题。这些都需要引起我们的高度关注。

从长期来看，我国将面临全球产业链重构的不确定性。以往，一些发达国家鼓励跨国公司回流，更多是出于解决贸易逆差、国内就业、产业空心化等经济因素，但此次疫情防控暴露出各国医疗物资产业的供应风险，迫使各国反思产业链供应链的独立性和自主性问题。可以预见，在疫情结束之后，一些具有国家安全战略意义的全球供应链长度会缩短，出现产业链本土化的趋势，这是各国在平衡效率和风险基础上的理性行为，而这一变化涉及的产业规模并不会太大。需要注意的是，遵循经济规律的全球产业链重组是渐进且平稳的，但非经济因素推动的全球产业链重构则可能会呈现出快速突变的特征。对此，我们需坚持底线思维，做好充分准备。

（四）我国社会主要矛盾变化对我国发展提出了新要求

在我国全面建成小康社会之际，中国人民已实现一般意义上的物质富足和生活幸福，原有社会主要矛盾得到有效缓解。改革开放之初，我国社会生产总体水平较低，物质商品处于短缺紧张的状态，人民的文化生活需求也得不到满足。因此，当时我国社会主要矛盾是人民日益增长的物质文化需要同落后的社会生产之间的矛盾，这一矛盾的主要方面是生产力落后导致的总量物质财富创造能力不足。改革开放40多年来，各类主体集中精力发展生产的动力得以激活，中国经济较快地告别了短缺经济和落后的社会生产，人民群众的物质文化需要得到较大程度的满足。

当前社会主要矛盾的变化对我国发展提出了新要求。人民的生活需要总是随着发展阶段的上升而不断提高。当前，我国绝大多数人都过上了丰衣足食的生活，人们日益增长的对美好生活的向往和期盼，不再只是总量意义上的物质文化需求，而更多关注与物质文化的质量，并且在民主、法治、公平、环境等更广泛的领域提出了日益增长的要求。我国社会主要矛盾的变化意味着现有发展模式背后的生产关系滞后于进入到新阶段的生产力，不能充分满足人民多元化和高品质的生活需要，各项体制机制需要动态优化调整。

二、顺利开启和成功实现第二个百年奋斗目标的战略思路

越是接近实现中华民族伟大复兴的目标，我国所面临的国内外挑战就越大。当前世界格局正在经历大发展大变革大调整，在此过程中也孕育着较大的风险。我们要深刻认识百年未有之大变局所带来的新矛盾新挑战，深刻认识社会主要矛盾变化提出的新要求，增强机遇意识和风险意识，在顺利开启和成功实现第二个百年奋斗目标中遵循以下战略思路。

（一）统筹发展和安全

当今世界新机遇和新挑战并存，我国进入各类矛盾和风险的敏感易发期。安全和发展是对立统一的，安全是发展的前提，发展是安全的保障，遇到危机能有效化解就能赢得机遇，而发展机遇若是抓不住就会酿成风险。在我国实现第二个百年奋斗目标的新征程中，我们必须坚持统筹发展和安全，增强忧患意识、机遇意识和风险意识，更充

分地估计预期困难，在发展中保安全、在安全中促发展，实现更为安全和抗压能力更强的发展模式。

要将统筹发展和安全这条战略思路贯彻在实现第二个百年奋斗目标的各领域和全过程，加强国家安全体系和能力建设，确保国家经济安全，维护社会稳定和安全①。其中，维护国家经济安全是统筹发展和安全的物质基础，要运用“补短板”和“树长板”相结合的思路，避免因“卡脖子”而造成重大经济安全。在全球创新体系和生产网络中，分工协作的程度、技术交融的深度和供应链的复杂度都是空前的，任何一个国家都很难掌握汽车、电子产品等复杂产业链的全部关键技术和生产工艺。但与此同时，在经济全球化遭遇逆流的背景下，我们又不得不正视“卡脖子”关键核心技术攻坚战。对此，党的十九届五中全会在提出“补齐产业链供应链短板”的同时，也要求“锻造产业链供应链长板”，这是务实且有效的战略思路。我国既要努力在关键技术领域发展出自主可控的技术，形成技术对冲能力；又要在培育自身独有的新优势，以“长板”培育有效的技术反制能力，形成“你中有我，我中有你”的战略相持局面，保障我国产业链供应链安全。

（二）统筹国际国内双循环

在通往第二个百年奋斗目标的新征程中，市场和资源两头在外的国际大循环动能明显减弱。改革开放以来，出口导向型发展一度成为我国发展的主要驱动力。我国通过以市场和资源“两头在外”的模式加入国际大循环，成为“世界工厂”，对我国快速提升经济实力、改善人民生活发挥了重要作用。在需求侧，随着2008年国际金融危机的

---

① 本段主要观点来自本章作者卓贤：《实施制造业驱动创新战略是提升国家创新能力的关键》，《经济社会体制比较》2021年第6期。

爆发，主要发达国家的增长始终没有回到危机前的水平，国际贸易增速下跌得更快，全球化遭遇单边主义、民粹主义和保护主义的冲击，传统国际循环明显弱化。在供给侧，个别国家摒弃多边主义和公平竞争原则，采取企业制裁、出口管制等手段，全面打压我国在新技术和新产业领域的创新活动，试图遏制我国新一轮科技革命和产业变革中的上升势头，从而警示一个大国如果没有科技上的自立自强，就无法真正成为强国。

我国要加快构建新发展格局，以塑造国际经济合作和竞争中的新优势。作为经济大国，我国的优势之一就是拥有超大规模的国内市场。目前，中国拥有 14 亿总人口，单是 8. 3 亿的城镇人口就比欧洲总人口还要多近 1 个亿，仅考虑 4 亿中等收入群体也比美国总人口还要高。而且，中国仍处于城镇化中高速的轨道，并保持较快的中等收入群体规模增速，国内市场仍处在一个不断扩大和升级的通道中。根据我们的测算，我国“出口增加值占制造业增加值”的比重从 2012 年的 52% 下降到 2018 年的 43%，“中国制造”已经从主要为世界生产转变为主要为国人生产。充分利用庞大的国内市场推动形成宏大顺畅的国内经济循环，不仅能有效应对国际经贸环境的不确定性和外需的波动性，而且能形成规模经济和范围经济效应，摊薄技术创新产业化的成本，从而吸引全球的资金、技术、人才等要素向我国集聚，更充分、更主动、更有效地利用国内国际两个市场两种资源，在国际大循环中提升地位、作用和竞争优势。

（三）统筹经济和社会发展

虽然已经全面建成小康社会，但我国发展不平衡不充分问题仍然突出，社会领域相对于经济领域的发展仍然滞后，民生保障存在短板，社会治理还有弱项，与第二个百年奋斗目标相比有不小差距。从动态发展来看，我国经济社会进入新发展阶段，社会结构正在发生深刻变化，互联网深刻改变人类交往方式，人们的社会观念、社会心理、社会行为发生深刻变化①，对公共服务、社会治理等提出了新的更高要求。

我国要在更高质量、更有效率发展的同时，实现更加公平、更可持续的发展。在展望2035年基本实现社会主义现代化远景目标时，党的十九届五中全会不仅提出“我国经济实力、科技实力、综合国力将大幅跃升”这样的经济发展目标，也明确“中等收入群体显著扩大，基本公共服务实现均等化，城乡区域发展差距和居民生活水平差距显著缩小”的愿景，最终实现“人民生活更加美好，人的全面发展、全体人民共同富裕取得更为明显的实质性进展”。为此，我们在运用市场规律推动经济发展的同时，在社会领域要充分发挥好政府、市场、社会与居民的良性互动机制，尽力而为、量力而行，健全均等化基本公共服务体系，建设公平高质量的教育体系，健全多层次的社会保障体系；同时，完善共建共治共享的社会治理制度，保障广大人民群众共享发展和改革成果，不断增强人民群众的获得感、幸福感、安全感。

三、顺利开启和成功实现第二个百年奋斗目标需要深化拓展中国特色社会主义事业的战略路径

在“十四五”时期开启第二个百年奋斗目标，要继续坚持统筹推进经济建设、政治建设、文化建设、社会建设、生态文明建设的总体

① 《习近平：在经济社会领域专家座谈会上的讲话》，中国政府网，http：//www. gov. cn/xinwen/2020－08/25/content_ 5537101. htm。

布局，同时要协调推进全面建设社会主义现代化国家、全面深化改革、全面依法治国、全面从严治党的战略布局①。面对新形势、新任务，我们必须以习近平新时代中国特色社会主义思想为指导，进一步丰富和提升“五位一体”总体布局的内涵和要求，深化拓展中国特色社会主义事业的战略路径。

（一）关于经济建设的战略路径

国际环境的变化和国内社会主要矛盾的转化，需要深化和拓展经济建设领域的战略安排。在中美全方位战略博弈的背景下，我国必须构建安全、可控、富有韧性的经济体系，进一步提高创新和发展的主动权。而只有构建以国内大循环为主体的发展格局，才能突破现有全球分工格局的束缚，提升在国际循环中的影响力。因此，要依托我国超大规模市场，不断释放内需潜力，不断提高产业链和供应链的安全性。要坚持以供给侧结构性改革为主线，疏通国内经济大循环的断点和堵点，在缩小城乡、区域、阶层差距的过程中，进一步做强做大国内市场。

（二）关于政治建设的战略路径

进入新时代，人民群众的民主意识、法治意识日益增强，网络社会为人们参与政治进程提供了更为便利的条件。满足人民群众的新需要，必须进一步提高民主法治水平，通过完善法治体系为人民当家做主提供更有力的制度保障。党的领导是人民当家作主最根本、最可靠的保障。在现代化新征程中，要明确中国特色社会主义最本质的特征

---

① 《中国共产党第十九届中央委员会第五次全体会议公报》，中国政府网，http：//www.gov.cn/xinwen/2020-10/29/content_ 5555877.htm。

是中国共产党领导，中国特色社会主义制度的最大优势是中国共产党领导，党是最高政治领导力量，提出新时代党的建设总要求，突出政治建设在党的建设中的重要地位。[①]

（三）关于文化建设的战略路径

多年来，社会主义文化事业蓬勃发展，中国人民的文化自信日益增强，但文化事业仍需要加快发展，这不仅关系到满足人们日益增长的精神文化需要，而且关系到文化安全和意识形态安全。新时代的文化建设要坚持以社会主义核心价值观为引领，建立健全文化产业和文化事业协调发展机制，全面提高社会文明程度和国家文化软实力。在国家总体安全布局中，要高度重视文化安全的地位，坚持和巩固马克思主义在思想文化领域的指导地位，传承和弘扬中华优秀传统文化，进一步增强社会主义先进文化凝心聚力的作用。

（四）关于社会建设的战略路径

经过几十年的发展，社会领域建设成就非凡，但社会保障体系薄弱、公共服务供给不足、收入和财富差距扩大等突出问题，对社会和谐构成了一定的威胁。在现代化的新征程中，必须加大对教育、医疗、住房保障等领域的投入，健全最低生活保障制度、社会救助制度、大病兜底保障机制等，解决好事关人民群众切身利益的问题。要完善社会治理体系，促进政府、社会、居民之间的良性互动，努力营造共建共治共享的社会治理局面。

---

① 习近平：《决胜全面建成小康社会 夺取新时代中国特色社会主义伟大胜利》，中国共产党第十九次全国代表大会报告，中国政府网，http：//www. gov. cn/zhuanti/2017 - 10/27/content_5234876. htm。

（五）关于生态文明建设的战略路径

近年来，我们坚持“绿水青山就是金山银山”的发展理念，推动生态状况总体上得到较大改善，但生态文明建设领域的短板依然突出。随着经济总规模的进一步扩大和人民群众对美好生态环境要求的与日俱增，治理环境、保护生态、确保生态安全的任务也会日益繁重。新时代生态文明建设，必须秉承良好的生态环境就是生产力和最普惠民生福祉的导向，绝不以牺牲环境为代价发展经济。同时，作为一个负责任的大国，中国还要与世界各国一道，共同应对全球气候变化，为人类社会的永续发展构建安全的生态环境。

执笔人：卓　贤